まえがき

　今年で国際女性年（1976年）から早41年もの長い歳月が過ぎた。
　1975年、国連は「男女平等の推進、経済・社会・文化への女性の参加、国際平和と協力への女性の貢献を目標に、世界的な活動を行うために国際女性年」を定めた。同年、国連は、メキシコシティーで初の「国際女性年　世界会議」を開催した。その際、メキシコ宣言と世界行動計画の採択をした。また同年、国連は、国連総会において、1976－85年を「国連女性の10年」に指定。世界中の女性が一堂に会し、その権利を保障し、拡大するため女性会議開催を与した。この会議は5・10年ごとに開催され、第2回はコペンハーゲン（1980年）、第3回はナイロビ（1985年）、第4回は北京（1995年）で開催された。続いて、国連特別総会「女性2000年会議」をニューヨーク（2000年）で開催した。この世界女性会議には、多くの国際機関、各国政府代表者やNGO（非政府組織）なども加わって女性のための行動指針を定めていった。
　1979年、国連は第34回国連総会において「女子差別撤廃条約」を採択、1981年に発効させた。これは、女子に対するあらゆる形態の差別の撤廃に関する条約である。この条約は「男女の完全な平等の達成に貢献することを目的として、女子に対するあらゆる差別を撤廃する。」ことを基本理念とした。それは又締約国に対し、政治的及び公的活動、並びに経済的及び社会的活動における差別の撤廃のために適当な措置をとることを定めた。1985年、日本も女性差別撤廃条約を締結した。デンマーク（1980年）で国連婦人10年中間年世界女性会議が開催されたときに、当時の高橋駐デンマーク大使が署名を行った。
　1996年、沖縄女性研究者の会は発足した。この会は「共に学び、考える、女性の集い」を理念に掲げ、今日に至るまで活動を推進してきた。主な趣旨

は、「アカデミックの面からのアプローチの必要性が一段と高まっている社会の動きのなかで、女性研究者たちが一層結束、連帯し、其々の専門的立場から共に考え、学び、発信する」会として、「女性の地位向上，人権の擁立を図っていく、女性の地位向上をめざす、グローバルな視点で学術交流・研究の活性化を図る、個人の尊厳、平和主義に立脚、地域貢献を果たす。」などを目的とした。様々な困難を克服し、沖縄女性研究者問題に取り組み、女性研究者の地位向上に努めた。

　1996年、国連の「女子差別の撤廃」の動きは、世界・日本を変え、沖縄県も又女性政策室を設置し、女性のための行動計画DEIGOプランを策定した。その後、1999年、男女共同参画基本法が施行された。この法案は男女が互いに人権を尊重しつつ、能力を十分に発揮できる男女共同参画社会の実現のために策定された。この基本法は5つの基本理念—男女の人権の尊重、社会における制度または慣行についての配慮、政策等の立案及び決定への共同参画、家庭生活における活動と他の活動の両立、国際的協調—などを掲げた。現在、この基本法の下での女性行政の推進があるといっても過言ではない。

　わが国の女性研究者の占める比率は、欧米諸国に比べて低い。女性研究者の雇用も進展してない状況だ。女性研究者の身分の不安定さ、偏見なども根強い。理想は掲げても、男女格差は確実に現存し、厳しい有様だ。研究者の領域は男性という神話が要因なのか。社会的、慣習的無意識的差別構造の温存の根は深い。このことが女性研究者の活動を狭め、研究の継続、発展を鈍らせているのではないだろうか。

　男女共同参画基本法を基に、研究活動を活性化、維持発展させ、引き続き、女性研究者問題に取り組むとともに女性研究者の能力の向上と活用促進、女性の研究環境の改善・整備を図る必要がある。

　会は、今年で20周年を迎えたが、女性研究者活動も終息したわけでもなく、また、女性研究者の環境改善・整備がすべてなされたわけでもない。土を耕し、種を蒔いたに過ぎない。

　女性研究者は、生涯、学者、研究者としての誇りを持ち、アカデミックな

分野を充実させ、科学に貢献していくという使命感を持つ必要がある。今後の沖縄女性研究者活動のモデル形成に務め、また、次期活動の進展、飛躍のためにも、これまでの会活動の足跡を記述した。

　本書は、主に5つの構成に分けた。

　第1章は、会発足から今日に至るまでの経緯を記述した。女性研究者（大学教員、専門的、技術的職業従事者等）などの研究発表、会員や外部の講師による講演、シンポジウム開催、大学問題、研究活動の情報交換、女性研究者問題などの20年の躍動の歴史を垣間見た。第2章は、会が発行している学術誌である研究論集の軌跡を抜粋した。基調講演、シンポジウムに関連した論文、公募規程による論文等である。それは学術研究の成果の「象（かたど）」りである。研究論集の刊行などは、女性研究者の研究業績づくりに大きく貢献をした。この研究論集は、日本でも稀な女性研究者の手による学術誌刊行である。これには、会が実施した共同調査研究（沖縄県の補助事業「女性と研究環境」、東海ジェンダー研究所の助成事業『沖縄県内における大学院生の意識、実態調査』）を下にした論文も掲載した一方、特別寄稿なども収録をした。また、定期学習会で会員の多くは、各々の専門分野の口頭発表をした。若手研究者の発表を論文に繋げ、収録した。更に講演会、研究フォーラムの基調講演などを抜粋、収録した。第3章は座談会を通して会の初期から今日に至るまでの活動を振り返った。座談会では、司会はじめ参加者の意見を多く記述した。座談会は、沖縄県内大学の名誉教授、共同調査研究に係った名誉教授、医師なども参加されての座談会で、様々な意見を「形象化」できた。第4章は、統計からみる女性研究者について記述した。第5章には、会の20年史を一覧表に纏めた。

　現在、会員登録数は約100名、現在も事務局を置き、著名な学者、研究者、専門的、技術的職業従事者などによる基調講演、シンポジウムの開催などを通して、学術交流、学術誌の発行、共同調査研究などを推進。今年、創立20周年を迎えるに当たり、本書の刊行に至った。

　会は、創立20年の歴史の重みを積み重ねてきた。その結果、社会情勢にもよるが、会の会員の多くが大学の教員、研究員に採用され、女性研究者問

題の根幹である雇用の躍進があった。日本の女性研究者の社会環境が緩やかに変化しているのも事実。また、雇用環境も大きく変動した。最近、国や大学における女性研究者支援事業も行われるようになった。会が交流を深めてきた愛知女性研究者の会はじめ、各地域で結成された女性研究者の会が活動を展開してきたことが功を奏したと言える。また、日本学術会議や日本科学者会議による国や地方行政への要請活動も大きく法制化に結び付いた。琉球大学も国の助成を受け、女性研究者を支援する部署が設立された。その設立に向けて、会も調査研究報告書の提供に惜しまず協力をした。2015年、女性活動支援法も策定された。徐々に改善、整備されていく兆しが見えてきた。少しずつ歩むことで、希望に満ちた女性研究者の道は築かれるのでしょう。

　本書が、読者の温かいご支援、鋭い批評を期待するとともに、女性研究者連動のお役に立てるのであれば望外の歓びである。

　　　　　　　　　　　　　　　　　平成29年3月
　　　　　　　　　　　　　　　　　沖縄女性研究者の会会長　大城智美

祝　辞

　沖縄女性研究者の会が創立20周年を迎えられましたことを心からお慶び申し上げます。

　沖縄女性研究者の会は創立以来、女性研究者の地位向上等を目指し、講演会やシンポジウム等を開催し、研究成果の発表や学術交流などの活動を続けられ、沖縄県の男女共同参画社会の形成の推進に貢献してこられました。

　大城智美会長はじめ、関係者の皆様のこれまでの御尽力に対し、深く敬意を表します。

　この度、沖縄女性研究者の会のこれまでの活動を振り返りながら、今後の展望等を考える『沖縄女性研究者　未来を象（かたど）る沖縄女性研究者の会20年の躍動』が発行されますことは、誠に意義深いものであります。

　国の男女共同参画基本計画においても、あらゆる分野における女性の活躍という視点から、科学技術・学術における男女共同参画を推進することとしております。

　また、沖縄県においても、全ての県民が、互いを認め支え合い、心豊かな活力ある沖縄の実現を目指して、沖縄県男女共同参画計画（DEIGOプラン）において、様々な施策に取り組んでいるところであります。

　沖縄女性研究者の会の皆様におかれましては、今後とも学術分野においてご活躍されますとともに、沖縄県の男女共同参画社会の実現に向けて御協力を賜りますよう、お願い申し上げます。

　結びに、沖縄女性研究者の会のますますの御発展、会員の皆様の御健勝と御活躍を祈念申し上げ、お祝いの言葉といたします。

　　　平成29年3月
　　　沖縄県子ども生活福祉部平和援護・男女参画課　　課長　玉城 律子

沖縄女性研究者

未来を象(かたど)る沖縄女性研究者の会20年の躍動

沖縄女性研究者の会　編

沖縄タイムス社

沖縄女性研究者─未来を象(かたど)る沖縄女性研究者の会20年の躍動　　目次

まえがき　大城智美……………………………………………………………　1
祝　　辞　玉城律子……………………………………………………………　5

第1章　沖縄女性研究者の会　20年の躍動
沖縄女性研究者の研究環境の改善・整備をもとめて
　　―会発足〜地を踏む動向の行方―（1996〜2016年）　大城智美………　12

第2章　沖縄女性研究者の会の形跡（1997年〜2016年）
【研究論文】
フェミニズムと女子教育―女性研究者問題20年―　安川悦子……………　38
女性研究者問題―10年のあゆみを踏まえて―　大城智美…………………　52
大学生の専攻分野のジェンダー分析
　　―理工系専攻女子学生の場合を中心に―　國吉和子……………………　73
沖縄県の高等教育における女性研究者育成に関する研究
　　―沖縄県内大学大学院生を対象としたアンケート調査をもとに―
　　　大城智美　新垣都代子　佐久川政一　保良昌徳……………………　90
仕事とパーソナル・ライフの充実をめざして
　　―女性医師をめぐる状況―　武田裕子……………………………………　120
日本における女子高等教育の歴史と展開
　　―フィリピンにおける教授経験を踏まえて―　原喜美…………………　128
グローバルな視点で語る女性と高等教育
　　―アメリカ・日本（沖縄）の女子高等教育―　キャロライン C．レイサム…　134
女性と憲法　佐久川政一………………………………………………………　138
戦後60年・沖縄の大学教育をふりかえる　新崎盛暉………………………　145
〈子ども〉という宇宙に出会う旅
　　―未来学としての子ども研究―　加藤彰彦………………………………　158

幼児の基本的生活習慣におけるデモグラフイック要因の影響
　　山城眞紀子……………………………………………………… 168
【特別寄稿】
元沖縄キリスト教短期大学学長・沖縄女性研究者の会初代会長
原喜美先生の教え　山里惠子……………………………………… 183
平成16年度県功労者表彰の栄誉に浴して　外間ゆき …………… 188
【講演】
沖縄の女性20世紀から21世紀へ　由井晶子 …………………… 193

第3章　沖縄女性研究者問題と今後の課題・展望
座談会　沖縄女性研究者問題と今後の課題・展望
　司会　大城智美　参加者　外間ゆき　山里惠子　福山逸雄　大城宜武
　糸数デービット　多喜美枝子　親富祖理美子………………… 212

第4章　女性研究者の動向と位相
統計からみる女性研究者　大城智美………………………………… 234

第5章　沖縄女性研究者の会　20年史
沖縄女性研究者の会　20年史　沖縄女性研究者の会編集委員会 ……… 248

あとがき　外間ゆき………………………………………………… 263

執筆者一覧…………………………………………………………… 267

第1章

沖縄女性研究者の会　20年の躍動

沖縄女性研究者の研究環境の改善・整備をもとめて
―会発足〜地を踏む動向の行方―（1996 〜 2016年）

大城　智美

はじめに

　1996年、12月14日、沖縄女性研究者の会（以下、略して「会」という）を創立した。会は、今年の2016年で20周年目を迎えた。
　1996年12月14日、総会を開催、結成に至った。沖縄県史上画期的な誕生であった。あらゆる専門分野の女性研究者が参加し、広範囲に亘る女性研究者間のネットワークを形成し、活動、行動指針を掲げ、女性研究者が共に学び、考え、集い、女性研究者問題に取り組んだのは、敢えて強調するのも気が引けるのだが、沖縄県で初めてであった。
　本書でも後述するが、会が20年間発行し続けた学術誌『研究論集』（第1号〜第10号）も、日本において女性研究者が学術論集を発刊したのも初めてのことであり、この研究論集の発行は沖縄発ということもあって、学術史上、興味深い。

　さて、会の創立〜 20年期の躍動史を纏めるに当たり、初めに、第一期活動の主軸となった会の趣旨及び目的をとおして会の理解を深めるために、それから述べることにしたい。

　会の趣旨（Call for Establishment of Okinawa Professional Women's Association）は、

今日、世界的に女性の社会進出はめざましく、教育、福祉、生活、平和、環境、女性がかかわっている諸々の問題に対してアカデミックな面からのアプローチの必要性が一段と高まってきました。県内でも、多くの女性たちがそれぞれの専門的分野で活躍しています。国際化、情報化社会と言われるなか、女性研究者たちが一層結束、連帯し、それぞれの専門的立場から共に考え、学び、発言していくための会を設立したいと考えました。国と国とのギャップ、個別の学問領域の垣根を越えて学問的交流を盛んにし、学際的に研究活動を活発にしていきます。女性研究者が一堂に会し、意見交換を行い、新しいコミュニケーションの場を創ることは意義深いことと思います。そのために、会は定期的に学習会、研修会、講演会、共同研究会などを行い、女性の地位向上、人権の確立を図りつつ、社会に貢献していきます。（1997年度沖縄女性研究者の会報告書より抜粋した。）。

という内容で、会設立準備委員会で検討を重ねて取り纏めた。英訳（本書では略）もした。
　会の目的（The Association's primary objectives are as follows:）は、

・共に学び、考え、女性の地位向上をめざす。
・グローバルな視点から学術交流、情報交換などを行い、相互啓発を図る。
・共同研究などにより、研究の活性化を図る。
・個人の尊厳と平和主義に立脚し、地域社会への貢献をめざす。
　　　　　　　（1997年度沖縄女性研究者の会報告書より抜粋した。）。

などを、会則4条の中に掲げ、英訳（本書では略。）もした。

　会は、前述した趣旨に照らして、その目的遂行のためにこれまで活動を推進し、紆余曲折を経由しながらも多数の人々の助けを得て20年間も歩み続

け、今日に至った。

女性研究者運動に繋げ！世界の動向・日本の動向・沖縄の動向

　会の躍動史と重ね合わせると、この20年の間に女性史は大きな「うねり」があった。

　1981年、国連は女子差別撤廃条約を発効した。

　1990年、日本は国連の女子差別撤廃条約締約国に加盟した。そして、1999年、男女共同参画社会基本法を施行した。2000年、「男女共同参画基本計画」を策定した。2001年、内閣府に「男女共同参画局」が設置された。2001～2002年、科学技術振興調整費により、都河明子（当時、東京医科歯科大学教授）を代表として、「女性研究者の能力開発プログラム」がスタートした。女性研究者の能力発揮のための10提言が纏められたが、それは、政策には繋げることができなかった[1]。2000年の基本計画から5年後の2005年、日本は「第2次男女共同参画基本計画」を纏めた。第2次基本計画は、男女共同参画を推進する上で新たな取り組みを必要とする分野の最初に科学技術を置いた。そこには、女性研究者の研究継続、採用機会の確保、研究環境の改善、理工系分野への進路選択支援を掲げた。基本計画でジェンダー・メインストリーミングが科学技術分野において明文化された[2]。このような日本の動向における2005年は女性研究者にとって画期的な年となった。

　会は、2001年の男女共同参画基本法策定の5年前に発足（1996年）した。沖縄県で初の沖縄女性研究者問題に携わる新たな取り組みを行う会活動となった。

女性運動史

　女性研究者問題の取り組みもまた、女性運動史の中に位置付けられるので、世界的動きの中で考察してみよう。

　女性運動史は、1860－80年代、第1波フェミニズム運動（女性参政権運動）[3]、という形で英米から始まった。

　1920年、イギリスのサクラジェット（女性参政権運動家）から女性参政

権運動を学んだアメリカは、先駆けて女性参政権を獲得した。また1928年、イギリスでも女性参政権が認められた。

　日本では、市川房江が、「平等なくして平和なし、平和なくして平等なし」という理念を掲げ、教育、労働などで地位の低い女性たちの時代に、女性の参政権運動に取り組み、戦後、日本でも、女性参政権が認められた。

　1960年代、第2波フェミニズム運動[4]が始まった。女性解放運動（Women's Liberation Movement）の先駆けであった。その女性運動は、日本で「ウーマンリブ」と呼ばれた。竹村和子は、この思想について、〈性抑圧を単に制度的なものだけでなく、女の社会進出や性差別の可視化〉なども焦点に上げ、多くの事に貢献してきたが、1980年代以降、それは「男女における性差別のみならず、それと交差する民族、人種、階級、セクシュアリティの差別」[5]に繋がると指摘した。

　1990年代以降、新たなフェミニズム運動の展開が期待されるようになった。

日本の教育制度

　日本の学校教育制度[6]の歴史を紐解き、大学教育の動向をみていくと、明治5年，学制発令、明治12－19年、教育令、大正7年、大学令が施行され、官立大学、総合大学及び公立、私立大学、単科大学が認められ、昭和23年、男女共学制が施行された。昭和34－40年代のベビーブーム世代の大学進学志向が高く、それに対応するために、スプートニク・ショックに端を発する理工系人材の増加を図った。その頃から女子学生の入学率も上向き傾向で、昭和46年には、大学、短大の入学者の比率は26.8％に上昇した。昭和40－50年代は、大学教育の質の向上と大学改革が求められた。昭和50－平成10年代は、大学院政策が打ち出され、大学院の拡充と多様化が推進された。平成10－15年は、グローバル化の対応策が進められ、平成15年、国立大学が法人化され、教育資源の配分機能を国から大学へと移管された。

　日本で、昭和23年、男女共学制度が施行され、女も自由に学問をすることができるようになったことは大きい進歩といえる。「女は学問をしてはい

けない。本を読んでもいけない。」「良妻賢母」推奨の時代から「男女共同参画社会への形成」の時代へと進み、隔世の感はあるものの、現実的には男女不平等社会は根絶されてはいない。確かに大学進学率も女子学生が男子学生を上回った大学もある。大学院へ女子が入学し、専門性を深めることも多くなったが、女性の雇用の面では、未だに就職の門は狭く、改善・整備されたとは言い難い。大学での女性専任教員は相変わらず就職率は低く、管理職のポストも少ない。

沖縄県もジョブ運動やライフ・ワーク・バランス運動が進められているが、依然として女性研究者の待遇、改善については対応策が十分ではない。

フランスの思想家フーコーの差別観と女性研究者の閉ざされた黒いヴェール

ところで、フランスの思想家フーコーは、既存の性体制の構造は、「差別してない、あるいは差別されていないと思っている事柄のなかにこそ、巧緻な形で存在している」[7]と唱えている。

大学組織における男性優位意識構造や女性研究者のジェンダー格差（社会的、経済的に生み出された男女格差）問題を考える上で重要な手掛かりとなる基本的考え方を照射しているといえよう。

大学での女性大学教員は10年前の統計では僅か数パーセントで占め、男女格差が大きかった。修士課程や博士課程を修了し、専門的、技術的職業従事者に属していても多くの女性の就職口は閉ざされていた。今日でも大して変わらない。女性研究者にとって大学での採用は今尚厳冬の門である。2016年にはやや改善がみられ、10パーセント台に上った。

女性科学研究者の環境改善促進のための提言の比較

女性科学研究者に関する教育研究の環境改善整備を求めて活動している大きい組織にJAICOWS（女性科学研究者の環境改善に関する懇談会・会長：一番ケ瀬康子・日本女子大学名誉教授）が挙げられる。この組織の環境改善、整備のための提言内容と、会の行った調査研究分析結果から行った提言を比較してみると、多くの共通点がみられた。

1 JAICOWSの提言[8]

JAICOWSとは、女性科学研究者の環境改善に関する懇談会の略称。女性科学者の環境改善のために次の事項について、自ら実行し、あるいは研究、教育機関や学術団体で協議し、または政府、関係省庁に積極的に働きかけるよう、提言した。(『女性研究者の可能性をさぐる』JACOWS編、1996 20p、略式記述。)。

① 男女の別なく科学的な感性と力量を育成する環境を整えるとともに、男女平等を扱う学習内容を強化する。
② 大学および大学院における授業料減免制度、奨学制度あるいは休学、復学等の諸制度について、とくに女性研究者育成の観点から見直す。
③ 業績を正当に評価し、昇進審査、就職斡旋、採用などの際に性的差別をせず、研究意欲を喪失させない。
④ 保育・介護サービスの充実に努力するとともに…(略)…適切な勤務形態を実現して、研究の継続性を保障する。
⑤ 女性研究者が旧姓を継続して使用することを保障する。
⑥ 女性研究者の就職の門戸を拡大するため、…(略)…就職にかかわる情報を広く公開する。
⑦ 科学研究費補助金制度などの研究助成制度をとくに女性科学研究者の観点から見直す。
⑧ 雇用形態、評価、処遇などで性的差別を受けた場合の不服申し立て制度(オンブズマン制度を確立等)を確立する。
⑨ 女性科学研究者の実態把握のために資料を整備する。
など。

2 沖縄女性研究者の提言[9]

沖縄女性研究者の研究環境の改善、整備を求めて、実態把握の必要性があったため緊急に調査を実施した。その結果、会は次の提言を報告書に纏めた。

① 若手女性研究者の育成を図っていく(女性研究者を増やしていく。)。

② 専攻分野別の偏在を是正していく。(例えば人文系、社会系分野に属する女性研究者が多く、理工系分野は少ないなどを改善していく。)。
③ 女性研究者は非常勤雇用が多く、専任教員が少ないなど、専任雇用を増やしていく。
④ 女性研究者は就業年数が比較的短いので、活用度合いを改善していく。
⑤ 女性研究者の雇用、昇進問題を、ジェンダー、男女平等の視点で見直していく。
⑥ 女性研究者の管理職者が少ないので、増やすよう環境整備を図っていく。
⑦ 女性研究者に不利な再就職、採用条件を検討していく。
⑧ 女性研究者の研究活動に関する障害を取り除く方法を考え、実行していく。
⑨ 女性研究者の家庭と仕事の両立支援を図っていく(子育て、介護サービスなどの充実など。)。
⑩ 女性研究者が働く研究機関、受入体制の環境改善、整備、充実を求めて、研究や改善、行動をしていく。
など。

沖縄県内で初めて行った沖縄女性研究者の実態に関する調査は沖縄県内初であったが、その結果は1の提言(声明文書)と類似した女性研究者問題が明らかになった。それはまた、「愛知女性研究者」(『女性研究者―愛知女性研究者の会20年のあゆみ―』、愛知女性研究者の会編集委員会 ㈱ユニテ、1996発行)が実施した調査結果とも同じ傾向が明らかになった。女性研究者はどの地域でも同様な問題を抱えていることが調査の結果、明らかになった。

会の歴史

発足前（創立期前）の動向

　それでは、会の躍動史について、重点的と思われる足跡を辿ってみよう。

　1995年、沖縄女性研究者の会の設立の必然性を大城智美（創案者・以下、人物の肩書きはすべて当時、敬称略。）が発案をした。大学内における女性研究者の地位の低さ、専任大学教員の少なさ、その多数が非常勤講師の身分や研究環境の身分の不安定さ、研究継続の支障、甚だしい男女格差など。現場での体験をとおして、悪い境遇に口を閉ざした女性研究者の情報交換の場の創造と、また、女性研究者の待遇改善、更には、研究環境を改善するために会の立ち上げの必要性を提案した。原喜美（沖縄キリスト教短期大学学長）に相談に行き、賛同を得、行動を共にし、創立に向けて準備を始めた。原は「とても大事なことに気が付いたわね。男尊女卑の傾向の強い沖縄で必要なことなので是非創立しましょう！」と言われた。設立準備のための会議は、毎回原学長室で行われた。準備委員会には琉球大学、沖縄キリスト教短期大学、名桜大学、沖縄大学、沖縄国際大学、沖縄女子短期大学などの大学教員（常勤・非常勤）、名誉教授などが集まって活発な検討を重ねた。

　1995年、正式に第1回の会設立準備委員会を同大学学長室にて開催をした。呼びかけ人代表を原学長と発案者と決め、趣旨案の検討および呼びかけ人になっていただけるよう働きかけた。呼びかけ人には、安谷屋良子（琉球大学名誉教授）他女性大学教員、また、尚弘子（女性初の副知事・琉球大学名誉教授）も名を連ねた。同年、第2回設立準備委員会を同大学にて開催した。設立準備委員会には、安谷屋、外間ゆき（琉球大学名誉教授）、新垣都代子（琉球大学名誉教授）、宮里節子（琉球大学助教授）、伊波美智子（琉球大学助教授）、喜友名静子（沖縄キリスト教短期大学教授）、山里恵子（沖縄キリスト教短期大学助教授）、山城眞紀子（沖縄キリスト教短期大学助教授）、山里米子（沖縄女子短期大学非常勤講師）、キャロライン C. レイサム（名桜大学教授）、カレン・ルパーダス（沖縄国際大学教授）などが参加をした。

会議は、沖縄キリスト教短期大学学長室で開かれ、各々、仕事を終えて、集合し、活発な議論を重ね、会の趣旨案と呼びかけ人の草案などの検討をした。集まった女性研究者からは、大学は、どの職場より保守的で男性優位社会であるという問題が強調された。会設立のための総会準備段階での、書類作成（趣旨、会則、事業計画など。）の準備では、僭越ながら、発案者が書類を作成し、設立準備委員会でその検討を重ねた。

1996年には、沖縄県の大田昌秀知事を表敬訪問した。会発足の意義と会の趣旨を伝え、県の協力も求めた。琉球大学の教授であった大田昌秀知事は女性研究者問題に関心を示した。大田知事のお蔭で女性政策室から研究活動費として補助を受けた。経済的援助のお蔭で、学術誌『研究論集』の刊行、調査研究の報告書の発行が実現した。大田知事は学術誌の刊行が今日まで息長く継続できるための基盤を敷いてくれた。感謝したい。知事表敬訪問者は、原喜美（沖縄女性研究者の会以下、略、初代会長）、安谷屋良子（理事）、大城（副会長兼事務局長）、外間（副会長）、宮里節子（会計庶務）等であった。

沖縄県女性政策室（国の男女共同参画局の設置と同じくして設置）との交流が始まり、県の女性団体一覧にも記載された。岩手県等親善の旅の船での女性交流などにも参加をした。県功労章などの推薦など県主催事業にも関わることになり、会の役員から多くの受章者が輩出した。

県主催事業や「うない」フェスティバルなどにも参加をし、女性の連帯感を強めていった。

1996年には、会創立前の活動として定期学習会（第1回〜第6回）を開催した。この定期学習会の開催は、第5回会設立準備委員会で採択された。

定期学習会の経過については、後掲したが、上江洲トシ（テーマ「県立女子師範学校と教員生活体験から得られた教育観」）（第1回）、山城眞紀子（テーマ「幼児の基本的生活習慣におけるデモグラフィック要因の影響について」）（第2回）、外間ゆき（テーマ「沖縄産食品に関する研究」）（第4回）、ゲイD. クレイボーン（テーマ「The Importance of Women's Education」）（第5回）などであった。この学習会を積み重ねることで総会開催の実績を積んでいった。定期学習会の研究発表内容は学術論集にも編集委員会の選考を経

て、掲載になった。若手女性研究者や不遇な女性研究者の実績づくりに大きく貢献をした。定期学習会は女性研究者の自己啓発、各々の専門分野の研究成果の発表のために定期的に開催され、異文化間の学術交流を図った。

　定期学習会には、狩俣信子（てぃるる館長）や金城勝子・新垣幸子（女性政策室室長）や多くの大学教員が随時参加し、熱気に溢れていた。

創立期、創立後期の動向

　その後の会の創立期、創立後期も定期学習会は継続をした。1998年度に開催された定期学習会の中、渡真利源吉（理事、沖縄ソーシャルワーカー協会会長）の発表した研究テーマ「1998年イスラエル世界社会福祉会議に参加して」、また、安慶名つる子（当山小学校教諭）の発表した研究テーマ「北欧研修視察を終えて」などは世界の動きを知る上で、貴重な内容であった。定期的に開催される研究フォーラムが定着するようになって、定期学習会は減少していった。

　1996年に開催された第7回の設立準備委員会を開催した時、会の主な活動は、定期学習会、講演会、研究フォーラム、共同研究、研究論集、報告書発行などを採択した。将来の計画には、基金設立、地域貢献、国際会議の開催なども採択した。

　会は、沖縄県内大学で仕事をしている女性大学教員、研究者などを集め、自己啓発を促進し、情報交換をすることで、女性の地位向上をめざす活動を進めていくことを確認し合い、とりわけ、沖縄女性研究者問題は何かを明らかにしていく必要があったので、アンケート調査を行い、実態を把握し、その結果を明らかにしていくことを確認、実行した。

会の創立総会

　会の創立総会は、1996年12月14日、沖縄県女性総合センター「てぃるる」で開催をした。

　会の設立総会では、新垣が開会宣言を行い、総合司会を務めた。会の趣旨案、活動計画案について大城が報告した。会則案、予算案は宮里が提案した。

議長団は花城梨枝子(琉球大学助教授)、山里、大山伸子(沖縄県芸術大学非常勤講師)で、議長は花城梨枝子が務めた。総会事項は全て承認、議決された。

会員数ほぼ88名でスタート。会長は原、副会長は3人、外間、Gay D. Claiborne(大学教員)、大城。理事には、尚、上江洲トシ(沖縄県県議会女性初議員)、新島正子(琉球調理師専門学校学校長)、安谷屋、新垣、與儀千代子(看護協会理事)、喜友名、カレン、ルパーダスなど、沖縄を代表する女性たちと言っても過言ではないほど錚々たる顔触れであった(会計、庶務、監査、編集委員など略した)。会の設立に関心の高さがうかがえた。女性政策室室長、税理士、大学教員、研究者、副知事、名誉教授など異業種、多様な専門分野の女性が集まり、これも類を見ない県史上画期的なことであったと言えよう。

原が「女性研究者の会を発会することができて誠に喜びに堪えません。団結は力なりと言われていますように、私たち女性が力を結集し、皆様と共に学び、考え、女性の地位向上に向かって進み、男女共同参画社会の実現を目指していきたく存じます。皆様の心からなるご支援を切に求めます。」と挨拶をされたのが印象的であった。

講演会開催

会創立して間もなく、第1回の講演会を開催した。講演者は女性史研究家のもろさわようこさんであった。500名もの聴衆者が集まり会場を埋め尽くした。演題は「愛に満ちて歴史を拓き、心華やぐ自立を生きる―いのち光あう出会いを求めて―」であった。

「今日の政治の堕落の半分は、女性に責任があるという、もろさわようこさんの言葉を真剣に受け止めて、反省している。男女共同参画社会形成に向けて全力を尽くし、地域社会に貢献していきたい。」と原会長の開会挨拶があった。

講演会は1年に1回のペースで進めてきた。その経過は、一覧表にして本書に後掲をした。

第2回目の講演会は、由井晶子（沖縄タイムス社編集局長）が「沖縄の女性20世紀から21世紀へ」と題して講演をした。

　「戦後の復興を支えた女性たち」、「新しい女性（活動）の台頭」など、長い歴史の中の沖縄の女性史について話した。本書に全文掲載した。将来女性学研究所とか、女性文化研究所とか、女性資料館などの設立発展を提案していたが、まだ道のりは遠い感がある。

　キャロラインC．レイサムが閉会挨拶で「イチャリバ、チョーデーのとおり、私たちは一生、皆さんと同じ家族であり、また、地球で同じ門中なのだと思う。」と英語、日本語、ウチナーグチを交えて、挨拶をし、聴衆は笑いに包まれた。今は亡き新垣典子（琉球舞踊家）さんの琉球舞踊も披露され、艶やか、優雅な琉球の舞に魅了される一幕があった。

　この日は、沖縄県知事の祝辞も、栗国公室長の代読で頂き、男女共同参画社会の形成に向けてDEIGOプランの計画をしたことも報告された。

マスコミ

　会活動の躍動は、新聞に、「広げよう女性の連帯」「大学にも労働の不平等性」という見出しで取り上げられた。新聞紙上には、「1975年の国際婦人年。世界的規模で女性たちは、平和、開発、平等という目標を実現するために活動の幅を広げていった」動きや、また、平成9年度、沖縄県において、「男女共同参画社会の実現をめざすDEIGOプランが改定、策定」されたことも記載された。さらには、大学教育の分野において、「ジェンダーの視点による研究が活性化し始めた。…（略）…大学教員数にみるジェンダーバイアスは、国立大の女性教員数の比率は6.3％、公立大9.8％、私立大12.3％と比較して低い。」数値であることも記載され、大学における女性研究者の労働市場は「機会の平等が結果の平等に結びつかない。」と盲点も（論壇：執筆者・大城）報道された（沖縄タイムス・平成9年5月22日付）。

　新聞には、創立～20年期の事業開催の度に取材記事が載った。報道陣各社のご支援とご協力に厚くお礼申し上げたい。

研究フォーラムの開催

　1998年、第1回研究フォーラム（講演とシンポジウムを同時に開催）を開催した。研究フォーラムは20年間、継続開催をしてきたが、会のメイン事業となった。その経過は一覧表にして本書に後掲した。

　第1回目の研究フォーラムのテーマは「グローバルな視点で語る女性と大学教育」であった。「グローバルとは垣根をとりはらって共生を求めることである。教育とは普遍性を導きだすことが肝要です。」と原が開会挨拶をした。

　閉会挨拶は、大城であった。「近年、女性のライフスタイルの変化に伴い大学におけるライフコースも真剣に検討されるようになり、世界的にも女性研究者、高等教育を受ける女性たちの環境改善、整備が重要課題となっています。その場合、女性たちの生の声を反映していくことが最も大切だと思います。愛知女性研究者の会の環境改善目標は、1．業績を正当に評価し、昇進審査就職斡旋、採用の際に性的差別をせず、研究意欲を喪失させない環境つくり、2．研究の継続性の保障、雇用形態、評価、処遇などの性的差別を受けた場合の不服申し立て制度の確立、3．女性研究者の実態把握のための資料整備など。」に取り組んでいることを示唆したあと、研究活動を通してエンパワーメントしつつ、グローバルな視点から共に学び、考え、発信していく会として努めたい。」と話した。

　講演者は、県外から招いた、名古屋市立女子短期大学学長、日本学術会議会員、女性差別研究の第一人者、愛知女性研究者の会結成に関わられた安川悦子であった。「フェミニズムと女子教育―女性研究者問題20年―」で講演をされた。

　講演内容の要約を述べれば、次のとおりであったが、研究論集創刊号にも論文（修正・加筆）として収録された。

　「女性研究者問題は、女性労働問題でもある。女性研究者は、研究者として充実してくる時期に出産、子育てという問題に直面する。さらに、大学の講座制の下で組織的に除外される状況がある。能力主義は女性にとって唯一の道であるが、その成果を上げる時期に子育てにぶつかり、能力主義に拘束

されることになるなど問題が多い。このような女性研究者の諸問題の解決に向けて、次のような環境改善等が求められる。
　①　高等教育におけるジェンダー差別の構造の解体を求め、生活に係る学問を男女平等にする。
　②　科学研究におけるセクシズムの構造の解体を進め、男性中心の科学を生活中心の科学へ変化させる。
　③　方法としての「ジェンダー視座」を女性と男性の平等な人権に基づく社会システムの構築をする。」。
などの内容であった。
　シンポジウムは、統一テーマで行われ、コーディネーターが安谷屋。安谷屋は、「1．女性と大学教育というテーマで、いろいろな角度から話して頂く計画のシンポジウム。2．グローバルな視点で話して頂いたことはほんの僅か。グローバルの言葉ににこだわったのは、どんな小さな問題も広い視野に置き換えてみることが大切。其々が独自の視点を持っているので、それをぶっつけて、特徴を持ちながらバランスよく収まる世界像を創っていけるよう希望いたします。」と結んだ。
　パネリストは原（同上）、テーマ：「日本における女子高等教育の歴史と展開」、発言内容：良妻賢母教育とは「良き家庭婦人をめざし、御家大事とし、夫を主君と崇め、姑と舅を親として、その子を良く教え導くこと」という定義がある。本来、それは、儒教的なものであるが、日本においては国家主義と良妻賢母主義とが結びついて、富国強兵の政策に強い影響を与えた。森有礼の女子教育はお国のためという発想が強く、吟味するゆとりがなかった。良妻賢母教育は教育勅語の発令により、益々女子教育の主流の典型となっていった。福沢諭吉は男女平等を主張しながら性差による教育を望んでいる点は良妻賢母教育と大して変わらない。この教育の本質は性差別教育であるということを考えて頂きたい。教育の民主化は大事なことで、男女同権、機会均等を達成することが重要。フィリピンにも様々な教育問題がある。男女の差、個人の差を規定する要因にセルフコンセプトを上げることができる。また、外にもソーシャルコントロール、宗教等もあげることができる。現在は

混迷の時代。自己決定の難しい時代。周りの人が自分が本当にやりたいと思うことをヘルプしてやらせればよい。」。

キャロラインC.レイサム（名桜大学教授）、テーマ：「アメリカの女子学生・沖縄の女子学生」、発言内容：「女子の非常勤は何時までも非常勤。女子学生は優秀であっても目標設定が低い。女性も男性も責任を分かち合い、仕事も家庭も両立させて生活すべき。女性の自己評価、サポート体制を整備していくべきと思う。」。

祝嶺恭子（理事・沖縄県立芸術大学教授）、テーマ：「ヨーロッパにおける琉球王朝文化の調査を通して」、発言内容：「ドイツを拠点に琉球王朝文化を調査した。首里花織は高度な技術。伝統に根差した教育をすれば世界に通用するグローバルな教育も可能となる。」。

國吉和子（沖縄大学教授）、「大学生の専攻分野のジェンダー分析─理工系専攻女子学生の場合を中心に─」、発言内容：「女性は人文、社会科学系に多いという現象が各国でみられる。日本は特に顕著。理系女子は専門分野の自己決定にためらう。その傾向は先生、両親の影響が大きい。若者の就職の場が少ない上、女性がはじき出される状況で、希望を見いだせるモデルが沖縄県内にはない。」であった。

沖縄女性研究者の会報告書の発行

1997年、1998年、『沖縄女性研究者報告書～共に学び　考える　女性の集い～』を発行した。2年連続で発行。この報告書には、年度ごとの会活動の躍動史を纏めた。経済的理由で、2年間だけの発行となった。この書は、趣旨、会則、会計報告、事業計画、講演内容、定期学習会のいきさつ及びレジメ、会員の寄稿文、事務局日誌、会の沿革などを収録した。

研究論集の発行

学術誌『研究論集』は1998年発行以来、2016年に亘る長き期間を生き長らえ、中身も充実してきた。国会図書館の永久保存版にも指定された。ＧＩＮＩ論文としてインターネットでも情報検索も可能となった。若手研究

者にチャンスを与え、更に熟練研究者（男女）の論文、エッセイ、調査研究論文なども検索が一瞬のうちに閲覧できる時代となった。この研究書は、国立図書館、県内大学図書館、市町村図書館、公文書館、研究所、沖縄県などに発行の度に献呈しているが好評を博した状況だ。

　研究論集の創刊号は、1998年3月に刊行された。「発刊のことば」は安谷屋、研究論集は、第1回研究フォーラム特集を図った。

　7本の論文が収録された。「フェミニズムと女子教育―女性研究者問題20年」で安川が学術論集の創刊号を飾った。

　「日本における女子教育の歴史と展開―フィリピンにおける教授経験を踏まえて―」（原）、「アメリカの女子学生・沖縄の女子学生」（キャロラインC. レイサム）、「大学生の専攻分野のジェンダー分析―理工系専攻女子学生の場合を中心に―」（國吉）、「女子教育の重要性」（ゲイ D. クレイボーン）、「幼児のデモグラフィック久要因の影響」（山城）、「フランスにおけるノーベル賞文学賞作家大江健三郎に関する受容イメージ研究」（大城）が掲載になった。編集後記は外間であった。

　創刊号〜第10号までに至る論文、エッセイ、資料などについては、一覧表に纏めて後掲した。

　本書では、会の出発点が重要と思い、創刊号を中心に述べたが、中には本書に収めたいエッセイ、研究論文が山ほどある。それほど学者の培った研究業績の深い鉱脈が輝いていて、口惜しいものだらけであるが、敢えていくつか、上げさせて頂くとすれば、研究論集第3号には武田裕子（琉球大学医学部講師）の「仕事とパーソナル・ライフの充実をめざして―女性医師をめぐる状況―」は、調査研究に踏まえて、女性医師の問題点を明らかにした優れた研究論文である。本書に収録した。

　研究論集第4号には会の10周年記念特集を組んだ。佐久川政一（理事、前沖縄大学学長）の「女性の地位向上―その歩みはゆるやか、だが着実に―」は、女性の地位向上を鋭く考察したエッセイで、「女性の地位向上はスロー・アンド・ステッディに前進」、「フェミニスト側からのバックラッシュ（反発、

反動)」、「ジェンダーフリー」の用語禁止令などに言及した内容であった。
　この10周年記念特集をした同号には、新崎盛暉（前沖縄大学学長）の「戦後60年、沖縄の大学教育をふりかえる」の研究論文も掲載した。県内で初めて県内大学教育に言及した内容であった。本書にも収録した。また、宮城晴美（沖縄女性史家）が「沖縄におけるジェンダー研究の意義と課題」と題して研究論文を寄せた。これには「沖縄・女性たちの運動と女性史研究」について年代別に一覧表にしたのを載せたが、その功績を評価したい。
　研究論集第5号には、保良昌徳（理事、沖縄国際大学教授）が、「現代社会における家族問題の構造とその要因─夫婦(男と女)のあり方─」と題して、社会学的な観点から、家族構成の基本というべき一組の夫婦（男と女）に関連する役割と規範について考察した研究論文を載せた。
　本書では割愛したが、家族の基本構成員である夫婦が個として、配偶者として、規範を伝達する親として生きていく上で指標となる福祉の理念を纏めた論文で、近年の家族崩壊、子どもの貧困の要因と対策を考慮する上で示唆に富む内容であった。
　研究論集第7号には、加藤彰彦（沖縄大学学長）が、「〈子ども〉という宇宙と出会う旅─未来学としての子ども研究─」で執筆した。子ども研究は〈未来学〉であるという新しい視点で書かれた研究論文で、本書に掲載した。同号には、沖縄大学大学院在籍中の大学院生の研究報告も掲載した。
　研究論集第8号には、山城紀子（ジャーナリスト）が講演した「高齢者の尊厳─私が私らしく生き続けるために─」を収録した。この論文は、「介護保険制度がスタートして10年経った今も介護を取り巻く様々な不安、困難があり、心身のトラブルを抱えても、安心と安全があってこそ、成熟した高齢社会となる。」と纏めてあった。
　この第8号刊行文には、大城が、「ボーヴォワールとフリーダンにおけるフェミニズムと反エイジズム」（安川悦子論文）を軸に、二人の偉大な女性作家の老いの神話と、老いを如何に生きるべきかについて述べた。
　前者は62歳の時、『老い』を刊行。後者は72歳の時、『老いの泉』を刊行。
　前者は『老いの神話』を批判。高齢者は、肉体的な衰えを理由に、社会か

ら排除され、無視されている。」と告発。また、老いの神話とは廃品になること。それは人間疎外と批判。では、老いを如何に生きるべきか。「人は幾つになっても労働を通して社会とつながり、労働を通して発達する。」ので、「あらゆる年齢において、活動的で、有用な市民であり続ける社会を創ることが望ましい。」という後者の考えを示した。

また、第6号の刊行文には、第二次世界大戦後、焼け野原となったドイツの教育復興のモデルとなったルイ・アラゴンの詩を引用した。

　学ぶとは心に誠実を刻むこと、
　教えるとは心に希望をともすこと、
　生きるとは共に未来を語ること

2015年、会は共同事業を行った。「薬学系、医療福祉系大学創設を。―新しい医療教育―」の基調講演、シンポジウム。難波正義（新見公立大学・新見短期大学学長、岡山大学名誉教授）の基調講演は、多くの研究者に希望を与える内容であった。「創る―夢、ひと、金、そして、燃える―」のテーマで研究論集第10号に修正・加筆をして頂いた論文を掲載した。孔子の言葉、「ゆっくりでも前進していれば良い」、ルーズベルト（米国の大統領）の言葉、「現状でできることをやれ」など、その時々の状況を見定めて、ベストを尽くすことが大事であると結んでいた。

研究者の言葉の力は凄い。本書に割愛された研究論文も多く、申し訳なく思うが、研究論集を手に取って読んで頂く機会があれば有りがたい。

今後も、会は研究論集の発行を継続していく一存である。

共同調査研究

共同調査研究委員会を会創立とともに立ち上げた。

その時の、委員長は新垣が務めた。委員会には、原、安谷屋、國吉、山城、大城、外間、喜友名などが連ねた。

共同調査研究は補助金事業で行った。一つは沖縄県の補助金で調査を行い、

「女性と研究環境」の書名で報告書も発行した。

調査の目的は、沖縄女性研究者（専門的、技術的職業従事者）の研究環境の改善、整備を図るために沖縄女性研究者の研究環境に関する実態と意識調査を行い、基礎資料とするためであった。

沖縄県内における専門的、技術的職業従事者1,000人を対象にアンケート調査を行った。統計処理は國吉が担当した。クロス分析結果をもとに論文も書いていただき、研究論集第2号に収録をした。沖縄女性研究者の問題がクローズアップされ、明るみになった。沖縄県にとって画期的な調査研究結果であったと言えよう。

もう一つは東海ジェンダー研究所に応募して2度助成金をいただいた。共同調査研究テーマは「沖縄女性研究者育成の視点からみる大学院教育の問題点と課題」であった。調査の目的は、沖縄女性研究者の視点からみる大学院教育の問題点と課題を研究するためであった。

共同調査研究者は、大城、新垣、佐久川、保良の4人構成であった。

この調査を通して、博士課程修了者の雇用の問題が浮き彫りになった。この調査結果は報告書にまとめ、各大学や研究機関に配布し、役立てて頂くことにした。沖縄女性研究者の支援事業確保や大学創設構想にも繋がった。これも沖縄県で初の研究成果であった。

「那覇市における働く父母の生活時間」の調査にも大城と前原武子（琉球大学教授）が、愛知女性研究者の会の比較研究プロジェクトのメンバーとして参加した。安川、中田照子（愛知県立大学教授）との共同調査研究であった。その結果は、研究論文として『ジェンダー研究』の学術誌に収録された。

これ等の調査研究をとおして、沖縄女性研究者問題が明らかになり、問題解決の糸口が掴めるようになった。

沖縄女性研究者問題とは次項のとおりに明らかになったが、定期的に調査研究は今後の課題となった。

沖縄女性研究者問題[10]

この調査研究分析結果について考察したことを、論文化したり、報告書に

も纏めた。この中の一番肝要な部分を拾い出し、以下半ば強調的に箇条書きで示した。報告書は、『女性と研究環境』、『沖縄女性研究者育成の視点からみる大学教育の問題点と課題』の書名で発行した。以下は前著の調査研究分析結果である。

① 女性研究者が大幅に少ない。特に若手研究者が少ない傾向にあった。
② 学歴は高いが、非常勤待遇が多く、生活に不安さが残る。
③ 専攻分野に大きい偏在がみられ、人文系、社会系に偏り、自然系、医学系が少ない傾向にある。
④ 非常勤年数が長い。
⑤ 勤務時間が比較的短い。
⑥ 家族構成が少ない。子どものいない女性研究者が半数を占めた。
⑦ 管理職に就くものが少ない。
⑧ 昇進意識は高いが、昇進が遅い。
⑨ 採用条件が厳しく、再就職も難しい。
⑩ 就職意識が高いが、雇用の場が少ない。
⑪ 研究機関、受入体制に乏しい。
⑫ 家庭と仕事の両立が困難。
⑬ 研究上の障害の悩みが多い。
⑬ 家事、育児も男女平等意識は高いが、自分で担うのが多い。
⑭ 老後の生活不安。

などが明らかになった。この調査研究分析を踏まえて、行動方針を検討していくことと、さらに研究を深めて、その成果を後世へ引き継いでいく使命を決して忘れてはならない。

おわりに

今後の女性研究者の行方を如何に進めていくべきであろうか。

会の20年の躍動史は、細々と記述するわけにはゆかず、主に創立期前後

に焦点を当てて主な活動指針を中心に記述をした。
　会の危機的状況に陥った時期もあった。にも関わらず今日まで継続できたのは、不思議なことではあるが、多くの方々のご厚意のお蔭と感謝せずにはいられない。
　会活動に関わって、出会いの刺激があり、学術交流に深味があり、教養の高さに驚くことばかりであったが、この会を創立できたことに、梟（学問の神様）の神のバトンだと感謝したい。
　最後に、「大学や研究機関での男女共同参画について」、「科学技術・学術分野における男女共同参画」に関する考え方を明らかにし、女性研究者の研究環境改善、整備について深めたい。

大学、研究機関での男女共同参画における女性研究者問題[11]

　「Nature energy」は（インターネット検索情報による。）、大学・研究機関での男女共同参画を進めるのに様々な問題があることを次のとおり指摘した。一部略し、簡潔に縮小で纏めてみると、以下のとおりであった。
- 男性研究者のなかに「理学部は男社会」という意識が変わってない。
- 研究職の募集、採用数が少ない。
- 男性上司に女性研究者は結婚、出産でやめてしまうという不安がある。
- 男性上司が、女性の学生、ポスドク、助教を秘書のように扱う。
- 競争や昇格をめぐり、パワーハラスメント、セクシャルハラスメントが起きやすい。
- 出産に伴い、研究が一時中断される。休職中の支援が十分でない。
- 保育園になかなか入れない。病児保育が充実してない。出張、実験、会議など夜間の保育が不安。
- 夫婦が研究者の場合、別居せざるを得ない。
- 女性研究者の育成プログラム、支援事業が十分ではない。

内閣府・科学技術・学術分野における男女共同参画の考え方

　内閣府が発行した『男女共同参画白書』（平成27年度版）の第13章の項

に「科学技術学術分野における男女共同参画」について述べているので、しっかりと把握し、女性研究者問題に対応していく必要がある。

この第13章には、第1節「科学技術・学術分野における女性の参画の拡大」、第2節「女性研究者の参画拡大に向けた環境づくり」として、1．女性研究者のネットワークの構築、勤務環境の整備等、2．研究者等の実態把握、第3節「女子学生・生徒の理工系分野への進学促進が謳われた。

第1節には、「科学技術イノベーション総合戦略2014」（平成26年6月閣議決定）で、「科学イノベーションの重要な担い手となる女性研究者の活躍を促進するための環境整備と、大学及び公的研究機関における女性研究者の採用割合を自然科学系で平成28年（2016）までに30.0％にする」ことが盛り込まれた。また、第2節1では、文部科学省が、平成18年度から、女性研究者の研究と出産・育児・介護等との両立を図るための環境整備を行う大学等を支援する「女性研究者研究活動支援事業」を実施することになった。この事業には琉球大学も関わった。

第2節2では、総務省が、「科学技術研究調査で研究関係従事者数等を調査し、わが国における研究者に占める女性の割合等の実態の把握を行っている」ことも明らかになった。第3節では、独立行政法人科学技術振興機構では「女子中高生の理系進路選択支援プログラム」の実施を上げ、理系女子の支援を明白にした。

前述した取り組みを検討しつつ、女性研究者の研究環境の改善、整備の充実を図っていくことが今後の課題である。

文部科学省の女性研究者支援事業が行われ、国立法人などの多くの大学が保育所設置や女性研究者の研究保障などが前進した。しかし、全大学の女性研究者が支援されたわけではない。

また、40件以上あった全国での女性研究者の会活動は下火となり、解散したケースが多い。

長期的展望で活動した愛知女性研究者の会も後継者がなく、経済的不振のために思いがけず終止符をうった。しかし、その会に所属していた女性研究者たちは、公益法人の東海ジェンダー研究所を創立し、グローバルに活動を

展開し、『ジェンダー研究』という学術誌も定期的に刊行している。

　大城は、マスコミの取材で、女性研究所の必要性を提案したが、今尚創設に至ってない。

　新たに法人格の「沖縄県学術研究機構」(OKINAWA PROFESSIONAL WOMEN'S ASSOCIATION)なるものを創設し、アジア始め、国内外に学術研究を拡充することができないか検討しているが、壮大な希望なので実現が可能か否か。

　女性研究者の能力を開発し、活用できる環境づくり、そして、男女問わず、学問の自由と真理の探究が保障される仕組みができることを信じ、女性研究者の研究環境改善、整備に些少とも貢献し、邁進していきたい。

引用・参考文献

1）　小川眞里子、「科学と女性研究者」(『ジェンダー研究』第18号)、公益財団法人東海ジェンダー研究所、2016、1)　2)　113－128ページ
2）　同上
3）　竹村和子、「危機的状況の中で文学とフェミニズムを研究する意味」(『研究する意味』、小森陽一監修)、東京図書、2003、3)　4)　7)　138－163ページ
4）　JAICOWS編、『女性研究者の可能性をさぐる』、ドメス出版、1996、220－221ページ
5）　愛知女性研究者の会編集委員会、『女性研究者　愛知女性研究者の会　20年のあゆみ』、㈱ユニテ、1996
6）　河地和子、『わたしたちのフェミニズム　―落合恵子と日本の女たち―』、講談社、1992
7）　沖縄女性研究者の会編集委員会、『女性と研究環境』、沖縄女性研究者の会、2004、9)　10)　1－7ページ
8）　内閣府、『男女共同白書』、平成27年、209－210ページ
9）　日本の教育制度、インターネット検索
10）　㈶東海ジェンダー研究所記念論集編集委員会編、『越境するジェンダー研究』、明石書店、2010
11）　安川寿之輔・安川悦子、『女性差別の社会思想史』、明石書店、1987
12）　中山和子・江種満子・藤森清編、『ジェンダーの日本近代文学』、翰林書房、1998
13）　沖縄女性研究者の会編集委員会、『研究論集』、(創刊号～第10号)、沖縄女性研究者

の会、1977 〜 2016
14） 同上、『沖縄女性研究者育成の視点からみる大学院教育の問題点と課題』、沖縄女性研究者の会、平成22年
15） 安川悦子、『フェミニズムの社会思想史』、明石書店、2000
16） 沖縄女性研究者の会編集員会、『沖縄女性研究者の会〜共に学び　考える　集い〜報告書』、 沖縄女性研究者の会、1997
17） 同上、1998
18） 内閣府、『男女共同参画白書』、平成26年度版

（書き下ろし）

第 2 章

沖縄女性研究者の会の形跡
（1997 年〜 2016 年）

フェミニズムと女子教育
—女性研究者問題20年—

安川 悦子

要 旨

　大学や研究機関におけるジェンダー差別の問題を考えるため、「女子短期大学」問題と「女性研究者」問題を取り上げる。共学をたてまえとする教育基本法（1947年制定）のもとで、「女子短期大学」は臨時の移行措置として発足した。しかし、まもなくこれは、制度化され、新しい形での「良妻賢母」主義の教育理念を体現する場として、女子の高等教育の中心機関となった。これは新型の性別役割分業システムの形成に貢献した。
　私が「女性研究者」の編集をしてわかったことは、日本の多くの女性研究者は、研究システムの周辺に位置づけられており、研究の世界も確固たる性別職務分離のシステムが存在していることである。
　この二つの性別役割分業のシステムを解体する必要があり、その解体のための武器は、「女子差別撤廃条約」で宣言されているように、女性の労働権と母性の社会化である。

はじめに

　「沖縄女性研究者の会」の結成1周年おめでとうございます。その記念フォーラムで、私が話をさせていただくことになり、まことに光栄に思ってい

ます。「沖縄復帰25年」、日本国憲法が施行されて50年という誠に記念すべき年に、沖縄でフェミニズムと女性の高等教育の問題について考えるということは、私にとって　きわめて感慨深いものがあります。なぜなら、これから私がお話しようと思っている「女子短期大学」問題と沖縄問題は、戦後民主主義のもとでの差別の構造において同じであると考えるからであります。

　日本国憲法にのっとって1947年に教育基本法が公布されました。この基本法では、教育における民主主義の具体像が描かれています。教育の機会均等、男女共学、6・3・3・4の単線型教育システムが基本と認められ、これに沿った教育改革が戦後すぐに行われました。新制中学や、新制高校、そして新制大学が貧弱な財政の中で設置され、教育における民主主義の推進力として大きな力を発揮しました。新制大学システムについて言えば、その発足時に、共学ではなく「女子」のみを対象とする「女子大学」、四年制ではなく「短期」（二年制または三年制）の大学が、歴史的経済的事情をふまえた現実的な措置として認められました。これは、あくまで臨時措置であり教育基本法の精神に基づくものだとみなされていました。しかし、この臨時措置が、1964年に、学校教育法の改正によって正式に認知されて、「女子」「短期大学」が教育基本法にもかかわらず制度として認められたのであります。ちょうど日本国憲法のもとでの沖縄と同じように、民主主義教育のたてまえのもとでの差別が制度的に認知されたのであります。

　「女子」「短期大学」というのは、民主教育のもとでの差別の一つの象徴であります。とりわけ女性が対象とされるという意味で、戦後日本の民主主義が内包してきたジェンダー差別の象徴であります。このジェンダー差別は、戦後50年の日本の歴史においてどのような意味を持ち、どのような役割をはたしてきたか。これを明らかにすることは、この差別を乗り越える道筋を考える上でどうしても必要であります。このことを考えながら、今日の話を進めたいと思います。

1 戦後高等教育のジェンダー構造 ―「女子短期大学」の役割

　私は、新制大学院を終えたあと、しばらく助手をし、「名古屋市立女子短期大学」に職をえました。1964年末のことであります。それから30年余、この大学に務め続け、今年、つまり、1997年の3月に、私はこの大学の学長として幕を閉じる役を担いました。旧制の女子専門学校から数えて50年目に、「名古屋市立女子短期大学」は閉学になりました。具体的には、名古屋市立大学に合併され四年制共学の学部となりました。男女平等の民主主義教育理念からみれば明らかに女性差別である「女子短期大学」が、なぜ戦後の一時的な臨時措置として解消されないで、女子高等教育の中枢を担う機関として成長し、半世紀もの年月を生き続けてきたのでしょうか。短期大学へ進学する女子学生は、1965年から1975年の10年間に3倍近くに増加し、「女子短期大学」は、女子の高等教育の中心機関となりました。1970年代中ごろから1990年代にかけて、18歳女子人口の4人に一人は女子短期大学生であります。四年制大学の女子学生も1975年以後急増しますが、それでも7人に一人の割合であります。新制大学制度が発足した当初は、経済的社会的状況が整えば、解消されるはずの「女子」「短期」大学がかえって急成長し、それだけでなく女性の高等教育の基幹システムとして機能してきました。男の子は四年制大学に、女の子は「女子短期大学」にという高等教育における性別分業が1970年代後半に姿を整えたとみることができます。

　さらに、専攻分野を調べてみると、もう一つの性別分業が浮かびあがって来ます。「女子短期大学」の専攻分野は、創立の当初から圧倒的に家政学でした。四年制男子学生が経済学や工学であるのと対照的に、短期大学女子学生は、家政学、そして文学を専攻してきました。このことは何を意味するのか。30年間にわたる私の経験からいえば、大半の女子学生は、大学を卒業後数年間、企業に務めたあと、退職し結婚し、海外勤務のふえたサラリーマンの妻となる。つまり、1970年代以降、高度経済成長を続ける日本企業のエリートサラリーマンの妻として、「家族」の専業的な担い手となったので

あります。

　つまり、戦前から続いていた日本の女子高等教育のイデオロギーである「良妻賢母」主義教育が、戦後の学制改革の中でも生き続け、「女子短期大学」は、日本型企業システムをささえる「モーレツ」社員の妻を養成する新「良妻賢母主義」教育の場であったのです。夫は、企業でモーレツ社員として働き、妻は「マイホーム」家族で、家事・育児を担い、家庭経営の責任をとる。「女子短期大学」は、こうした性別役割分業家族の担い手を養成するための格好の場となったのであります。

2　「見えない革命」の到来─「女子差別撤廃条約」(国連・1979年)

　しかし、「女子短期大学」が日本型企業システムを支える「マイホーム家族」の専業的担い手を養成する役割を果たすためのシステムとして形を整えた、まさにその時から、女子学生の四年制大学への志望が徐々に増えはじめ、教育における性別役割分業システムの解体がはじまります。それから20年かけて徐々に、女子学生の進学率は四年制大学の方へ傾き、ついに1990年代半ばには、短期大学より四年制大学への女子学生の進学が上回るようになります。この傾向はさらに強まり、「女子」「短期」大学の「共学」「四年制」大学への転換の動きが目立つようになりました。先ほど申し上げましたように、私の所属した名古屋市立女子短期大学が、その半世紀の歴史をついに閉じることになったのもこうした流れに乗るものであります。戦後民主主義教育の矛盾ともいえるジェンダー差別的なシステムが少なくとも消えつつある。このことは何を意味し、どのような歴史の流れにのるものでしょうか。

　女性は「家庭」男性は「仕事」という性別役割分業システムを体現する「マイホーム家族」が目に見える形で日本の社会に現れたのは、1970年代になってからであります。高度経済成長のもと農村の急速な過疎化がすすみ、都市近郊に「マイホーム」住宅の建設が目立ちはじめた頃からであります。しかし、この性別役割分業システムが量的な広がりを見せると同時に、そのシステムのもつ矛盾も白日のもとにさらされはじめました。1975年、国連の

提唱する「国際女性年」のキャンペーンが進む中で、「マイホーム」家族に閉じこめられている女性の抑圧が問題になり始めました。アメリカのベティ・フリーダンやイギリスのジュリエット・ミッチェルらの1960年代の成果をもとにして、1970年代末には、「静かな革命」の到来が予測されるようになりました。この革命は、発展した資本主義国の女性たちの力によって推し進められるもので、それは、女性たちの「家庭」からの解放、つまり性別役割分業家族の解体をもたらすだろうと予測されました。

　政治的な民主主義の進んでいるアメリカやイギリスあるいはフランスにおいて、女性の人権の抑圧と差別が存在する。なぜなのか。現代フェミニズムはこの原因を性別役割分業「家族」に求めました。「家父長制」というキーワードがこの性別役割分業「家族」に与えられ、この解体こそがフェミニズムの戦略目標であると認められるようになりました。1979年に国連総会で決議された「女子差別撤廃条約」は、その具体的な成果であるとみることができます。1980年代に入って、この条約は世界各国で批准され、日本も1985年に批准したことはよく知られているところです。

　この「条約」のエッセンスは次の二点にあると私は考えます。つまり女性にも「労働する権利」があること、そして子育ての責任は、社会にあり、また男性と女性平等にあることの二つであります。これは人権の歴史において画期的な条項だと私は思います。1789年のフランス革命において、「人は自由かつ権利において平等なものとして出生し、かつ生存する」とうたわれ、近代的な人権が高らかに認められました。しかし、この「人権」は、男性のもの、フランス語でいえば、男性（homme）で、かつ男性市民（citoyen）のものであって、けっして女性（femme）や女性市民（citoyenne）のものではありませんでした。女性は人権の主体であるとはけっしてみなされていなかったのであります。したがって、女性は、近代民主主義の担い手として初めは排除されていたのであり、女性が政治的な人権の主体だとみなされ始めたのは、女性たちの広範な参政権運動に後押しされながら、欧米のもっとも早い国でも19世紀末のことであり、イギリスやアメリカなど主要な資本主義国では、20世紀はじめの第一次世界大戦が終わった後でありました。

日本やフランスではさらに遅れて、第二次世界大戦の後でやっと認められました。まだ半世紀の歴史しかありません。

　こうした政治的人権の承認は、これまで無権利状況におかれてきた女性たちを確かに解放しました。明治憲法の下で無能力者とされ人権をけっして認められなかった女性たちにとって、日本国憲法の下での「男女同権」は、光輝くものであったことは確かであります。しかし、共学と教育の機会均等をたてまえとした教育基本法のもとで、先に述べましたように、「女子」「短期大学」が根をはり、高等教育システムにおけるジェンダー差別が構造的に認められてきました。政治的な人権の平等だけでは、けっして男女平等は現実のものにはならなかったのです。政治的な人権とともに、経済的な人権、つまり自立して自分で生きることがなによりもまず重要であることが次第に明らかになったのです。フランス革命の時代にオランプ・ドウ・グジュが「女性および女性市民の権利宣言」（1791年）において主張したように、女性も働いて、税金を払う権利があるのであります。これは社会の中で報酬をえて働く女性の数が増えるとともにますます重みを増すようになりました。1970年代に入って、日本を含めて先進資本主義国で女性の雇用労働者が急増し、それとともに女性の経済的自立、つまり、女性の労働権が、人権の必要欠くべからざるものだと認められはじめました。すでに1960年代にイギリスやアメリカでは、男性と女性の「平等賃金」の問題が取り上げられていました。こうした状況を踏まえて、1979年に国連の総会で「女子差別撤廃条約」が決議され、1985年までに日本を含めて世界の多くの国が批准しました。

　女性が男性と同様に社会で働く権利があるとすれば、これまで女性の「母性」を理由に女性のみに求められてきた家事責任、とりわけ育児責任が問題になります。これについて「女子差別撤廃条約」は、なによりも男性と女性双方に責任があると規定し、同時に社会に責任があるとしております。これもフランス革命以来の人権宣言の歴史の中で、画期的なことでありました。なぜならそれは、19世紀資本主義社会成立以来大前提とされてきた性別役割分業「家族」の枠組みを否定するものであるからです。性別役割分業「家

族」は、妻「専業主婦」（この数十年女子短期大学が養成してきた）と、夫「モーレツ社員」よって構成されており、子どもの「再生産」はこうした「家族」の個人的な営みの問題であり、それは「母性」をもつ女性の専業であるとされてきました。

　女性の労働権（＝そして勿論男性の労働権）を認めることは、「専業主婦」にこれまでまかされてきた家事労働を男性も行い、同時に社会が行うのを認めること、つまり「脱家族化（defamilialization）」の方向に向かって進むことを認めることであります。これまで女性をとりまいていた空気が変わりはじめました。1980年代には「見えない革命」であったものが、1990年代に入ると次第に目に見えるようになってきました。今日の講演について私は、「女性研究者問題20年」というタイトルをつけましたが、これはこうした「フェミニズム20年」の流れを背景にしているということでもあります。

3　「女性研究者問題」の提起するもの

　本題に入りたいと思います。今日私は名古屋から「愛知女性研究者の会」を代表してお祝いの意味をこめてここに参りました。「愛知女性研究者の会」は、22年前の国際女性年で日本のフェミニズム運動がはじめて盛り上がりつつある時に結成されました。「日本科学者会議」や、「日本学術会議」が大学や研究機関における女性研究者の差別問題をはじめてとりあげた頃です。「日本学術会議」は、1977年に「婦人研究者の地位の改善について」という「要望」を決議しております。また「日本科学者会議」が女性研究者問題について全国シンポジウムを開き、多くの女性研究者たちが大阪や京都や名古屋に集まって議論をしたことを憶えています。

　「愛知女性研究者の会」は結成20周年をむかえて、1996年、「女性研究者—愛知女性研究者の会20年のあゆみ」（ユニテ）を出版し、これまでの20年の活動を総括し、これからの20年に思いをはせました。今、新たな第一歩を踏み出された「沖縄女性研究者の会」とともに、私たちもこれからの20年をどう見通し、どう切り開いていくのか考えて行きたいと思っていま

す。「女性研究者―愛知女性研究者の会20年のあゆみ」の編集作業をする中で、私は、この20年の間に女性、とりわけ専門職で働く女性をとりまく状況はどのように変わり、どのように変わらなかったかを考えてみました。答えは、矛盾しているのですが、女性をとりまく空気は大きく変化したが、しかし、変わらない問題を抱えているということでありました。

そもそも「女性研究者問題」とは何か。「愛知女性研究者の会」の会員である水田珠枝さんの説明を借りれば、「女性研究者問題」とは、女性問題と（女性）労働問題と研究者問題を集約したものであるということであります。具体的にはどういうことか。

まず第一に、女性問題から説明したいと思います。20年前、「愛知女性研究者の会」を結成するときに、愛知県の大学や研究機関に在職する女性研究者にアンケートをとったことを憶えています。この時、「いま何が一番困っていますか」という問いに対して、過半数の女性研究者が、家事・育児と研究の両立に困っているという回答をよせました。つまり女性は家事・育児の専業的な担い手だと伝統的に措定されている。研究者といえども女性はこの役割を背負っている。いわゆる性別役割分業の問題であります。女性の「母性」を理由にして、「家族」のためのアンペイドワーク（家事労働）を担いながら、専門職業を続けていくことの問題であります。

1970年代から80年代をとおしてフェミニズムの思想や運動が明らかにしたように、女性抑圧の根源としての「家族」つまり、「家父長制」でした。これは現代フェミニズムの根元的な課題であります。20年たって、私たちは、女性の労働権と子育ての社会的責任を説く「女子差別撤廃条約」をもっている今、この根源的な問題解決の道筋は見えています。しかし、この問題はもう解決済みだとはとてもいえない状況にあります。アンペイド ワークの代表とされる「家事労働」をどう社会化していくのか。古くて新しい問題は、女性問題の中心を占めています。

第二の問題は、（女性）労働問題であります。専門的な用語を使えば、労働市場におけるジェンダー差別の問題であります。これも20年前に比べれば女性研究者（大学・短期大学に職をもつもの）をとりまく環境は大きく改

善されました。大学に務める女性研究者の数は2倍に増えました。しかし、それでもまだ1994年で女性研究者の比率は全体の14.2％です。四年制大学だけとれば10.3％、短期大学では39.2％です。細かなデータは、「女性研究者」の「統計からみた女性研究者」の章をみていただきたいのですが、次のような特徴をもっています。第一に、研究労働者のなかで女性研究者はまだ圧倒的に数が少ないことであります。欧米諸国に比べても、日本は桁ちがいに女性研究者の数が少ないといえます。アメリカでは1987年のデータですが、高等教育機関の教員の約30％が女性でありますし、イギリスや西ドイツでは比較的少ないといっても約20％が女性であります。日本はそのまた半分であります。第二に、大学における女性研究者の地位別のデータをみてみますと、教授よりも助教授、そして講師よりも助手に女性が遍在しております。四年制大学と短期大学における教員の地位別男女比をとってみるとよくわかります。1994年のデータで、四年制大学の女性の教授は、5.8％、短期大学で26.8％、助手になると四年制大学で15.8％、短期大学ではなんと78.8％が女性であります。女性研究者は、圧倒的に研究労働の底辺層にいることがわかります。研究の補助的な地位にとどまっていて、予算の大きな大型のプロジェクト研究の中心にはいないということがわかります。また女性教員は、四年制大学よりも短期大学に桁ちがいに多いことも明らかであります。すでに指摘しましたように、モーレツ社員をささえる専業主婦の養成は、「女子短期大学」で行われ、女性教員がもっぱらそうした「専業主婦」の養成にかかわってきた。こういうことになります。

　第三の特徴は、専攻分野別にみれば、女性の教員は圧倒的に家政学に多いことがわかります。例えば、1992年のお茶の水女子大学の家政学部の教員のジェンダー比は、約50％で、四年制大学全体の比率が10％ぐらいなのですから、きわだって女性教員比が高いことがわかります。第四の特徴は、大学や短期大学での教育労働という観点からみると、非常勤のみを専業とする研究者は圧倒的に女性が多く、とりわけ、最近では、教養教育を中心とした大学のリストラがすすむ中で、英語やフランス語といった語学教育を担当する教員の非常勤化が進んでいます。こうした人たちの雇用の不安定、低賃金、

労働条件（この場合は研究条件）の劣悪さは、いわゆるパートタイマーと同様の状況にあります。

　こうして女性研究者は、労働の現場では、確固とした性別職務分離の構造のなかに位置づけられていることがわかります。教授は男性、助手は女性、また四年制大学の教員は男性、短期大学は女性、工学や経済学は男性、家政学や文学は女性という性別職務分離であります。総じて数が少ない女性研究者でありますが、水平にも垂直にも遍在しております。つまり、職務上の地位という点では女性研究者は底辺に遍在し、水平的には、専攻分野によって遍在しているのであります。つまり、研究労働者としてみれば、女性は総じて研究や教育の周辺部分に位置づけられ、中心は男性、周辺は女性という枠組みが確固として存在しております。

　それでは、第三の研究者問題というのはどういうものでしょうか。研究者という職業は、なによりもまず高度な熟練を要する専門職業の一つだとみなされています。研究者として養成されるにはかなり長い年月が必要とされますし、また、その養成方法はギルドの職人養成と共通するところがあります。19世紀中頃のイギリスのステンドガラス職人は、チェアに座る親方熟練職人を中心に、チームをなして作業を行い、厳密な入職制限と長期の徒弟としての養成期間をへて、一人前の熟練職人になっていくといいます。男性のみに入職を制限するこうしたステンドガラス職人と同じように、研究や教育専門職も長い間、男性のみの世界を構成してきました。講座制というセクシズムの枠組みが大学を支配してきたのであります。

　このセクシズムの殻をどう打ち破りどう切り割いていくか。「愛知女性研究者の会」は、この問題を正面にかかげて20年間活動してきました。この活動をとおして明らかになったことは、そこには二重の問題があるということであります。一つは、講座制に象徴される大学における前近代的なシステムの問題であります。大学における教育システムであると同時に、研究システムでもある講座制が、チェアに座る親方熟練職人を頂点としたステンドガラス職人の世界とよく似て、女性を排除し、入職を制限する半封建的なセクシズムの砦となっています。とりわけ、古くて伝統のある大学ほどこうした

意味での講座制が確固として支配しております。若い研究者の養成も採用も非合理な伝統的なシステムにおいて行われ、したがって女性は最下層の補助的研究者としては認められても、こうしたチェア・システムからは排除されてきました。人事の公募制をはじめとする労働市場の自由化がここでは何よりも重要な戦略課題となります。

　しかし、他方で大学は、研究業績に基づく能力主義が支配しているところでもあります。研究者は、いかに業績を積み重ねるか、そして国内的・国外的な学会の評価を得るかということが、純粋に作用しているようにみえるところであります。つまり、能力主義の原理が他方で厳然と支配しております。非合理な女性排除の講座制の枠組みと闘うには、この合理的な能力主義がきわめて有効な武器となるはずですし、また、現実になってきました。しかし、この能力主義は、他方で容易に、女性差別の合理的な口実になります。母性をかかえた女性が、結婚し、出産・育児に時間をとられている間に、若い女性研究者のほとんどは、この能力主義の馬車から引き降ろされてしまいます。この問題をどう解決するか。

　つまり、能力主義のたてまえの下に、女性の母性（出産・育児）を理由にして専門的研究職から排除され、差別されるという問題であります。ここに女性問題や女性労働問題と切り結ぶ結節点があります。母性をどう社会化するか。つまり、これまで伝統的に女性の役割だとされてきた育児の社会的な解決こそ重要な意味を帯びてきます。それは他方で日本をはじめとする発展した資本主義国が共通にかかえる出生率の低下問題とも結びついてつまり、合計特殊出生率が1975年いらい2.0以下に落ち込み、急速に人口の減少が見込まれるという問題）、最も緊急に解決すべき問題であります。この20年の間に、この問題は解決ずみになるどころか、ますます重要な意味を帯びてきました。どう母性を社会化するか。つまり、女性が研究を中断させることなく能力を十分に発揮できるような状況をどう作るか。これはこれからの20年の間に、解決されるべき重要な課題であります。育児の社会化の筋道をめぐっていま様々な議論がありますが、この問題を考える場合に何よりも重要なことは、女性の労働権こそ中心にすえて考えるべきであるということ

です。それは、孤立した「家族」（たとえ夫の家事参加が十分なされたとしても）の中だけでは、解決できない問題であります。

4　おわりに―21世紀にむけて

　1990年代も終わろうとしている今、この20年のあいだに女性や女性研究者をとりまく空気は、大きく変わりました。高等教育システムのジェンダー差別の構造も少しずつ解消されつつあります。「女子」「短期」大学や、そこでの家政学の脱構築が今や目に見える形で進められております。「女子」大学は共学に、「短期」大学は四年制に、そして「良妻賢母」の学としての家政学は、女性と男性の生活の科学に変化しつつあります。とりわけ、教育や研究システムにおけるジェンダー差別のシステムがこの10年の間に大きく変化し始めています。1994年1月第118回総会において日本学術会議が「女性科学研究者の環境改善の緊急性についての提言」という声明を出しました。ここでは、「業績を正当に評価し、昇進審査、就職斡旋・採用などの際に性的差別をせず、研究意欲を喪失させない環境をつくる」こと、そして、「保育・介護サービスの充実に努力する」ことが提言されています。

　各大学や研究機関が取り組まねばならない事項は、この二つでありますが、これで問題が解決するわけではありません。最近のフェミニズム思想の発展は、科学研究そのもののジェンダー偏見をとりあげております。つまり科学研究がよって立つ枠組みやパラダイムが男性的な偏見（女性にたいする偏見）の上に成り立っているということであります。アメリカの科学史研究者であるイヴリン・フォックス・ケラー（「ジェンダーと科学」幾島幸子、川島慶子訳、工作舎、1993年）は、デカルトやベーコン以来の近代科学のパラダイムが男性中心のもので、女性を無視し、あるいは征服されるものととらえてきたこと、とりわけ、19世紀イギリスのヴィクトリア時代に発展した生物学や人類学、あるいは生理学などがヴィクトリア時代の中産階級の女性像をモデルにして、女性は理性をもたず感情のみで生き、自然と一体化した生き物として、つまり、人間（男性）とは別の生き物であると理解されてきたことを、

明らかにしております。物理学を頂点にした近代自然科学の体系も、経済学を中心とする近代社会科学も、すべて、そこでは人権をもった女性像は欠落しておりました。

　新たな科学パラダイムが必要であります。21世紀にむけて予測できることは、女性と男性が平等に、いきいきと働いて、自立して生きる。「家族」共同体の枠組みから外にでて、それぞれが社会に直接かかわりあっていく。こうした世界が空気となったとき、はじめて女性と男性の平等が現実のものになるのだと思います。働いて自立して生きる。こうした女性像（もちろん男性像も）が科学研究の大前提となった時、現在私たちが知っている科学の大半は書き換えらるかもしれません。現に、女性と男性の社会的存在に視点を捉えるという「ジェンダー視座」に基づく科学研究の方法を論じた仕事も1980年代末ごろから見られるようになりました。ジョン・W・スコット「ジェンダーと歴史学」（平凡社、1992年）の歴史学の方法についての研究は、その一つの例であります。

　様々な学問領域において、今支配している科学パラダイムが変化しつつあります。大げさにいえば、近代科学のパラダイムが大転換を遂げようとしております。ニュートンが活躍した17世紀ヨーロッパの科学革命につぐ科学革命が21世紀の早い時代に到来すると予測できます。この大転換の原動力は、「静かな革命」の主役である女性であるはずです。新しい科学パラダイムがどのようなものか。まだ、その姿はよくわかりませんが、一つだけはっきりしていることは、戦争と、金儲けと、自然破壊を第一義的なものとみる科学ではないはずであります。大袈裟な話になってしまいましたが、「自立」と「労働」と「平等」というキーワードは、女性にとってだけでなく沖縄にとっても重要なのではないかと考えます。

参考文献
1）　愛知女性研究者の会編集委員会編、『女性研究者―愛知女性研究者の会20年のあゆみ―』、ユニテ、 1996年7月

2）安川悦子、「近代科学とフェミニズム　ジェンダー遍在とジェンダー偏見の構造」、「生活文化研究」、名古屋市立女子短期大学生活文化研究センター編集、第6集、1995年3月所収
3）同上、「科学研究におけるジェンダーの問題—女性科学研究者の環境改善の緊急性についての提言（日本学術会議・声明）をめぐって」、JAICOWS編、『女性研究者の可能性をさぐる』、ドメス出版、1996年12月所収
4）同上、「戦後高等教育のジェンダー構造—「女子短期大学」での私の30年」、『季刊女子教育もんだい』、労働教育センター、66号、1996年1月所収）
5）同上、「近代民主主義と女性」、歴史教育者協議会編集、『歴史地理教育』545号、1996年3月所収
6）同上、「「女子」大学・「短期」大学・ジェンダー」、『季刊女子教育もんだい』労働教育センター、72号、1997年7月所収
7）同上、「フェミニズムとジェンダー—現代フェミニズムの課題」、『日本の科学者』357号、1997年10月所収

（研究論集　創刊号）

女性研究者問題
―10年のあゆみを踏まえて―

大城 智美

要 旨

　本稿は、短期大学、4年制大学、大学院での大学教員のジェンダー・バイアス（本稿では、男女の大学教員数と職位の占める比率の差をジェンダー・バイアスと定義した。）問題ついて検討をした。

　沖縄女性研究者の会は1996年に発足した。発足前1995～2005年までの大学教員数ならびに大学教員の職位状況などの統計的推移を研究対象に考察した結果、ジェンダー差が甚だしいことがわかった。

　男女共同参画社会の形成をめざして様々な取り組みがなされているにもかかわらず、高等教育機関では男性優位であることが示唆された。今後、研究者（大学教員）のジェンダー差をいかに縮小・是正し、研究環境の改善、整備を図っていくべきかが女性研究者問題研究の重要な課題である。

はじめに

　1975年は国際女性年。それからおよそ30年の歳月が経過した。この間国連では「女性差別撤廃条約」を成立させた。1985年には日本は「女性差別撤廃条約」を批准した。この条約は女性に対するあらゆる形態の差別を撤廃するために適切な措置を行うことを義務づけた。沖縄県は行動計画「DEIGO

プラン21」を策定した。世界的規模の動向とともに、全国各地域で女性研究者の会が結成されていった。その間消滅していく会もある中で唯一愛知女性研究者の会は持続し発展を遂げた。設立に関わった安川悦子（大学教員、当時の肩書。以下、同じ。）によると、この会は「女性研究者が自立し、科学研究への共同参画を実現する」[1]ことを目的に結成したという。

　また、同研究会に所属していた水田珠枝（大学教員）は、女性研究者問題とは「女性問題（フェミニズム）と研究者問題と労働問題との複合」[2]であると唱えた。同研究会は女性研究者を対象にした調査研究を報告した。その結果は、研究者間の男女格差が大きい、女性研究者は非常勤や身分の低い立場に置かれている、また、女性は大学院を修了したとしても採用の不平等性や研究が継続できない不利な状況に置かれている実態が明らかになった。

　愛知県よりもおよそ20年も遅れて、1996年、沖縄県で沖縄女性研究者の会は結成された。沖縄県でも女性研究者の採用がごく少数、また、採用されても非常勤の不安定な身分、年齢が重なればコマ数が減るなど、男性研究者優先の職場環境に疑問を持った女性研究者の働きかけで女性研究者が結集し、研究環境改善、整備を求めて共に学び、考え、女性が集う会として発足した。結成1年後、沖縄女性研究者（専門的、技術的職業従事者）の意識、実態調査を行った。この調査結果は、若手女性研究者の少ない、研究意欲が旺盛でも研究が継続できない、また、男女差別や採用時の不平等性、さらには家事と仕事の両立が困難である、さらには理工系は少なく文化系に偏る傾向、正当に評価されない、女性研究者不足など、研究環境の問題が明らかになった。

　ところで、2000年、「男女共同参画基本法」が公布、施行された。この基本法とは「女性も男性もすべての個人が、互いにその人権を尊重し、喜びも責任も分かち合いつつ性別にかかわりなく、その個性と能力を十分に発揮できる男女共同参画社会の実現」[3]をめざした。わが国はこの基本法を21世紀の最重要課題と位置付けた。

　安川は、科学研究における女性問題とは何よりも先ず教育における性別役割分離の構造を解体することである（『女性研究者の可能性をさぐる』p146

-177)と述べ、現在では構造解明のための調査研究、理論研究が進められ、政策にも進言されるようになった。日本学術会議でも女性の若手研究者育成のための施策が取り組まれるようになったが、なかなか進展がみられない。今後の調査分析、研究が期待される。

そこで、本稿では統計からみる大学教員数と大学教員の職位を対象に、女性研究者のジェンダー問題について、これまでの調査研究結果とも絡み合わせて考察をした。1955年〜1994年までの大学教員数および大学教員の職位の研究については、愛知女性研究者の会の藤原と棚橋ら、またお茶の水女子大学女性文化研究センターの原、館らによって報告されているので、本稿では1995年〜2005年までを研究対象に全国及び沖縄県における研究者(大学教員)のジェンダー問題の考察をした。

1　統計からみる女性研究者問題10年(1995年〜2005年)

高等教育機関での研究者(大学教員)の実態について、文部科学省の学校基本調査報告書などの統計的資料に基づき、大学教員数と大学教員の職位におけるジェンダー問題を1995年〜2005年までの10年間(1995年12月14日-2005年12月14日までを10年とした。以下同じとする。)の推移を辿りながら考察をした。

(1)　4年制大学・短期大学・大学院での女性研究者とジェンダー
1)　4年制大学

4年制大学の大学教員数の推移(表1)をみると、1995年以降、2005年までに大学教員数は増えた。男性大学教員数も微増した。女性大学教員数は約2倍増えた(表1)。男性大学教員数の方が女性大学教員数より圧倒的に多い。1995年の男性大学教員数と女性大学教員数とを比較すると約6対1。それが2005年には約4対1、およそ10年の間にジェンダー差はやや縮小した。愛知女性研究者の会が発表した「1955年〜1994年の間までに女性大学教員数は男性大学教員数の10分の1にとどまっている」[4]という結果に比

べると、明らかに女性大学教員の数は増えた。しかし、ジェンダー差は依然として大きい。

女性の増加傾向がみられるのは男女共同参画の推進と実践の効果ともいえる。また、女性の高学歴志望者が増えているのも要因である。さらには少子化の進行と国際化への対応、大学の再編（統廃合）など社会の変化を要因とするところが大きい。

２）短期大学

短期大学の大学教員数の推移（表２）をみると、1995年～2005年までのの大学教員数は約半分に減った。４年制大学の大学教員数が増えるのに対し

表１　高等教育機関における大学教員数・職名別大学教員数の推移―４年制大学―
４年制大学（本務者）　（単位：人）

区分		計			学長			副学長			教授		
		計	男	女	計	男	女	計	男	女	計	男	女
7	1995	137,464	122,712	14,752	551	526	25	203	198	5	51,551	48,418	3,133
8	1996	139,608	124,003	15,605	565	535	30	207	202	5	52,654	49,314	3,340
9	1997	141,782	125,217	16,565	573	542	31	223	218	5	54,021	50,436	3,585
10	1998	144,310	126,525	17,785	595	558	37	252	245	7	55,293	51,399	3,894
11	1999	147,573	128,545	19,034	611	570	41	273	265	8	56,656	52,415	4,241
12	2000	150,563	130,249	20,314	639	592	47	344	330	14	58,137	53,542	4,595
13	2001	152,572	131,105	21,467	663	614	49	424	408	16	59,144	54,237	4,907
14	2002	155,050	132,160	22,890	674	619	55	452	437	15	60,295	55,005	5,290
15	2003	156,155	132,200	23,955	687	630	57	490	467	23	61,400	55,772	5,628
16	2004	158,770	133,397	25,373	691	636	55	575	551	24	63,162	57,054	6,108
17	2005	161,713	134,763	26,950	699	646	53	623	591	32	64,965	58,406	6,559

区分		助教授			講師			助手		
		計	男	女	計	男	女	計	男	女
7	1995	31,507	28,306	3,201	17,534	15,078	2,456	36,118	30,186	5,932
8	1996	32,037	28,672	3,365	17,682	15,068	2,614	36,463	30,212	6,251
9	1997	32,628	29,011	3,617	17,937	15,150	2,787	36,400	29,860	6,540
10	1998	33,220	29,828	3,938	18,295	15,248	3,047	36,655	29,793	6,862
11	1999	33,966	29,780	4,186	18,669	15,392	3,277	37,404	30,123	7,281
12	2000	34,872	30,297	4,575	19,112	15,518	3,594	37,459	29,970	7,489
13	2001	35,519	30,671	4,848	19,434	15,600	3,834	37,388	29,575	7,813
14	2002	36,202	30,983	5,219	19,897	15,722	4,175	37,530	29,394	8,136
15	2003	36,774	31,202	5,572	19,795	15,477	4,318	37,009	28,652	8,357
16	2004	37,323	31,325	5,998	20,125	15,522	4,603	36,894	28,309	8,585
17	2005	38,079	31,612	6,467	20,444	15,518	4,926	36,903	27,990	8,953

（注）平成17年度の数値は速報値である。　　　文部科学省提供資料

急減した。男性大学教員数は約半減（表2）。女性大学教員数は約3割減（表2）。このような短期大学教員の減少傾向は少子化の影響と短期大学の廃校が主な要因といえる。

3）大学院

　大学院の大学教員数の推移（表3）をみると、1995年～2005年まで、年々増える傾向を示した。大学院におけるジェンダーの様相をみていくと、男性大学教員数は増えた。女性大学教員数は約3倍増となった（表3）。1995年の男性大学教員数と女性大学教員数とを比べると約2倍男性教員数が多い。また、2005年の男性大学教員数は女性の約9倍であった（表3）。ジェンダー差は著しく大きい。

　以上の大学教員数の推移にみられるジェンダー差は、性別役割分業に大きく起因している。男は仕事、女は家庭、育児等という潜在的・通俗的観念による結果である性別役割分業意識を変えていくことが、ジェンダー問題解決の糸口になると考察される。

(2) 女性研究者の職位とジェンダー

1）4年制大学

　4年制大学の大学教員数の職位別推移（表1）をみると、1995年～2005年までの、学長、副学長、教授、助教授、講師職の数は年々増える傾向を示した。助手は減る傾向がみられた（表1）。助手の場合には、男性助手数が減っていくのに比べて、女性助手数は増える傾向を示した。男女の比較をすると、全ての職位別統計の結果は男性が女性を上回った。ジェンダー差は依然として大きい。また、職位の低いポストは女性が占める傾向がみられる。

　1995年は学長が551人で、その内訳は男性学長526人、女性学長25人。男性学長は女性学長の約21倍となっている。また、副学長が203人中、男性副学長198人、女性副学長5人で、男性の方が女性の約40倍上回った。学長、副学長職はジェンダー差が大きい。1995年～2005年までの学長推移をみると、少しずつ増えており、699人まで増えた。この間の男性学長、女

表2 高等教育機関における大学教員数・職位別大学教員数の推移―短期大学―

短期大学（本務者）（単位：人）

区分		計			学　長			副学長			教　授		
		計	男	女	計	男	女	計	男	女	計	男	女
7	1995	20,702	12,469	8,233	409	362	47	117	103	14	7,883	5,722	2,161
8	1996	20,294	12,068	8,226	408	363	45	121	109	12	7,705	5,523	2,182
9	1997	19,885	11,722	8,163	409	365	44	110	98	12	7,627	5,427	2,200
10	1998	19,040	11,092	7,948	398	352	46	114	102	12	7,401	5,228	2,173
11	1999	18,206	10,426	7,780	392	347	45	120	101	19	7,212	5,027	2,185
12	2000	16,752	9,413	7,339	370	328	42	119	98	21	6,660	4,571	2,089
13	2001	15,638	8,661	6,977	349	302	47	118	101	17	6,208	4,211	1,997
14	2002	14,491	7,904	6,587	332	286	46	121	102	19	5,668	3,800	1,868
15	2003	13,534	7,290	6,244	314	269	45	115	100	15	5,260	3,498	1,762
16	2004	12,740	6,842	5,898	296	253	43	120	102	18	4,975	3,285	1,690
17	2005	11,964	6,395	5,569	275	236	39	110	95	15	4,610	3,046	1,564

区分		助教授			講　師			助　手		
		計	男	女	計	男	女	計	男	女
7	1995	5,950	3,579	2,371	4,440	2,310	2,130	1,903	393	1,510
8	1996	5,856	3,469	2,387	4,331	2,233	2,098	1,873	371	1,502
9	1997	5,705	3,368	2,337	4,192	2,112	2,080	1,842	352	1,490
10	1998	5,413	3,143	2,270	3,991	1,954	2,037	1,723	313	1,410
11	1999	5,060	2,891	2,169	3,786	1,781	2,005	1,636	279	1,357
12	2000	4,637	2,602	2,035	3,497	1,571	1,926	1,469	243	1,226
13	2001	4,255	2,359	1,896	3,328	1,467	1,861	1,380	221	1,159
14	2002	3,929	2,122	1,807	3,175	1,396	1,779	1,266	198	1,068
15	2003	3,649	1,970	1,679	3,025	1,291	1,734	1,171	162	1,009
16	2004	3,402	1,815	1,587	2,898	1,248	1,650	1,049	139	910
17	2005	3,206	1,685	1,521	2,809	1,198	1,611	954	135	819

（注）平成17年度の数値は速報値である。文部科学省提供資料

表3 高等教育機関における大学院の大学教員数の推移

区分		大学本務教員のうち大学院担当者（人）		
		計	男	女
7	1995	66,320	62,862	3,458
8	1996	68,462	64,690	3,772
9	1997	72,040	67,737	4,303
10	1998	75,185	70,330	4,855
11	1999	77,440	71,965	5,475
12	2000	80,893	74,795	6,098
13	2001	83,460	76,800	6,660
14	2002	85,531	78,236	7,295
15	2003	88,346	80,377	7,969
16	2004	88,870	80,141	8,729
17	2005	91,668	82,289	9,379

文部科学省提供資料より作成

性学長ともに増える傾向がみられる。2005年には、男性学長は646人、女性学長は53人で約13倍男性学長が多い。1995年の約21倍と比べると、ジェンダー差は確実に縮小しているが依然として大きい。副学長職の推移をみると、1995年の203人から増え続け、2005年には623人で約3倍増えた。男女別にみると、男性副学長も198人→591人と約3倍増えた（表1）。女性副学長は5人→32人と約6倍増えた。2005年の男性副学長は、女性副学長の約20倍。ジェンダー差は大きい。

　教授の推移は、51,551人→64,965人と増えた。男性教授と女性教授の推移をみると、ゆるやかに増えた。1995年の男性教授数は48,418人で女性教授数3,133人の約16倍。また、2005年の男性教授数は58,406人で女性教授数6,559人の約8倍（表1）。ジェンダー差は縮小した傾向がみられたが、依然としてジェンダー差は大きく男性研究者優位である。1995年～2005年までの助教授の推移は、31,507人→38,079人と増えた。1995年の男性助教授は28,306人で女性助教授数3,201人の約9倍。そして、2005年には男性助教授数は31,612人で、女性助教授数6,467人の約5倍となった。10年の間に女性助教授数が増えた（表1）。

　講師の推移をみると、1995年～2005年までに17,534人→20,444人と増えた。男性講師数は15,078人→15,518人、女性講師数は2,456人→4,926人と増えた。講師は男性講師数が大きな変動がみられないのに対し、女性講師数が約2倍も増えたのに大きな特徴がみられた。男女の比較をすると、1995年の男性講師数15,078人は、女性講師数2,456人の約6倍。また2005年の男性講師数15,518人で女性講師数4,926人の約3倍。ジェンダー差は縮小したがやはり依然として大きい。助手の推移をみると、1995年の助手数は36,118人→36,903人と微増で大きな変化はみられない。2002年が37,530人で最も数値が高く、それ以降は減る傾向がみられる。男女別にみると、1995年以降男性助手数は30,186人→27,990人へと減っている。それに比べ、女性助手の数は年々増え、5,932人→8,953人となった（表1）。これは職位の低いポストの位置に女性が占める割合の高いことを明白に示している。男女の比較をすると、1995年、男性助手数30,186人が女性助手数5,932人約

5倍。2005年の男性助手数27,990人は女性助手数8,953人の約3倍（表１）を占める。

2）短期大学

　短期大学教員数の職位別推移（表２）をみると、1995年の学長は409人でその後年々減少し、2005年には275人まで減った。男女別にみると、男性学長は362人→236人、女性学長は47人→39人と減った。男女の比較をすると、1995年には男性学長数が女性学長数の約8倍。また、2005年も約6倍でジェンダー差が顕著に表れた（表２）。1995年、男性副学長数103人は女性副学長数14人の約7倍である。また、2005年には男性副学長数95人で女性副学長数15人の約6倍（表２）。

　教授の推移をみると、1995年～2005年までに7,883人→4,610人と減った。男女比較をすると、男性教授数は5,722人→3,046人と約半分減った。また、女性教授数も2,161人→1,564人とかなり減った。1995年、男性教授数は女性教授数の約3倍を占めた。2005年には約2倍でややジェンダー差は小さい。助教授の推移をみていくと、5,950人→3,206人と減った。男女別にみると、男性助教授数は3,579人→1,685人と減った。また女性助教授数は2,371人→1,521人と減った（表２）。1995年、男性助教授数は女性助教授数の約2倍で、2005年には男性助教授数1,685人は女性助教授数1,521人と大差はみられない。が、この間、男性助教授数は女性助教授数を常に上回った。男性優位が捉えられる。

　講師の推移をみると、4,440人→2,809人と著しく減った。男女別にみると、1995年～2005年までの男性講師数は2,310人→1,198人、女性講師数も2,130人→1,611人と減った。男女の比較をすると、1995年～1997年の男性講師数は女性講師数を上回り、1998年～2005年までは女性講師数が男性講師数を上回るようになった。助手の推移を男女別にみると、1995年～2005年の、男性助手数は393人→135人と約7割減、女性助手数は1,510人→819人の約5割減。男女の比較をすると、1995年～2005年までの女性助手数が男性助手数を上回った（表２）。短期大学で女性教員の人数が男性

上回るのは講師や助手の身分の低いポストであった。

短期大学の助手数を男女別でみると、1995年の女性助手数は男性助手数の約4倍。2005年の女性助手数は男性助手数の約6倍となっている（表2）。

2 女性研究者の職位別比率とジェンダー・バイアス

この項では、1995年～2005年までの職位別大学教員比率の推移からジェンダー・バイアスの問題を考察した。

1) 4年制大学

4年制大学の職位別大学教員の比率推移（表4）をみると、1995年～2005年までの間の男性大学教員比率は89.3％→83.3％と減った。女性大学教員比率は10.7％→16.7％と増えた（表4）。ジェンダー差は78.6ポイント→65.5ポイントと縮小された。が、依然として約85％は男性大学教員が占め、男性優位となっている。女性は約20％にも満たない。職位別比率をみると、学長、副学長の約90％は男性が占め、女性は10％にも満たない。身分の高い職位は男性が大半を占め、ジェンダー差は大きい。教授は約90％男性が占め、女性は約10％にも満たない。男性教授の比率は93.9％→89.9％とやや減った。女性教授の比率は6.1％→10.1％と増えた（表4）。助教授も約80％以上を男性が占め、女性は20％に満たない。男性助教授は89.8％→83.0％と減り、女性助教授は10.2％→17.0％と増えた。

講師の推移をみると、男性講師の比率は86.0％→75.9％と減った。女性講師の比率は14.0％→24.1％と増えた（表4）。講師が2002年～2005年までに20％を超えるようになった。依然として平均約80％は男性が占め、男性比率が高い。助手の比率推移をみると、男性助手の比率は83.6％→75.8％と減った。女性助手の比率は16.4％→24.2％と増えた（表4）。助手の女性の比率は2000年以降、約20％を超えた。1995年～2005年までのジェンダー・バイアスは67.2ポイント→51.6ポイントと低くなった。男性優位であった。学長、副学長、教授、助教授、講師、助手いずれの職位においても男性の占める比率が高く、約80％を占め、ジェンダー差は甚だしい。1995

年以降、男性の占める比率は僅ながら減る傾向を示し、女性の比率は僅かながら高くなる傾向を示した。今後女性大学教員の占める比率を高率にしていくためには、男女共同参画の視点からジェンダー差を如何に縮小すべきか、政策的配慮は必要である。高学歴の女性研究者の能力をいかに活用していくべきかも問われる。女性研究者の研究環境改善、整備を段階的に押し進めていくことが最も重要である。

2) 短期大学

短期大学の職位別大学教員の比率推移（表5）は、1995年～2005年まで、男性大学教員比率は女性大学教員比率より上回る傾向を示した。男性大学教

表4　高等教育機関における職位別大学教員の比率のジェンダー構造—4年制大学—

大学教員の比率（単位：％）

区分	計			学　長			副学長			教　授		
	男	女	ジェンダー・バイアス	男	女	ジェンダー・バイアス	男	女	ジェンダー・バイアス	男	女	ジェンダー・バイアス
1995	89.3	10.7	78.6	95.5	4.5	91.0	97.5	2.5	95.0	93.9	6.1	87.8
1996	88.8	11.2	77.6	94.7	5.3	89.4	97.6	2.4	95.2	93.7	6.3	87.4
1997	88.3	11.7	76.6	94.6	5.4	89.2	97.8	2.2	95.6	93.4	6.6	86.8
1998	87.7	12.3	75.4	93.8	6.2	87.6	97.2	2.8	64.4	93.0	7.0	86.0
1999	87.1	12.9	74.2	93.3	6.7	86.6	97.1	2.9	94.2	92.5	7.5	85.0
2000	86.5	13.5	73.0	92.6	7.4	85.2	95.9	4.1	91.8	92.1	7.9	84.2
2001	85.9	14.1	71.8	92.6	7.4	85.2	96.2	3.8	92.4	91.7	8.3	83.4
2002	85.2	14.8	70.4	91.8	8.2	83.6	96.7	3.3	93.4	91.2	8.8	82.4
2003	84.7	15.3	69.4	91.7	8.3	83.4	95.3	4.7	90.6	90.8	9.2	81.6
2004	84.0	16.0	69.0	92.0	8.0	84.0	95.8	4.2	91.6	90.3	9.7	80.6
2005	83.3	16.7	66.6	92.4	7.6	84.8	94.9	5.1	89.8	89.9	10.1	79.8

区分	助教授			講　師			助　手		
	男	女	ジェンダー・バイアス	男	女	ジェンダー・バイアス	男	女	ジェンダー・バイアス
1995	89.8	10.2	79.6	86.0	14.0	72.0	83.6	16.4	67.2
1996	89.5	10.5	79.0	85.2	14.8	70.4	82.9	17.1	65.8
1997	88.9	11.1	77.8	84.5	15.5	69.0	82.0	18.0	64.0
1998	88.1	11.9	76.2	83.3	16.7	66.6	81.3	18.7	62.6
1999	87.7	12.3	75.4	82.4	17.6	64.8	80.5	19.5	61.0
2000	86.9	13.1	73.8	81.2	18.8	62.4	80.0	20.0	60.0
2001	86.4	13.6	72.8	80.3	19.7	60.6	79.1	20.9	58.2
2002	85.6	14.4	71.2	79.0	21.0	58.0	78.3	21.7	56.6
2003	84.8	15.2	69.6	78.2	21.8	56.4	77.4	22.6	54.8
2004	83.9	16.1	67.8	77.1	22.9	54.2	76.7	23.3	53.4
2005	83.0	17.0	66.0	75.9	24.1	51.8	75.8	24.2	51.6

文部科学省提供資料より作成

員の比率は60.2％→53.5％と減った。女性大学教員の比率は39.8％→46.5％と増えた（表5）。ジェンダー・バイアスは、1995年には20.4ポイント男性が高く、2005年にも7.0ポイント男性が高い。ジェンダー・バイアスは縮小しているが男性が優位で、比率が高い。

学長の比率推移をみると、男性学長はこの10年間で平均約90％を占めているが、88.5％→85.8％とやや減る傾向を示した。女性学長は11.5％→14.2％と増えている。副学長の比率は、学長と同じく微増した。男性副学長は88.0％→86.4％と微減した。また、女性副学長は12.0％→13.6％と微増した（表5）。

教授比率を男女別にみると、男性教授は72.6％→66.1％と減った。女性

表5 高等教育機関における職位別大学教員の比率のジェンダー構造―短期大学―

大学教員の比率（単位：％）

区分	計			学　長			副学長			教　授		
	男	女	ジェンダー・バイアス	男	女	ジェンダー・バイアス	男	女	ジェンダー・バイアス	男	女	ジェンダー・バイアス
1995	60.2	39.8	20.4	88.5	11.5	77.0	88.0	12.0	76.0	72.6	27.4	45.2
1996	59.5	40.5	19.0	89.0	11.0	78.0	90.1	9.9	80.2	71.7	28.3	43.4
1997	58.9	41.1	17.8	89.2	10.8	78.4	89.1	10.9	78.2	71.2	28.8	42.4
1998	58.3	41.7	16.6	88.4	11.6	76.8	89.5	10.5	79.0	70.6	29.4	41.2
1999	57.3	42.7	14.6	88.5	11.5	77.0	84.2	15.8	65.4	69.7	30.3	39.4
2000	56.2	43.8	12.4	88.6	11.4	77.2	82.4	17.6	64.8	68.6	31.4	37.2
2001	55.4	44.6	10.8	86.5	13.5	73.0	85.6	14.4	71.2	67.8	32.2	35.6
2002	54.5	45.5	9.0	86.1	13.9	72.2	84.3	15.7	68.6	67.0	33.0	34.0
2003	53.9	46.1	7.8	85.7	14.3	71.4	87.0	13.0	74.0	66.5	33.5	33.0
2004	53.7	46.3	7.4	85.5	14.5	71.0	85.0	15.0	70.0	66.0	34.0	32.0
2005	53.5	46.5	7.0	85.8	14.2	71.7	86.4	13.6	72.8	66.1	33.9	32.2

区分	助教授			講　師			助　手		
	男	女	ジェンダー・バイアス	男	女	ジェンダー・バイアス	男	女	ジェンダー・バイアス
1995	60.2	39.8	20.4	52.0	48.0	4.0	20.7	79.3	58.6
1996	59.2	40.8	18.4	51.6	48.4	3.2	19.8	80.2	60.4
1997	59.0	41.0	18.0	50.4	49.6	0.8	19.1	80.9	61.8
1998	58.1	41.9	16.2	49.0	51.0	2.0	18.2	81.8	63.6
1999	57.1	42.9	14.2	47.0	53.0	6.0	17.1	82.9	65.8
2000	56.1	43.9	12.2	44.9	55.1	10.2	16.5	83.5	67.0
2001	55.4	44.6	10.8	44.1	55.9	11.8	16.0	84.0	68.0
2002	54.0	46.0	8.0	44.0	56.0	12.0	15.6	84.4	68.8
2003	54.0	46.0	8.0	42.9	57.3	14.6	13.8	86.2	72.4
2004	53.4	46.6	6.8	43.1	56.9	13.8	13.3	86.7	73.4
2005	52.6	47.4	5.2	42.6	57.4	14.8	14.2	85.8	71.6

文部科学省提供資料より作成

教授は27.4％→33.9％と増える傾向を示した（表5）。ジェンダー・バイアスは45.2ポイント→32.2ポイントと縮小されたが、教授の約3分の1は女性であるがジェンダー差は依然として大きい。助教授の男女比較をすると、男性助教授の比率は60.2％→52.6％と減少し、女性助教授の比率は39.8％→47.4％と増える傾向を示した（表5）。ジェンダー・バイアスは20.4ポイント→5.2ポイントと縮小しているが男性優位が捉えられた。

　講師の比率を男女別にみると、男性講師は52.0％→42.6％と減少し、女性講師は48.0％→57.4％と増える傾向を示した（表5）。男女差の比率が4.0ポイント男性が高い方から14.8ポイント女性が高い方へ逆転した。助手の比率は男性助手が20.7％→14.2％と減った。女性助手は79.3％→85.8％と増えた（表5）。女性助手が占める比率は約80％で男性助手に比べて非常に高い。助手の比率を男女比較すると、女性が男性に比べてジェンダー・バイアスが高い。依然として学長、副学長など身分の高いポストは男性の占める比率が高い。また、教授、助教授は女性が占める比率が少しずつ増える傾向を示した。今なおジェンダー差は大きく男性優位であった。講師の比率は1998年を境に女性が男性を上回る傾向を示した。

　短期大学は、4年制大学と比べ女性の比率がいずれの職位においても高い。このような傾向は、短期大学での女性教員が男性に比べ優位になったというものではなく、実は、短期大学の統廃合の影響を受けて4年制大学へ男性大学教員が流出していることや、また、女性大学教員が存続の危ぶまれる不安定状況の短期大学へ残されているというジェンダー問題が介在している。

　短期大学の助手の比率は4年制大学とは比較にならないほど女性の占める比率は高い。今後、女性大学教員の職位別比率（特に教授、助教授）を伸ばしていくことを模索するべきである。

3）大学院

　大学院担当者教員の比率推移（表6）みると、1995年〜2005年までの男性大学院教員比率は94.8％→89.8％と僅かながら減った。女性大学院教員比率は5.2％→10.2％と約2倍増えた（表6）。ジェンダー・バイアスをみ

表6　大学院担当者の大学教員比率のジェンダー構造

区分	大学院担当者の大学教員比率のジェンダー構造(%)		ジェンダー・バイアス
	男	女	
1995	94.8	5.2	89.6
1996	94.5	5.5	89.0
1997	94.0	6.0	88.0
1998	93.5	6.5	87.0
1999	93.0	7.0	86.0
2000	92.5	7.5	85.0
2001	92.0	8.0	84.0
2002	91.5	8.5	83.0
2003	91.0	9.0	82.0
2004	90.2	9.8	80.4
2005	89.8	10.2	79.6

文部科学省提供資皐より作成

ると、89.6ポイント→79.6ポイントと縮小された（表6）が、約80ポイント以上を男性が占め、ジェンダー差は著しい。

以上の職位別統計にみられるジェンダー差は、男性が職位の大半を占める上に、また、職位の高いポストを占め、女性は職位も総体的に少なく、また低いポストにおかれているという男性優位の特徴が捉えられた。このような状況は性別職務分離意識に起因した結果といえる。長時間熟成型の男女意識改革が必要であると考察される。男女参画型社会形成を掲げた「ワーク・ライフ・バランス」の理念とも深く繋がっているため、根本的政策と実効性の高い変革が求められる。

3　沖縄県の女性研究者（大学教員）とジェンダー

2016年現在、沖縄県内在大学は4年制大学が7校、短期大学（短大部を含む）は2校である。

県立が2校、国立大学法人の大学が1校、私立大学が7校。短大部が廃校となった大学3校（国立大学〈現在は法人化〉1校、私立大学2校を含む）で、また私立短期大学が4年制大学へ移行し、その中に短大部を設置した私立大学1校もある。県内唯一の女子短期大学以外は男女共学。私立短期大学2校（その中、1校は四年制大学の短大部）は女子学生で大半を占めていた。今日では、少子化の影響で、女子短期大学でも男性入学が許可されるようになった。県内大学は男女共学へ加速し始めた。また、学習意欲のある者、高学歴志望、国際化への対応等が主な要因で4年制大学へ入学する学生が増える傾向になった。また、短期大学の廃校の動きが強い。また大学院設置が5

校あり、社会人大学院へ入学する者が増える傾向になった。専門性を極める学生も年々増えた。Best in the world をめざした画期的な独立行政法人の沖縄科学技術大学院大学は開学した。県内大学で、遠山プランの提起したトップ30の大学に指定された大学はないが、産官学共同研究や大学改革に基づく各大学の特色は顕著に表れている。

このような沖縄の状況を踏まえて、本稿においては、沖縄県での大学教員数や男女別大学教員比率と雇用形態別数の推移からジェンダー問題の考察をした。

沖縄県在の高等教育機関における大学教員数（表7）と職名別比率の推移（表9）をみると、1995年〜2004年までの4年制大学の大学教員数は

表7　沖縄県の大学教員数の推移（本務者）

4年制大学

大学教員数（人）

区分	学校数	総数	男性教員	女性教員
1995	2	113	95	18
1996	2	116	96	20
1997	2	121	101	20
1998	2	121	99	22
1999	2	144	116	28
2000	2	156	125	31
2001	2	155	125	30
2002	2	155	124	31
2003	2	149	114	35
2004	2	141	110	31

短期大学

区分	学校数	総数	男性教員	女性教員
1995	2	34	30	4
1996	2	33	29	4
1997	2	31	28	3
1998	2	34	30	4
1999	2	22	19	3
2000	2	21	18	3
2001	1	19	16	3
2002	1	18	15	3
2003	1	18	15	3
2004	1	18	15	3

表8　沖縄県の大学教員の比率推移のジェンダー構造（本務者）

4年制大学

大学教員比率（％）

区分	男性教員	女性教員	ジェンダー・バイアス
1995	84.0	16.0	68.0
1996	82.8	17.2	65.6
1997	83.5	16.5	67.0
1998	81.8	18.2	63.6
1999	80.6	19.4	61.2
2000	80.1	19.9	60.2
2001	80.6	19.4	61.2
2002	80.0	20.0	60.0
2003	76.5	23.5	53.0
2004	78.0	22.0	56.0

短期大学

区分	男性教員	女性教員	ジェンダー・バイアス
1995	88.2	11.8	76.4
1996	87.9	12.1	75.8
1997	90.3	9.7	80.6
1998	88.2	11.8	76.4
1999	86.4	13.6	72.8
2000	85.7	14.3	71.4
2001	84.2	15.8	68.4
2002	83.3	16.7	66.6
2003	83.3	16.7	66.6
2004	83.3	16.7	66.6

「那覇市統計書」、「宜野湾市統計書」、インターネット検索により作成。現在県内8大学の中4年制大学7校、短期大学2校（統計書に記載されてない大学は削除）平成13年沖縄大学短大部廃校（表7、表8）

113人→141人と増えた。短期大学では34人→18人と減った（表7）。男女別にみると、4年制大学では男性大学教員数が95人→110人と増え、また、女性大学教員数も18人→31人と増え、男女ともに増える傾向がみられた（表7）。4年制大学の大学教員の比率推移（表8）をみると、男性大学教員比率は84.0％→78.0％と減っているが平均約80％で高い。女性大学教員比率は16.0％→22.0％と増える傾向を示した（表8）。

短期大学を男女別にみると、男性大学教員数は30人→15人と半減した。女性大学教員数は4人→3人と数値的には大きな変化はみられないが、少ない（表7）。男性大学教員比率は平均約85％で大半を占め、男性優位であった（表8）。

次いで沖縄県に在る高等教育機関の大学教員数の職位別推移（表9）をみると、1995年～2005年までの4年制大学の大学教員数は941人→951人と増える傾向を示した。教授は348人→375人と増えた。助教授は242人→277人と増えた。講師は114人→87人と減った。助手は237人→212人と減った。最も教授が多く、次いで助教授、助手、講師の順（表9）。この傾向は全国の大学教員職名別推移の特徴と同じである。短期大学（短大部を含む）でも2004年の統計から教授、助教授、助手、講師の職位の高い順に多

表9　沖縄県の大学教員数の職名別推移　　表10　沖縄県の大学教員数の職位別ジェンダー構造

4年制大学　大学教員数（人）

区分	学校数	総数	教授	助教授	講師	助手
1995	2	941	348	242	114	237
1996	2	947	351	255	116	225
1997	2	949	365	255	113	216
1998	2	987	379	246	116	226
1999	2	967	376	260	114	217
2000	2	957	367	262	112	216
2001	2	957	372	260	108	217
2002	2	963	382	272	104	205
2003	2	958	376	279	90	213
2004	2	951	375	277	87	212

短期大学

区分	学校数	総数	教授	助教授	講師	助手
2005	1	18	8	4	2	4

4年制大学　大学教員比率（％）

区分	教授	助教授	講師	助手
1995	37.0	25.7	12.1	25.2
1996	37.0	26.9	12.2	23.8
1997	38.5	26.8	11.9	22.8
1998	39.2	25.4	12.0	23.4
1999	38.9	26.9	11.8	22.4
2000	38.3	27.4	11.7	22.6
2001	38.9	27.2	11.3	22.7
2002	39.7	28.2	10.8	21.3
2003	39.2	29.1	9.4	22.2
2004	39.4	29.1	9.1	22.3

短期大学

区分	教授	助教授	講師	助手
2005	44.4	22.2	11.1	22.2

文部科学省の「学校基本調査報告書」、「那覇市統計報告書」、「宜野湾市統計報告書」より作成

い。大学教員の職位別比率の推移（表10）でみると、教授は37.0％→39.4％、助教授は25.7％→29.1％と増える傾向を示した。講師は12.1％→9.1％と減った。また助手も25.2％→22.3と減った（表10）。

全国と沖縄県との大学教員比率の推移（表11）を男女別に比べてみると、沖縄県の特色が顕著に捉えられた。1995年～2004年までの4年制大学の男女別比率をみると、男性大学教員比率は全国が沖縄県の比率を上回った。全国のジェンダー・バイアスは78.6ポイント→68.0ポイントと下がった。一方また、沖縄県は64.1ポイント→56.0ポイントと下がった（表11）。

短期大学における全国、沖縄県の大学教員比率の推移（表12）をみてみると、1995年～2004年までの全国の男性大学教員比率は60.2％→53.7％と減り、女性大学教員比率は39.8％→46.3％と増えているのに比べて、沖縄県では男性大学教員比率が88.2％→83.3％と減り、女性大学教員比率は11.8％→16.7％と増える傾向を示した（表12）。全国の男女差は20.4ポイント→7.4ポイントと下がった。同じように沖縄県も76.4ポイント→66.6ポイントと下がった（表12）。全国の男女差が縮小し、ジェンダー・バランス傾向がややみえるのに比べ、沖縄県は男性の短期大学大学教員比率約85％と高率でジェンダー差が著しい。

表11　全国と沖縄県の大学教員比率の推移

4年制大学

大学教員比率（％）

区分	全国			沖縄		
	男	女	ジェンダー・バイアス	男	女	ジェンダー・バイアス
1995	89.3	10.7	78.6	80.0	15.9	64.1
1996	88.8	11.2	77.6	82.8	17.2	65.6
1997	88.3	11.7	76.6	83.5	16.5	67.0
1998	87.7	12.3	75.4	81.8	18.2	63.6
1999	87.1	12.9	74.2	80.6	19.4	61.2
2000	86.5	13.5	73.0	80.1	19.9	60.2
2001	85.9	14.1	71.8	80.6	19.4	61.2
2002	85.2	14.8	70.4	80.0	20.0	60.0
2003	84.7	15.3	69.4	76.5	23.5	53.0
2004	84.0	16.0	68.0	78.0	22.0	56.0
2005	83.3	16.7	66.6			

文部科学省の「学校基本調査報告書」、「那覇市統計報告書」、「宜野湾市統計報告書」より作成

沖縄県は4年制大学で平均約80％強を男性大学教員が占めた。特に短期大学では約85％強の男性大学教員比率が高い（表12）。短期大学では、全

表12　全国と沖縄県の大学教員比率の推移

短期大学

大学教員比率(%)

区分	全国			沖縄		
	男	女	ジェンダー・バイアス	男	女	ジェンダー・バイアス
1995	60.2	39.8	20.4	88.2	11.8	76.4
1996	59.5	40.5	19.0	87.9	11.8	76.1
1997	58.9	41.1	17.8	90.3	9.7	80.6
1998	58.3	41.7	16.6	88.2	11.8	76.4
1999	57.3	42.7	14.6	86.4	13.6	72.8
2000	56.2	43.8	12.4	85.7	14.3	71.4
2001	55.4	44.6	10.8	84.2	15.8	68.4
2002	54.5	45.5	9.0	83.3	16.7	66.6
2003	53.8	46.1	7.7	83.3	16.7	66.6
2004	53.8	46.3	7.4	83.3	16.7	66.6
2005	53.5	46.5	7.0			

文部科学省の「学校基本調査報告書」、「那覇市統計報告書」、「宜野湾市統計報告書」より作成

表13　沖縄県の高等教育機関における大学教員の常勤、非常勤数の推移

大学教員数(人)

(4年制大学)

区分	学校数	総数			本務者			兼務者		
		計	男	女	計	男	女	計	男	女
1995	2	339	254	85	113	95	18	226	159	67
1996	2	336	248	88	116	96	20	220	152	68
1997	2	367	271	96	121	101	20	246	170	76
1998	2	393	288	105	121	99.0	22	272	189	83
1999	2	453	330	123	144	116	28	309	214	95
2000	2	504	362	142	156	125	31	348	237	111
2001	2	514	361	153	155	125	30	359	236	123
2002	2	480	328	152	155	124	31	325	204	121
2003	2	460	304	156	149	114	35	311	190	121
2004	2	437	283	154	141	110	31	298	173	120

(短期大学)

区分	学校数	計	男	女	計	男	女	計	男	女
1995	2	145	99	46	34	30	4	111	69	42
1996	2	152	109	43	33	29	4	119	80	39
1997	2	155	108	47	31	28	3	124	80	44
1998	2	164	100	64	34	30	4	130	70	60
1999	2	125	76	49	22	19	3	103	56	47
2000	2	98	66	32	21	18	3	77	48	29
2001	1	92	57	35	19	16	3	73	41	32
2002	1	90	53	37	18	15	3	72	38	34
2003	1	95	54	41	18	15	3	77	39	38
2004	1	95	49	46	18	15	3	77	34	43

「那覇市統計書」より作成。本務者は「常勤」、兼務者は「非常勤」の大学教員を示している。

国と沖縄県との間に相違が捉えられた。

　高等教育機関での女性大学教員は圧倒的に非常勤が多いというジェンダー差の問題が指摘されているが、雇用形態別大学教員数の推移（表13）をみると、大学教員のうち兼務者（非常勤）が本務者（常勤）の人数の約2倍。男女別にみると、常勤の男性大学教員数は女性大学教員数より多く、非常勤の男性大学教員数は女性大学教員数より多い。常勤の女性大学教員数に比べて非常勤の女性大学教員の方が約3～4倍多い（表13）。女性大学教員は非常勤で占める割合が高い。4年制大学では、常勤の男女大学教員数が増える傾向になるのに比べ、逆に短期大学では男性大学教員数は、常勤、非常勤数とも減った。

おわりに

　本稿は、1995年～2005年までの大学教員数と大学教員比率の統計的推移などからジェンダー・バイアスの問題を焦点に考察してきた。女性大学教員比率は増える傾向にあるが依然としてジェンダー差が著しい。米国、諸外国ではあらゆる分野においてジェンダー・バイアスを是正するためのアフォーマティブ・アクションが実施されている。特に高等教育機関での大学教員数、大学教員比率のジェンダー・バランスも研究活性化のために模索されている。わが国は「少子化が進行し、将来の科学技術者の不足が問題視されている中、女性研究者に期待が寄せられ」[5] 最高学府であり研究者養成を目的とする大学院における女性研究者の教育に重点がおかれるようになった。相馬は男女共同参画推進活動の現状の報告において「大学院を支援するプログラム」、「育児支援に関する提言」、「研究費申請枠拡大に関する提言」などを政府、大学、財団、研究機関などに対して男女共同参画が進むように働きかけている。日本学術会議でも「女性研究者の地位を改善し、その能力が十分に発揮できるような条件を整えることが科学研究者の地位の保障の重要な一環であり、学術の発展に積極的な意義を有する」[6] と声明、提言を行った。具体的には実態調査の実施、女性の科学研究への参加を促す、女性研究者を増やす、能力

を十分に発揮する研究環境の整備を図る、男女の機会均等を図る等である。

沖縄女性研究者の会では、アンケート調査結果に基づいて若手研究者の育成、女性専任教員を増やす、非常勤待遇の改善、専攻分野の偏在の解明、研究上の障害を取り除き、研究環境の改善、整備を図る、ジェンダー構造の解明を図る等男女共同参画社会形成を促進すべきことを提言してきた。

わが国は、男女共同参画社会の実現へ向けて男女共同参画を推進する社会システムの構築等を打ち出した。また、沖縄県でも「DEIGOプラン21」を策定し「あらゆる分野における男女共同参画の推進」、「多様な生き方を可能にする条件整備」、「男女平等観に立った教育の推進」、「長寿社会に対応する女性の保健、福祉の確保」、「平和、国際社会への対応」などの施策、指針をまとめた。これ等の行動計画の実現に向けて絶ゆまぬ努力が必要である。

また、世界の高等教育（大学教育）の動向をみると、たとえば韓国におけるBK21、中国におけるエリート養成など高等教育が国家政策的規模で行われている。沖縄県でも世界最大級の大学院大学が開学した。

これから、女性研究者の育成をいかに進めるべきか、また、職場での大学教員数、比率のジェンダー・バイアスの是正・改善をいかに図るべきかを考えるべきである。また、女性研究者問題を考える場合、男女共同参画基本法の理念を視野に入れ、グローバルな動きも踏まえ、さらにはジェンダー・バイアスの構造解明と理論研究を持続的発展的に進めるべきである。また、実態把握のために定期的に調査研究を行い、ジェンダー・バイアス是正のための方策を提案していくべきである。そして、高等教育機関での男性優位型から男女共同参画型へ向けての真のジェンダー・パラドックス（転換）を図るべきである。

本稿は、極限られた範囲を研究対象としたが、実は高等教育機関でのジェンダー差から発生する問題はあまりにも多く、例えば、アカデミック・ハラスメント、教授会、昇進、採用、評価制度、専攻分野などの偏在なども上げられる。これらについては研究環境などの改善、整備のための課題と位置づけられる。

ジェンダー・バイアス是正の取り組みはようやく始まったばかりで、男女

平等の研究環境の改善、整備は今後のアフォーマティブ・アクションと女性研究者のエンパワーメントと研究者（男女の大学教員）の意識改革は、ウィメンズ・キーが握っている。また、女性研究者のジェンダー問題解決の可能性は、学問の自由と真理の探究、そして多様性への意識改革をとおして、少しずつブレークスルーしていくことで広がりをみせていくに違いない。

引用及び参考文献
1）『女性と研究環境―沖縄女性科学研究者問題の模索―（沖縄女性研究者の研究環境に関する実態と意義調査）』、沖縄女性研究者の会、2004
2）『女性研究者育成の視点でみた大学院教育の問題点』、日本学術会議―学術体制常置委員会、平成17年 5）pl53-154
3）『女性研究者―愛知女性研究者の会20年のあゆみ』、愛知女性研究者の会編集委員会、㈱ユニテ 1996 1）p217 2）p2〜3 4）pl81〜192 注6）p193
4）『沖縄県統計報告書』、沖縄県、平成7年〜平成17年
5）『宜野湾市統計報告書』、宜野湾市役所、平成7年〜平成16年
6）『那覇市統計報告書』、那覇市役所、平成7年〜平成16年
7）『学校基本調査報告書』、高等教育機関編、文部科学省、平成7年〜平成17年度
8）文部科学省提供資料、2006
9）『研究論集』、創刊号〜第3号、沖縄女性研究者の会、1998、1999、2005
10）『沖縄女性研究者の会〜共に学び考える女性の集い〜報告書』、沖縄女性研究者の会、1997、1998
11）『沖縄県における女性の生活実態と意識の調査報告書』、沖縄県総務部知事公室、平成9年
12）『'93おきなわ白書』、沖縄県、平成4年
13）『名古屋における婦人研究者の問題（大学院女子学生の動態 婦人教務職員の実態）』、愛知女性研究者の会、1979
14）『大学大競争「トップ30」から「COE」へ』、読売新聞大阪本社編、中央公論社、2002
15）『大学教育とジェンダー』、お茶の水女子大学ジェンダー研究センター、1997
16）『女性研究者の可能性をさぐる』、JAICOWS編、ドメス出版、1996
17）『ジェンダー研究』、東海ジェンダー研究所、第8号 2005、（第1号〜第8号）
18）『フェミニズムの社会思想史』、安川悦子、明石書店、2000
19）『男女共同参画基本計画策定に当たっての基本的な考え方―21世紀の最重要課題―

答申』、男女共同参画審議会、3) P1-2
20) 沖縄県平和文化環境部、平和・男女共同参画課資料

(研究論集　第4号　改稿)

大学生の専攻分野のジェンダー分析
―理工系専攻女子学生の場合を中心に―

國 吉 和 子

要　旨

　本研究では、大学への進学率や専攻分野等における男女差の問題（ジェンダー・バイアス）が検討されている。そして、特に男女差の大きい理工系分野の場合に焦点を当て、女性がその分野を決定する際にどのような問題に直面するのか、また、その背景として、親や教師の影響、男女間の意識の違い、社会の風潮等の要因を取り上げ、それぞれについての分析がなされている。

はじめに

　日本では制度的には教育における男女平等は保障されている。しかしながら、現実には、個人の能力の有無にかかわらず、男性が優先されることが多く、女性が置かれている状況は必ずしも平等とはいえない。
　高等教育の場においても進学率の男女差や専攻分野のジェンダーの偏りなど、様々な形で男女格差が残っている。このようなことは、あらゆる領域を男女が共に担う男女平等な社会を実現するのを妨げている。
　本報告では、大学生の専攻分野についてジェンダーの視点から分析していくが、特に女性が理工系分野を専攻決定する際に抱える問題に焦点を当てながら考察していくことにする。

なお、本報告は、1997年11月に行われたシンポジウム「グローバルな視点で語る女性と大学教育」(沖縄女性研究者の会第1回研究フォーラム)において、パネラーの一人として報告した内容を基に、一部付加してまとめたものである。

1. 女子学生及び女性教員の比率とその推移

日本の高等教育(大学・短大)への進学率は、1960年頃まで男子が約15%、女子が僅か5%であったが、その後、1965年以降、10年間に急激な伸びをみせ、男子は4割、女子の方も3割を超えるようになった。75年以降は、男子の進学率は僅かずつ低下の傾向に転じているが、女子の方は微増が続き、1989年には女子の方が男子の進学率を上回るようになった。その後、ずっと女子の進学率の方が伸び、男子の進学率より高くなっている。1996年時点での女子の高等教育への進学率が男子のそれを上回るようになったとはいえ、女子の進学率は、1995年以降でもその半分は短大で占められ、「男子は4年制大学へ、女子は短期大学へ」という図式はあまり変化していない(図1、表1&4)。最近では女子の高学歴が進み、4年制大学への女子の進学率も

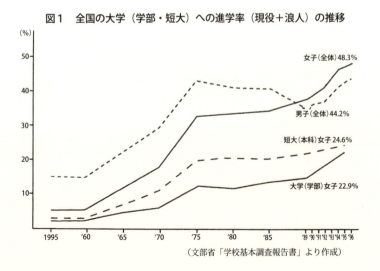

図1　全国の大学(学部・短大)への進学率(現役+浪人)の推移

(文部省「学校基本調査報告書」より作成)

高まってきて、男女差は徐々に縮小の傾向にあるが、それでもまだ、その差に開きが大きい状況である（図2）。

ところで、1996年度の全国の大学（学部・短大）の学生、大学院生、教員の女性比率をみると、全学生のうち、女子学生の比率は約4割、大学院での割合は約2割となっている（図1、図3）。

ここで、女性比率（4年制大学のみ）を経年比較でみてみると、大学生や院生の場合は直接的な伸びを見せている。しかし、女性教員率の方は、多少

表1　進学率の推移—全国との比較（%）

	沖縄						全国					
	現役進学率			浪人を含めた進学率			現役進学率			浪人を含めた進学率		
	女	男	計	女	男	計	女	男	計	女	男	計
1989	26.4	14.5	20.7	33.2	30.8	32	36.7	24.6	30.7	40.7	42.0	41.3
1990	25.6	13.3	19.6	34.2	28.4	31.4	37.3	23.8	30.6	41.3	41.0	41.2
1991	25.3	12.9	19.4	33.5	27.9	30.8	38.7	24.6	31.7	43.2	42.3	42.8
1992	27.0	13.0	20.2	36.0	26.9	31.6	40.2	25.2	32.7	44.9	43.2	44.1
1993	26.7	13.0	20.1	31.1	22.5	26.7	42.4	26.6	34.5	43.4	38.5	40.9
1994	28.1	13.4	21.0	34.4	23.8	29.0	44.2	27.9	36.1	45.9	40.9	43.3
1995	30.2	15.3	22.9	35.3	25.1	30.1	45.2	29.7	37.6	47.6	42.9	45.2
1996	31.1	16.5	23.5	36.2	27.4	31.7	46.0	31.8	39.0	48.3	44.2	46.2
1997	33.2	18.8	26.2	37.6	30.4	33.9	46.8	34.5	40.7	48.9	45.9	47.3

（沖縄県教育委員会　H8.9 学校基本調査報告書）

図2　高等教育における学校種別の男女差の国際比較

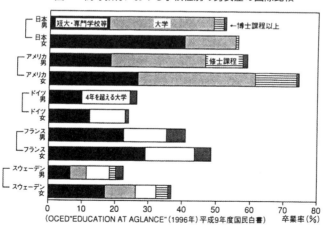

（OCED"EDUCATION AT A GLANCE"（1996年）平成9年度国民白書）　卒業率（%）

の伸びはあるものの、ほとんど横ばいの状態となっている(図3)。

また、女子学生及び女性教員の割合について世界の状況とその中での日本の位置を見てみると、日本の場合は決して高いとはいえない状況である(図4)。

次に、表2の職階別の大学教員(4大、短大)の女性比率(1996)をみると、4年制大学においても、女性は助手に多く、講師、助教授、教授と地位が上がるほど少ない傾向がみられる。

短大教員の女性比率は4割を占めているが、4年制大学教員の場合は1割程度である。また、職階毎の女性比率においても、4大よりも短大の方が比率が高くなっている。

全体として大学教員の女性比率が低いという状況は、高等教育の場において女子学生にとっては自分自身の将来像を描くための同一視できるモデルが少ないこと、そしてまた、同性のモデルに出会う機会も限られてくる等を示唆している。高等教育の場が「女の世界ではなく、男の世界」、「女の場ではなく、男の場」というようなイメージを形づくったり、強化することになっていると考えられる。大学の女性教員の増加が求められる。

目を転じて沖縄の場合を見てみると(図5)、全国的な動向と同様に、高

図3 全国の4年制大学の学生・大学院生・教員の女性比率の推移

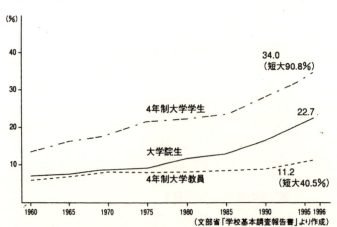

大学生の専攻分野のジェンダー分析 77

表2 女性教員の職階毎の女性比率1996（%）

		学長・副学長	教授	助教授	講師	助手	計 助手含む	計 助手除く
大学	国立	0.0	3.7	6.8	10.2	11.9	7.6	5.8
	公立	6.9	8.1	11.9	15.2	18.8	13.1	10.8
	私立	5.5	7.8	14.5	17.0	22.7	13.8	11.2
	計	4.5	6.3	10.5	14.8	17.1	11.2	9.1
短大	国立	0.0	17.2	36.2	60.0	60.2	38.3	30.9
	公立	7.5	29.6	41.4	59.5	83.6	48.4	39.9
	私立	9.1	28.8	41.0	46.9	83.4	39.6	36.4
	計	10.8	28.3	40.8	48.4	80.2	40.5	36.5
大学＋短大	国立	0.0	3.9	7.3	11.2	12.6	8.2	6.2
	公立	7.2	12.5	18.7	26.3	26.8	20.4	17.4
	私立	8.1	11.5	21.4	24.7	26.8	18.7	16.7
	計	7.1	9.1	15.2	21.4	20.2	14.9	13.2

（文部省平成9年度「学校基本調査報告書」より作成）

図4 世界の女性教員率と女子学生率

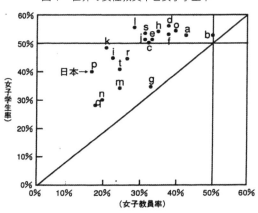

a:タイ　b:アルゼンチン　c:ギリシャ　d:ポーランド
e:ハンガリー　f:ブラジル　g:トルコ　h:アメリカ合衆国
i:マレーシア　j:スペイン　k:イギリス　l:カナダ　m:韓国
n:イラン　o:ニュージーランド　p:日本　q:パキスタン
r:オランダ　s:オーストラリア　t:ドイツ（旧西独地域）
（世界の統計1996〈総理府統計局〉、登谷1997）

等教育への女子の進学率（現役進学率）が伸びている。沖縄の場合の進学率は男女とも全国の場合よりかなり低くなっているが、「女子の進学率が男子よりも高い」という傾向は沖縄においても、全国的にも共通してみられるが、沖縄の場合はその傾向が全国の場合よりも早く、1970年において既にみられる（図5、表4）。

沖縄の現役進学率と浪人を含めた進学率とを比較すると、女子の場合は両者間の比率がかなり高くなっている（表3）。詳しくは後述するが、男子においては進学のためには浪人する者が女子より多いことを示している。

表3　学部と短大への入学志願者の男女比率1996（％）

		現役＋過卒			現役の志願者			過卒者		
		計	大学	短大	計	大学	短大	計	大学	短大
沖縄	全体	13,414(100)	80.9	19.1	59.0	44.9	14.1	41.0	36.1	5.0
	女	6,575(100)	64.5	35.0	66.3	39.9	26.4	33.7	25.1	8.6
	男	6,839(100)	96.3	3.7	51.9	49.7	2.3	48.5	46.6	1.5
全国	全体	1,096,198(100)	78.2	21.8	77.1	56.5	20.7	22.9	21.9	1.0
	女	490,525(100)	56.0	44.0	88.0	45.6	42.3	12.0	10.4	1.7
	男	605,673(100)	96.3	3.8	68.3	65.0	3.2	31.7	33.2	0.5

（文部省　H8年度学校基本調査報告書）

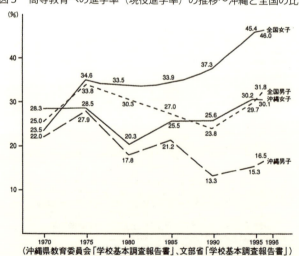

図5　高等教育への進学率（現役進学率）の推移～沖縄と全国の比率～

（沖縄県教育委員会「学校基本調査報告書」、文部省「学校基本調査報告書」）

進学者を4年制大学と短期大学の別でみると、「女子は短期大学へ、男子は4年制大学へ」という構図が、沖縄においてみられる。しかし、近年、沖縄女子の短大への進学率が減少傾向を見せ、4年制大学の方への進学率が、全国と同様に高まってきている（表4＆5）。

また、1996年時点で、全国の場合、4年制大学での女性比率は3割弱、

表4　沖縄県における大学・短期大学別の進学者数・比率（現役）の推移

区分	卒業者総数		進学者			大学（学部）			短期大学（本科）			その他		
	女	男	女	男	計	女	男	計	女	男	計	女	男	計
1970	8,623	7,581	2,438	1,667	4,105	739	1,359	2,098	1,335	190	1,525	364	118	482
			(28.3)	(22.0)	(25.3)	(9.7)	(17.9)	(12.9)	(15.5)	(2.5)	(9.4)	(4.2)	(1.6)	(3.0)
1975	8,675	7,528	2,469	2,097	4,566	602	1,643	2,245	1,588	284	1,872	279	170	449
			(28.5)	(27.9)	(28.2)	(6.9)	(21.8)	(13.9)	(18.3)	(3.8)	(11.5)	(3.2)	(2.3)	(2.8)
1980	9,642	8,562	1,953	1,526	3,479	375	1,332	1,707	1,578	160	1,738	0	34	34
			(20.3)	(17.8)	(19.1)	(3.9)	(15.6)	(9.4)	(16.4)	(1.9)	(9.5)	(0.0)	(0.4)	(0.2)
1985	8,372	7,632	2,137	1,614	3,751	500	1,402	1,902	1,622	171	1,793	15	41	56
			(25.5)	(21.1)	(23.4)	(6.0)	(18.4)	(11.9)	(19.8)	(2.2)	(11.2)	(0.2)	(0.5)	(0.3)
1990	9,580	8,944	2,448	1,188	3,636	769	1,053	1,822	1,678	111	1,789	1	24	25
			(25.6)	(13.3)	(19.6)	(8.0)	(11.8)	(9.8)	(17.5)	(1.2)	(9.7)	(0.0)	(0.2)	(0.1)
1995	9,288	8,766	2,803	1,338	4,141	1,117	1,199	2,316	1,664	115	1,779	22	24	46
			(30.2)	(15.3)	(22.9)	(12.0)	(13.7)	(12.8)	(17.9)	(1.3)	(9.8)	(0.2)	(0.3)	(0.3)
1996	9,040	8,542	2,717	1,409	4,126	1,299	1,269	2,568	1,399	106	1,505	19	34	53
			(30.1)	(16.5)	(23.5)	(14.4)	(14.9)	(14.6)	(15.5)	(1.2)	(8.6)	(0.2)	(0.4)	(0.3)

注：（　）内は％（沖縄県教育委員会「学校基本調査報告書」より）

表5　沖縄県における大学生及び大学教員の女性比率の推移

年	大学生			大学教員		
	4大	短大	計	4大	短大	計
1965	25.6	50.8	29.6	6.4	40.0	7.1
1970	29.3	70.3	34.3	6.5	29.0	8.9
1975	22.3	75.3	37.3	8.3	16.2	9.6
1980	17.7	19.8	34.1	7.2	12.1	7.8
1985	18.8	19.4	35.4	7.0	10.8	7.5
1990	26.5	81.2	41.1	8.0	11.0	8.3
1995	36.9	82.8	45.4	9.3	13.9	9.7
1996	38.8	88.4	46.0	9.6	16.7	10.0
全国(1996)	33.3	90.8	42.1	11.2	40.5	14.9

（'93おきなわ女性白書、沖縄県H7＆8学校基本調査報告書、文部省H8学校基本調査報告書）

短大では9割、両方合わせて4割弱となっているが、沖縄の場合には、それぞれ、約4割、9割、4割強で、特に沖縄の4年制大学の方の女性比率が全国の比率よりも高くなっている（表5）。このように、男女の割合からみると、沖縄の方は全国の場合ほど男女差はみられないが、前述したように、沖縄の4年制大学への進学率は男女とも全国平均より低く、また、女子の進学率を47都道府県で比較すると、沖縄女子は45位という低い状況である。

ところで、沖縄における大学教員の女性比率についてみると、表5のように、全体的にはやや増加の傾向を見せている。4年制大学と短期大学の場合に分けてみると、4年制大学においては時系列的に微増の状況であるが、短大においては全国の場合とは逆に減少傾向をみせている。1996年では、4年制大学と短期大学を合わせて全国の女子教員の割合は約15％であるが、沖縄は10％である。4年制大学の場合は、全国の女子教員の割合が11.2％である。それに比べ、沖縄では比率は低いが最近では、微増の傾向がみられる（表2、5）。沖縄では女性の社会進出が盛んであるといわれるが、高等教育の場における女性教員の比率でみる限り、必ずしも多いとはいえない状況である。

2．大学における専攻分野の偏り

ところで、大学生の専攻分野の選択についてみると、女子学生の専攻分野が人文科学系に偏り、社会科学系や理学・工学系を選択する女子学生がかなり少ないという状況がある（図6）。

時系列的にみると、大学生の専攻分野における男女差は徐々に解消の方向に動きつつあるが、全体のジェンダー・バイアスのパターンはあまり変化していないというのが実情である。

また、国際比較でみても、日本の方はまだジェンダー・バイアスが大きい状況である（図7）。

ほとんどの国で、一般的に自然科学の分野では男性が優位の構造を示し、女性は、家政学や看護学、芸術学、あるいは人文科学等の分野で比較的多い

という傾向があるが、国によって男女間の偏りの大きさの違いがみられる。その偏りの大きさは、性別役割分業意識がどれだけ強いかによって異なってくる。日本では、「男は外で働き、女は家庭を守るべきだ」という性別役割分業意識が強く（総務庁「第5回世界青年意識調査」の結果では他の国と比べて日本の性別役割分業賛成率は高い。）、そのことと結びついて、工学や自然科学などの理工系科目は「男性領域」という考え方が強いのであろう。

ところで、大学教員においては女性教育の占める割合が極めて低いことは、前に指摘したことであるが、専攻分野別にみた場合でも、ジェンダー・バイアスが存在する。女性教員は家政、芸術、人文系に偏っており、理工系に

図6 女子学生の専攻分野別構成比の推移

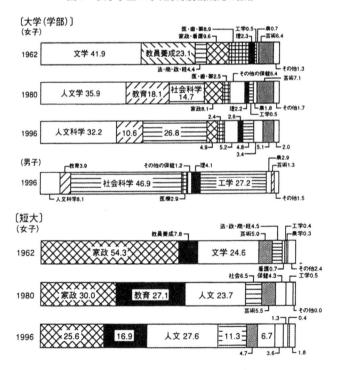

（文部省「昭和37年・55年・平成8年度学校基本調査」利谷ら1996）

表6　琉球大学学部別入学者の女子学生比率
　　　（1993 & 1997）（％）

	1993	1997
法文学部	46.2	51.6
教育学部	55.5	58.0
理　学　部	28.9	33.9
医　学　部	48.2	51.2
工　学　部	5.2	8.0
農　学　部	32.9	37.4
計	34.8	39.0

（琉球大学H5＆9「入学試験に関する統計」より作成）

おいてはその比率は極めて低い。国立大学の理学部及びそれに相当する学部の女性比率（助手含む）は約4％、私立大学の場合は約7％で（1992）、いずれも極めて低い割合という状況である。

沖縄の場合も、大学生、大学教員の両方とも全国の場合と同じような専攻分野の男女の偏りが存在する。沖縄では理工系の学部は、国立の琉球大学だけにしかないので、ここでは、琉球大学の学部毎の入学者の場合を基にして女子学生の割合から見ていくと（表6）、理学部と工学部において女性割合が低くなっていることがわかる。1993年と1997年の場合を比較し、その5年間の変化をみると、女子学生の割合は全ての学部で高まってきているが、しかし、特に工学部においては、女子の入学者がまだ1割に満たない状況である。

また、教員の場合には、理学部の女性教員の割合が2％（助手含む）程度

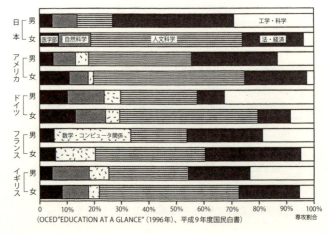

図7　専攻学科の男女間のちがいの国際比較

（OCED"EDUCATION AT A GLANCE"（1996年）、平成9年度国民白書）

でかなり低く、工学部の場合は全くないという状況である（国公立職員録、1995）。

3．理工系分野に関する男女の意識の違い

IAEEA（The International Association for the Evaluation of Education Achievement：国際教育到達度評価学会）が行った「数学教育の国際比較」の調査（国立教育研究所、1991）のなかに数学・科学技術に関する性別役割の固定観念についての調査項目が含まれており、その回答結果を基に、村松らが集計し直した結果が図8である（村松ら、1996）。

この結果をみると、高校生が数学や科学技術に関して男女間に能力差や向き・不向きがあると考える割合が、調査対象16ヶ国の中で日本が最も高いという結果になっている。中学生の場合でも同様な結果を示している（中学生の結果については、松村ら、1996参照）。

また、大八木ら（大学婦人協会）が1994年に行った調査結果では数学・理科に対する意識に男子学生と女子学生の間で違いがあり、特に女子学生自身が「女性は理科・数学が不得意だ」と思い込んでいることが明らかにされている。

また、筆者が心理学系科目の受講学生49名（1997）を対象に、「女性が理工系の分野に進学者が少ないのはなぜだと思うか」という問いに対して自由に記述させたが、その結果をまとめたのが表7である。この結果においても、「理工系の分野は男性の分野・世界というイメージ」とか、「女性が興味・関心がない」、「女性に向かない」、また、「就職で女性は不利」等と感じる者が多く、「理工系は男性の領域・分野」という固定的な見方が強いことをうかがわせている。

「理工系の女子学生イメージ」（表8）としては、「頭がきれる、知的」とか、「理論的、ものごとを整然と捉える」、「まじめ」等といった肯定的なイメージをもっているが、一方で、「理屈っぽい」とか「かたい」、「エリート」等、理工系の女子学生に抵抗・敬遠を示すようなイメージもある。

ところで、村松ら（国際女性学会）の行った調査結果から、女性が理系を学ぶこと、そして、その場合の社会環境等に関するいくつかの特徴的なことを拾いあげてみていくと、先ず理系専攻の学生が自分の専攻分野を決める際の態度に男女差がみられることを示している。つまり、男子の方は専攻分野を自分でさっさと決める傾向が強いのに対して、女子の方は自分だけで専攻

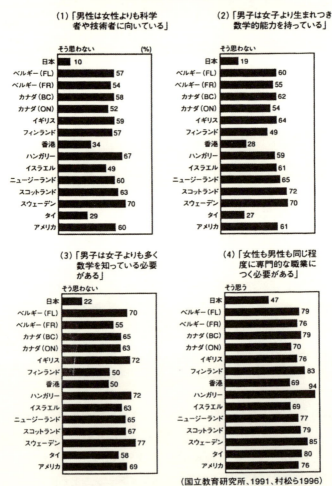

図8　数学・科学技術に関する性差意識（高校生）

（国立教育研究所、1991、村松ら1996）

分野を決めるのを逡巡している傾向が強いことが明らかにされた。

このような性差の背景としては、両親や社会、学校などで過去に受けた影響等があると思われるが、その他に教師が無意識に表出するステレオタイプ的態度や性別による異なる態度、また、教科書に描かれている女性像・男性像等のいわゆる「隠れたカリキュラム」の影響もあると考えられる。

村松らの研究で、女子の場合は、周りの人から理系を専攻するのを反対されたり、「女子には向いていない」といわれたりした学生の割合も多いという結果がみられたことが報告されている。

また、専攻分野を決める際に両親の影響や高校時代の教科担当（理数系）や担任教師の影響を強く受けながら自分の志望を決めているのが示された。そのため、教師の励ましや積極的な指導に男子より女子の方が敏感に反応す

表7　理工系進学者が少ないのは何故だと思うか（N＝49 自由記述）

1. 男性の分野（世界）というイメージがある	14人(28.6%)
2. 女性が興味・関心がない	14人(28.6%)
3. 女性に向かない・不必要	12人(24.5%)
4. 子どもの頃の男子・女子の遊びの違い	7人(14.3%)
5. この分野の職種が男性に多い。就職の際に女子であることが不利になる。	6人(12.2%)
6. 女性のモデルが少ない。女性が入っても認められ難い。	3人(6.1%)

表8　理工系の女子学生のイメージ（N＝49 自由記述）

1. 頭がよい・きれる・知的	23人(46.9%)
2. 理論的・合理的・理屈っぽい ものごとを整然と捉える	9人(18.4%)
3. まじめ、感情を表にださない	10人(20.4%)
4. かたい・男っぽい	7人(14.3%)
5. チャレンジ精神を持つ・自立的	2人(4.1%)
6. 暗い・エリート優越感が強い 好きでない	5人(10.2%)

る傾向があり、そしてまた、女子の方に「励ましを受けた」という回答する者が多かったことを示している。

このようなことは、社会的風潮として「理工系は男性の領域」、したがって「女性には不向き」という考え方が根強くあり、そしてまた、先述したように、女性自身の意識にもその傾向が強いという状況のなかで、特に女子が理工系の世界に入るには、周りの助言と励まし等が必要であることを示唆していると思われる。つまり、導き手として身近にいる親や教師の「励ますこと」や「サポートすること」の意味が女子にとっては大きいということであろう。

また、村松らの研究結果からもう一つ付け加えるならば、「浪人時代に専攻分野を決めた」というのは男子の方が女子よりも割合がかなり高いということ、そして浪人経験者の女子の割合は男子の場合の半分であったという結果である。つまり、男子は自分の志望を貫くためには浪人することをいとわないし、また、周囲の人もそれを認めているということである。しかし、女子の方が浪人することに対しては家庭、学校、社会の風当たりは強いということを示唆している。そのようなことは、前述したように（表1）、現役進学率と浪人を含めた進学率において、女子の場合は両者間にあまり差はみら

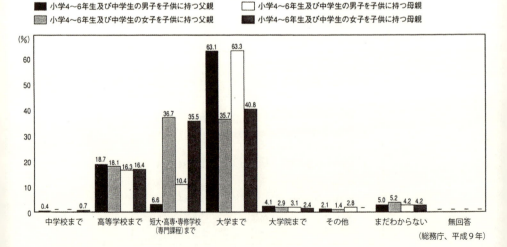

図9　進ませたい学校段階（小学4年生〜中学3年生の親）

（総務庁、平成9年）

れないが、男子では浪人を含めた進学率がかなり高いということにも反映されているといえよう。このような社会的状況は、自分の志望を決めたり、自分の希望を貫こうとしたり、目標を達成する等の態度や行動の形成に影響を及ぼし、男女間に格差を作ることになると考えられる。

　さらに、父親、母親の性別による教育程度の期待の違いも男女の進路選択や決定に大きな影響を与えるものと思われる。総務庁の行った「青少年の生活と意識に関する基本調査報告書」（1996）によると、親の子供に期待する教育程度について、両親とも6割以上が男子には「大学まで」の教育程度を期待し、女子には「大学まで」と「短大・高専まで」の教育程度を期待するのがそれぞれ3割強となっており、父親、母親ともに子供の性別によって教育程度の期待に違いがみられる（図9）。このようなことは別の調査結果においても明らかにされている（例えば、総理府「親の意識に関する世論調査」、1992）。時系列的には、女子に受けさせたい教育程度は「大学まで」の割合が全体的に増加してきているが、それでもまだ、上述のように性別によって期待度は異なる傾向は根強く存在する。

おわりに

　これまで、高等教育の場におけるさまざまなジェンダー・バイアスの問題をみてきたが、それは、単に高等教育の場だけに存在するのではなく、それ以前の家庭や学校、そしてまた、社会の風潮など、広範囲に跨がって存在しており、それらが相互に関連し合って個々人に影響を及ぼしていることがわかる。

　言うまでもなく、理学・工学系の分野に限らず、あらゆる分野において、性別を問わず、ひとりひとりが、自分の進むべき道を選択でき、自分の能力を生かすことができるような教育環境、社会環境でなければならない。諸外国では、特に科学技術分野への女性の参入を促すために、様々な具体的な取り組みがなされている。例えば、イギリスでは、男女平等政策としてGIST（Girls into Science and Technology）やWIST（Women into Science and

Technology)等のプロジェクトがある。また、フィンランドでは、ブリュット・プロジェクト（BRYT：職業選択指導）やノードリリア（Nordlilia：教師向けの男女平等教育訓練）のプロジェクト等がある（村松ら、1995, 1996, 参照）。

今後、男女が真に平等に生きていけるような社会を実現していくためには、ハードウェアとしての社会のシステムを再構築していくこと、そしてそれとともにソフトウェアとしてのわれわれの意識を改革していくことの両方を具体的・実践的に整備していくことが求められよう。

引用及び参考文献
1) 有本章・江原武一、1996、『大学教授の国際比較』、玉川大学出版部
2) 井上輝子・江原由美子編、1991、『女性のデータブック』、有斐閣
3) 大八木美栄子ら、1991、「女性の理工系分野への進学とその背景」、『調布学園女子短期大学紀要』第28号、P211-252
4) 沖縄県教育委員会、平成1～9年度学校基本調査報告書
5) お茶の水女子大学女性文化研究センター、1994、『ライフコースの多様化の時代の大学教育と女性（H5年度特定研究報告書）』
6) お茶の水女子大学ジェンダー研究センター、1997、『大学教育とジェンダー（H8年度特定研究報告書）』
7) 経済企画庁、1997（H9年度）、『国民生活白書』
8) JAICOWS編、1996、『女性研究者の可能性をさぐる』、ドメス出版
9) 総務庁、1993（H5年）、『世界青年意識調査（第5回）報告書』
10) 総務庁、1995（H7年）、『日本の青少年の生活と意識』
11) 利谷信義・湯沢雍彦・袖井孝子・篠塚英子編、1996、『高学歴時代の女性』、有斐閣
12) 登谷美穂子、1997、「女性研究者はなぜ少ないか」、坂東昌子・功刀由紀子編、『性差の科学』、ドメス出版
13) 牧野カツコ、1996、「教育における性差別」、柏木由紀子・高橋恵子編、『発達心理学とフェミニズム』、ミネルヴァ書房
14) 村松安子・村松泰子、1995、『エンパワーメントの女性学』、有斐閣
15) 村松泰子編、1996,『女性の理系能力を生かす』、日本評論社
16) 労働省婦人局、1995、『女性の地位指標』
17) 文部省、1996（H8年）、『平成8年度学校基本調査報告書—高等教育編—』
18) 文部省、1996（H8年）、『平成8年度学校基本調査報告書—初等中等教育機関、専修学校・各種学校編—』

(研究論集　創刊号)

沖縄県の高等教育における女性研究者育成に関する研究
―沖縄県内大学大学院生を対象としたアンケート調査をもとに―

大城 智美　新垣 都代子　佐久川 政一　保良 昌徳

要　旨

　本研究論文は、2008年～2009年にかけて、沖縄県内における男女の大学院生を対象に行ったアンケート調査結果に基づいて、大学院生の意識、実態を性別に検討した。その結果、性別による大学院生の意識、実態の相違や共通性が把握された。これらの性別分析を通して、沖縄女性研究者の問題点と今後の課題について考察した。特に女性大学院生は男性大学院生に比較して、経済的な問題、雇用の困難性、子育て・家庭との両立問題等が明らかになった。内閣府における男女共同参画計画［第2次］（平成17年12月閣議決定）に掲げているように「科学技術分野における女性研究者支援」の取り組みが始まり、女性研究者の育成に希望と期待が膨らむが、調査結果を考察する限り、女性研究者問題の解決のためには、粘り強い環境改善、整備が大きな課題である。

はじめに

　本稿は、沖縄県の7大学の大学院に在籍している大学院生を対象に実施したアンケート調査に基づき、大学院生の意識や実態を性別で検討をした。本稿の目的は、この性別分析結果をもとに女性研究者育成の問題点や課題とは

何かを考察し、提言を行うことである。
　また、沖縄県の高等教育における女性研究者育成のための教育・研究環境改善、整備に役立てていただきたいねらいもある。

1．研究の概要

（1）アンケート調査の対象者および調査時期と調査方法
　アンケート調査の内訳は、沖縄県内の7大学大学院に在籍している大学院生総数1,000名を対象に行った。そのうち回答者総数は348名。性別でみると、女性大学院生144名、男性大学院生202名。アンケート調査の時期は、2008年10月20日から12月30日までに実施をした。また、調査方法は質問紙による無記名、留め置き方式である。

（2）研究方法
　アンケート回答結果に関する研究方法は、SPSS For Windowsを用いてχ^2検定による性別クロス分析である。統計処理は沖縄キリスト教短期大学教授大城宜武。

（3）性差の検討―アンケート集計結果及び分析・考察―
　アンケートの集計結果および分析、考察について論述する前に、沖縄県における大学院生の進学者数の状況について述べたい。『平成19年度沖縄県男女共同参画の状況について』[1]における「県内大学卒業者のうち大学院等進学者の推移」でみると、沖縄県の大学院生は年々増えている。性別でみると、男女ともに増える傾向で、平成18年度が最も進学率が高い。女性は、急激に増えている。女性の割合をみると、最低比率12.3％（1985年）から最高比率39.2％（2007年）へと約4倍増えている。
　さらに、全国の傾向を、『男女共同参画社会の実現を目指して』[2]における「教育分野における男女共同参画をめぐる状況」項の「学校種類別進学率の推移」でみると、大学院は男女とも最も低い位置にある。また、大学院生

の男女の割合にみると、男性が女性を上回る傾向で上昇している。性差も緩やかではあるが、拡大している。ここでみえてくることは、全国及び沖縄県における大学院への進学率は、性差はみられるものの、男女ともに上昇傾向である。このように大学院生の増加現象が生じた原因については水月の研究を軸に考えたい。

　水月[3]によると、日本における大学院生増産計画が始まったのは、平成3年（1991）に、文部省が大学審議会の提言を踏まえて打ち出した「大学院設置基準等の改正」が直接的に関わっている。この法改正には大学改革の方向性として3つの方針が示されたが、それは、1．教育機能の強化、2．世界的水準の教育研究の推進、豊富な生涯学習機会の提供であった。このうち、大学院重点化に直結しているのが2項。2項の目的は、「世界をリードするような研究を充実強化していくこと」であるが、文部省のこの計画は粛々と進められ、大学院生は増えた訳である。しかし、現在、大学院生らが本来の目的であるはずの専門的職業人に就けない状況（ワーキングプア層）が深刻な問題になっている（水月、2007）。つまり、このような状況の実態解明こそが大学院教育の重要な課題であり、問題解決の糸口に繋がるのではないかと問うている。したがって、本調査のデータは、大学院生の意識、実態を把握し、そして大学院生の抱える問題点を明らかにし、その解決に向けて、女性研究者育成に資するものでなければならない。

　さて、本稿は、以上の大学院現況も理解しながら、本アンケート調査に基づく質問1～質問7までの集計と分析から考察を行った。

2．結果

(1) フェスシートの結果
質問1　あなた自身について

　この問いに対し、本稿では、デモグラフィック要因である①出身、②研究科、③専攻分野、④課程、⑤結婚、⑥学費負担、⑦仕事状況、⑧年代、⑨一ヶ月の収入別について、$\alpha = .05$で仮説検定を行った。その結果、デモグラ

フィック要因項目のうち有意差のみられる項目は（p＜.05の場合、有意差がある。p＞,05の場合、有意差が無いことを意味する。各要因別のpの値は、各図中に明記した。）上記の①、②、③、⑤、⑧である。有意差がみられない項目は、上記の④、⑥、⑦、であった。

また、質問2〜質問7のアンケート結果についての回答を除いて、χ^2検定の結果を図表中に明記したことを述べておきたい。

質問1のアンケート結果の分析からはじめる。

①出身

大学院生の「出身」について、回答が47都道府県に広く分布しているうえ、外国からの留学生も含まれていたので、便宜上「県内」、「県外」、「外国」の3カテゴリーに分けて、性差の分析をした結果が、図1である。

出身別分析の結果は、3カテゴリー中、「県内」は男性大学院生、女性大学院生ともに第1位である。しかし、男性大学院生が60.5％で、女性大学院生49.6％より多い。また、「県外」は、女性大学院生が42.4％で、男性大学院生28.5％より多い傾向がみられる。

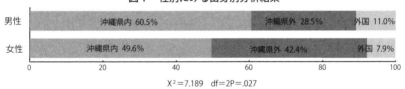

図1　性別にみる出身別分析結果

$X^2=7.189$　df=2P=.027

②研究科

大学院の研究科がそれぞれ異なり、回答が多様であるため「文系」、「理系」の2カテゴリーで包括分類し、性差の分析をした結果が、図2である。

図2が示すように、女性大学院生は「文系」が多い。女性大学院生が47.4％で、男性大学院生は23.3％で格差は一目瞭然である。しかし、「理工系」は、男性大学院生が多い。男性大学院生は76.7％、女性大学院生は52.6％で格差は著しい。女性大学院生の「文系」は多く、「理工系」が少ない傾向は、

沖縄県だけの特徴ではなく、本土も同様で、如何に女性大学院生の「理系」属を増やしていくかが課題となっている。「女性研究者を応援します」[4)] をみると、文部科学省は、わが国の施策の一つに高校生の時点から「理系」に対する理解を深め、関心を持たせ、女性を「理工系」へと大学、大学院進学を推進する教育活動を指導している。

図2　性別における研究科別分析結果

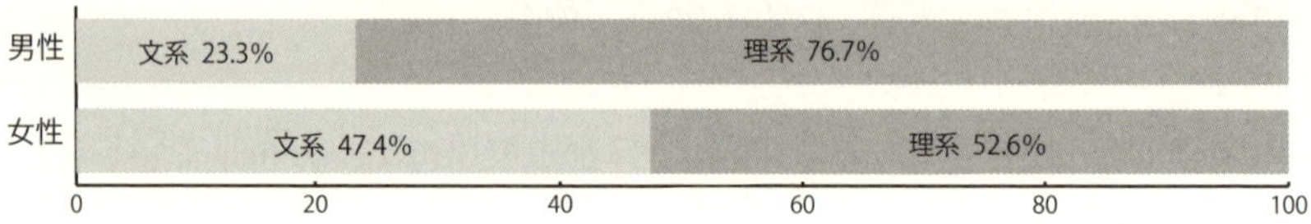

男性　文系 23.3%　理系 76.7%
女性　文系 47.4%　理系 52.6%

$X^2=20.779$　df=1　$P=.000$

③専攻分野

　大学院生の「専攻分野」について、「人文系」、「社会系」、「自然系」、「医療福祉系」の4カテゴリーに包括分類し、性差を分析した結果が、図3である。
　女性大学院生は「自然系」が最も多く、27.9%である。次いで、「人文系」26.2%、第3位が「医療福祉系」24.6%である。男性大学院生は「自然系」が最も多く、66.1%である。男性大学院生の「自然系」は、他カテゴリーに比べ断トツに高いうえ、女性大学院生の約3倍である。女性大学院生の「人文系」、「社会系」、「医療福祉系」が男性大学院生より多い傾向や女性大学院生の「自然系」第1位なのが特徴である。
　『男女共同参画白書』[5)]における「専攻分野別にみた学生数（大学院修士課程）の推移」を男女別でみると、全国の傾向は「理学」、「工学」といった「理工系」の専攻分野は、男性が圧倒的に多い。また、専攻分野別にみて、女性

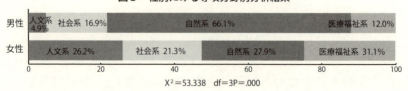

図3　性別にみる専攻分野別分析結果

男性　人文系 4.9%　社会系 16.9%　自然系 66.1%　医療福祉系 12.0%
女性　人文系 26.2%　社会系 21.3%　自然系 27.9%　医療福祉系 31.1%

$X^2=53.338$　df=3　$P=.000$

も増えていく傾向がみられるものの男性との間で依然として格差が大きい。

④課程

大学院生の「課程」について、「修士課程」、「博士課程」の2カテゴリーに分けて、性差の分析をしたのが、図4である。「修士課程」は、男女ともに約70％を占め、最も多い。「修士課程」は、男性大学院生が女性大学院生をやや上回る。「博士課程」はやや女性が上回る。

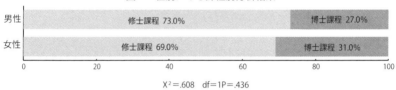

図4　性別にみる課程別分析結果

$X^2 = .608$　df＝1 $P = .436$

⑤結婚

婚姻別結果は、図5に示すとおり、大学院生は、男女ともに既婚者が多い。男性大学院生が女性大学院生より既婚率が高い。それに比べ、女性大学院生は男性大学院生より「未婚」率が高いのは、育児、家事、仕事と家庭、生活時間など、教育研究していく上で様々な問題の引き金となる問題を抱えているゆえといえる。

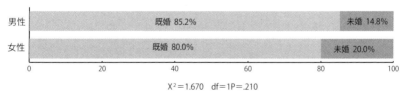

図5　性別にみる婚姻別分析結果

$X^2 = 1.670$　df＝1 $P = .210$

⑥学費負担

大学院生の「学費負担」の記述回答には、「自分自身」、「国費」、「奨学金」、「親、両親、兄弟」、「叔父、叔母」などがあったが、本稿では、「自分自身」、「奨

学金、その他」の2カテゴリーに分けて、性差の分析をしたのが、図6である。その結果をみると、学費を「自分自身」で負担しているのは、女性大学院生が多い。これに対して「奨学金、その他」は、男性大学院生が多い。女性大学院生は自分で稼いだ金や貯蓄を投資して大学院で学んでいるのが多い特徴があるのに対し、男性大学院生は「国費」、「親、両親、兄弟」などに頼っているのが多く、経済的に恵まれている一面が捉えられる。男性大学院生へ投資する家庭、および社会環境は男性に対する期待感の表れとも考えられると同時に男性優先の意識実態とも捉えられる。女性に対しては「大学院に行くなら自分で稼いでいけ。」、「女は高等教育を受ける必要はない。」という生活意識や家族および周りなどの理解のなさ意識が働いているためと考えられる。女性に対する差別構造の根っこが見えてくる。一方、女性大学院生が大学院で教育研究していく上で「経済的な問題」（後述）を第一義的に上げていることを重ね合わせると「学費負担の軽減」に向けて配慮すべきことが示唆された。

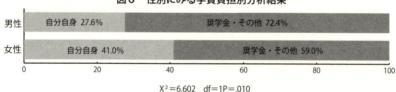

図6　性別にみる学費負担別分析結果

男性　自分自身 27.6%　奨学金・その他 72.4%
女性　自分自身 41.0%　奨学金・その他 59.0%

$X^2=6.602$　$df=1$　$P=.010$

⑦仕事の状況

　大学院生の「仕事状況」について、「アルバイト」、「専従職員」、「職なし」の3カテゴリーに包括分類し、性差の分析をした結果が、図7である。「コンビニ」、「家庭教師」、「塾講師」などの仕事の記述が多く、水月の指摘した実態が把握される。また、本稿では、この項目は「アルバイト」にすべて包括した。女性大学院生は「アルバイト」45.9%で最も多く、次いで「職なし」36.0%、3位が「専従職員」である。男性大学院生は「職なし」が第1に多く43.5%である。次いで「アルバイト」42.5%である。「専従職員」は僅か14.0%である。男性大学院生が女性大学院生に比べ比率が高いのは「職なし」

である。女性大学院生の「専従職員」が男性大学院生に比べ多い結果は、女性は、安定した職業に付いていなければ大学院で学べる機会が少ないと考えられる。また、男性大学院生は「職なし」の答えが第1に多い傾向がみられる。その分、男性は、教育、研究に専念できる利点もあるが、就職の難しい状況の反映とも受け取れる。

図7　性別にみる仕事状況別分析結果

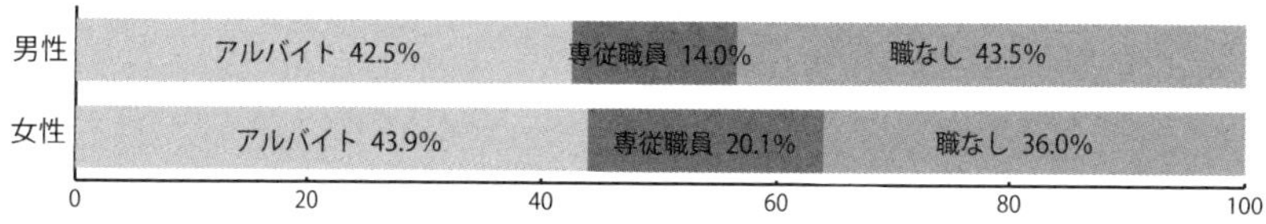

男性	アルバイト 42.5%	専従職員 14.0%	職なし 43.5%
女性	アルバイト 43.9%	専従職員 20.1%	職なし 36.0%

$X^2=3.026\quad df=2P=.220$

⑧年代

大学院生の「年代」について、「20代」、「30代」、「40代以上」の3カテゴリーで、性差の分析をした結果が、図8である。「20代」は、男性大学院生74.1％、女性大学院生67.2％で、ともに「20代」の若手研究者が最も多い。また、「20代」は、男性大学院生が女性大学院生より約10％多い。「30代」、「40代以上」と年代が高くなるにつれ、女性大学院生数がやや多くなる傾向がある。女性大学院生は、ゆとりができてから大学院で学ぶ傾向がある。

図8　性別にみる年代別分析結果

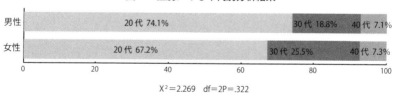

$X^2=2.269\quad df=2P=.322$

⑨一ヶ月の収入

大学院生の「一ヶ月の収入」について、無収入から高収入100万円の記述回答があったが、本稿では、「5万円未満」、「5万円以上、10万未満」、「10

万円以上」の3カテゴリーに分けて、性差の分析をした結果が、図9である。女性大学院生、男性大学院生ともに3カテゴリー中「5万円以上、10万円未満」が第1位である。女性大学院生は、「5万円未満」の低収入や「10万円以上」の高収入が男性大学院生に比べて多い。女性が高収入なのは「専従職員」が多い傾向と関係していると思われる。しかし、男性大学院生は「5万円以上、10万円未満」が女性大学院生に比べて多く、安定収入傾向がややみられる。男性は「職なし」が多いにも関わらず、収入が安定しているのは、女性が「アルバイト」を探すのに困難な状況であるのに対し、男性大学院生は「アルバイト」職が充実しているためであろう。また、「学費負担」の結果にみられるように「奨学金、その他」の援助の影響によるものであろう。しかし、後述する大学院生の困難や問題点について「経済的側面で」（ある）が男女ともに多く、また、その理由として「学会参加費」、「学費」、「生活費」の不足で生活が厳しい状況を挙げている点を考えると、収入が安定した教育、研究環境とは決していえない。

図9　性別にみる一ヶ月の収入別分析結果

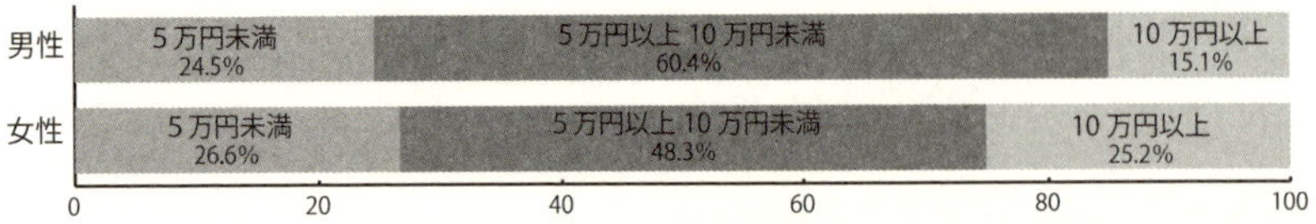

男性　5万円未満 24.5%　5万円以上10万円未満 60.4%　10万円以上 15.1%
女性　5万円未満 26.6%　5万円以上10万円未満 48.3%　10万円以上 25.2%

$X^2=6.708$　$df=2$　$P=.035$

　以上、沖縄女性研究者育成の観点からみた大学院教育の問題点と課題について、アンケート調査をした回答についてデモグラフィック要因別に性差の分析をした結果を述べてきた。
　次に、質問2～質問7までのアンケート調査項目別について性差の結果を述べていきたい。この場合、1．選択回答結果と2．記述回答結果とに分けて性差の検討をすることで、女性研究者育成の問題点と課題を明らかにする。

(2) 選択回答結果

質問2　大学院に入学した主な理由等について

この問いに対し、以下の①～③の問いを設け、各々の答えを集計し、分析をしたのが表1である。そのうち、この問いは、下記表中のイ、ロ、ハ、ニの中から選択回答をしてもらった。ニ（その他）は記述の回答である。また、②と③の問いは、記述回答である。記述については後述した。複数回答なので各項目別に集計、分析をした。

①大学院に入学した主な理由は何ですか？

この問いに対し、以下の①～③の問いを設け、各々の答えを集計したのが表1である。

大学院へ入学した主な理由について、「イ．学問的な関心」「ロ．将来の社会的地位」「ハ．将来の経済的安定」の3つのカテゴリーに分けて、性差の分析をした。

女性大学院生は「イ．学問的な関心」と答えたのは76.2％である。

男性大学院生は69.3％を占め最も高い傾向を示した。双方ともに学問に対する関心度は高い。「ロ．将来の社会的地位」「ハ．将来の経済的安定」は、男性大学院生の方が多い傾向を示した。

男性大学院生は女性大学院生に比べ、地位や経済に拘る安定志向が強い傾向にある。

表1　性別に見る大学院に入学した主な理由別分析結果

項目／性別	女性	男性
イ．学問的な関心	76.2%	69.3%
無回答	23.8%	34.7%
合計	100.0%	100.0%
ロ．将来の社会的地位	12.8%	16.9%
無回答	87.4%	83.1%
合計	100.0%	100.0%
ハ．将来の経済的安定	7.7%	14.9%
無回答	92.3%	88.1%
合計	100.0%	100.0%

イ．学問的な関心　　$X^2=4.704$　$df=2$　$P=.030$
ロ．将来の社会的地位　$X^2=1.220$　$df=1$　$P=.269$
ハ．将来の経済的安定　$X^2=4.098$　$df=1$　$P=.043$

質問3　現在、大学院で学んでいる状況について
　この問いに、以下の①と②の2つの質問を設け、性差の分析をした結果が、表2、表3である。
①大学院に入学してよかったと思いますか？
　この問いに対し、大学院生は「イよかったと思う」と「ロ悪かったと思う」の2カテゴリーで答えた。が、集計はX^2が一定のため統計量は計算されなかったので本稿では略記した。イ、ロの答えの主な理由に関する記述回答については一覧表5に後述した。
②大学院入学前に想像していたことと、入学後に違っていた点はなんですか？
　この問いに対し、下記のイ～ニ（表中に明記）の中から選択してもらった結果が、表2である。
　大学院入学前に想像していたことと、入学後に違っていた点について、表2中のイ～ニの選択肢から答えてもらった。複数回答にしたため、性差の分析結果は、各項目別に行った。「その他」については記述回答（後述）である。女性大学院生の第1位は「ロ．自分の研究能力と技術」39.4％である。次い

表2　性別に見る大学院前に想像していたことと、入学後に違っていた別分析結果

項目／性別	女性	男性
イ．自分の研究領域と大学院の内容	16.9%	15.8%
無回答	83.1%	84.2%
合計	100.0%	100.0%
ロ．自分の研究能力と技術	39.4%	43.1%
無回答	60.6%	56.9%
合計	100.0%	100.0%
ハ．自分が期待していた大学院の将来への効果	18.3%	13.9%
無回答	81.7%	86.1%
合計	100.0%	100.0%
ニ．大学院の指導方法や指導体制	91.0%	22.3%
無回答	69.0%	77.7%
合計	100.0%	100.0%

　　イ．自分の研究領域と大学院の内容　　　　　　X^2=.069　df=1　P=.793
　　ロ．自分の研究能力と技術　　　　　　　　　　X^2=.452　df=1　P=.501
　　ハ．自分が期待していた大学院の将来への効果　X^2=1.247　df=1　P=.264
　　ニ．大学院の指導方法や指導体制　　　　　　　X^2=3.297　df=1　P=.069

で「ニ．大学院の指導方法や指導体制」31.0％で、第3位が「イ．自分の研究領域と大学院の内容」15.8％である。男性大学院生の第1位は「ロ．自分の研究能力と技術」43.1％である。女性に比べやや多い傾向を示した。次いで、「ニ．大学院の指導方法や指導体制」22.3％で、第3位が「イ．自分の研究領域と大学院の内容」15.8％である。女性大学院生、男性大学院生の各々の順位は、上位が同じく「ロ．自分の研究能力と技術」から「ニ．大学院の指導方法や指導体制」へ、下位は女性大学院生が「ハ．自分が期待していた大学院の将来の効果」から「イ．自分の研究領域と大学院の内容」の順位であるのに対し、男性大学院生は、イ、ハへ逆転している。

　女性大学院生が男性大学院生に比べ、イ、ハ、ニの回答が多く、また、男性大学院生が女性大学院生を上回るのは、ロである。

質問4　大学院で学ぶ上で困難や問題点等がありますか？

　この問いに対し、表3中の①〜⑦項目を設け、各々の項目面で、「ある」か「ない」かの選択回答をしてもらった。また、「ある」と回答した者には、どのような困難が「ある」のかを記述してもらった。

　この問い4に対する回答を集計した結果が、表3である。

　大学院で学ぶ上での困難や問題点について、「①経済的な側面で」「ある」の答えは、男性大学院生56.9％、女性大学院生が51.4％で、各々第1位を占めた。いずれも約50％を超えた。第2位は「④自分の能力や適性面で」「ある」で、女性大学院生は40.7％、男性大学院生が22.0％を占めた。女性大学院生の第3位は「⑥教員との人間関係で」「ある」17.7％である。男性大学院生の第3位は「③家族、親戚の理解度で」「ある」11.9％である。「②男女差によるもので」「ある」の答えは数値的に低いが、女性大学院生が9.4％で、男性大学院生の1.5％の約6倍である。この結果から、女性大学院生が男性大学院生に比べて、差別意識の傾向がみられる。「③家族、親戚の理解度で」「ある」の答えは、女性大学院生は12.1％、男性大学院生11.9％とほぼ近似値である。しかし、男性大学院生にとって第3位の高い傾向を示した。「④自分の能力や適性の面で」「ある」の答えは、女性大学院生が男性大学院

生の約2倍を占めた。「⑤学友との人間関係で」「ある」の答えは、女性大学院生14.2%、男性大学院生6.0%の約2倍を占めた。「⑥教員との人間関係で」「ある」と答えた女性大学院生は17.7%、男性大学院生5.5%の約4倍を占めた。

大学院で学ぶ上での困難や問題点などが「ある」が「ない」の比率を上回ったのは男女ともに①であった。また、「ない」の比率を下回ったのは、②、③、⑤、⑦の項目であった。②の「ない」の答えは、女性大学院生90.9%、男性大学院生98.5%と断トツに高い。

女性研究者問題に指摘される男女差だが、「ない」が90%以上を占めたのは意外であった。

また、③、⑤、⑥の項目で「ない」が男女ともに80〜90%を占めた。大学院生は、②、③、⑤、⑥の項目について、困難、問題点として大きくとり上げてない。むしろ、①、④の項目を挙げていることに特徴をみいだせる。

表3　性別にみる大学院で学ぶ上での困難や問題点別分析結果

項目／性別		女性	男性	合計
①経済的な側面で	（ある）	51.4%	56.9%	54.6%
	（ない）	48.6%	43.1%	45.4%
②男女差によるもので	（ある）	9.4%	1.5%	4.7%
	（ない）	90.6%	98.5%	95.3%
③家族、親戚の理解度で	（ある）	12.1%	11.9%	12.3%
	（ない）	87.9%	88.1%	87.7%
④自分の能力や適正面で	（ある）	40.7%	22.0%	29.7%
	（ない）	59.3%	78.0%	70.3%
⑤学友との人間関係で	（ある）	14.2%	6.0%	9.4%
	（ない）	85.8%	94.0%	90.6%
⑥教員との人間関係で	（ある）	17.7%	5.5%	10.5%
	（ない）	82.3%	94.5%	89.5%
⑦その他	（ある）	12.9%	6.7%	9.2%
	（ない）	87.1%	93.3%	90.8%

①経済的な側面で　　　　$X^2=.971$　df=1　P=.324
②男女差によるもので　　$X^2=11.244$　df=1　P=.001
③家族、親戚の理解度で　$X^2=1.433$　df=2　P=.488
④自分の能力や適正面で　$X^2=13.812$　df=1　P=.000
⑤学友との人間関係で　　$X^2=6.593$　df=1　P=.010
⑥教員との人間関係で　　$X^2=13.22$　df=1　P=.000
⑦その他　　　　　　　　$X^2=3.283$　df=1　P=.070

質問5　大学院の研究環境について感じている問題点等について

この問いに対し、①～⑥の項目を設け、「ある」か「ない」で選択回答してもらった。また、「ある」の回答者には、大学院の研究環境について感じている問題点について記述してもらった。この問い5に対する性差の分析は、表4である。

大学院の研究環境について感じている問題点について、「①カリキュラム内容で」、「②ＰＣなどの設備面で」、「③ネットワーク等ＩＴ設備面で」、「④専門図書、資料等の面で」、「⑤院生に対する福利厚生の面で」、「⑥男女の違いによる点で」、「⑦教員の指導能力、方法の面で」、「⑧その他」の面で、大学院生の研究環境の問題点が「ある」か「ない」かの2カテゴリーで性差の

表4　性別にみる大学院の研究環境について感じている問題点別分析結果

項目／性別		女性	男性	合計
①カリキュラム内容の面で	(ある)	25.2%	16.4%	19.9%
	(ない)	74.8%	83.6%	80.1%
②ＰＣなどの設備面で	(ある)	24.6%	15.0%	18.9%
	(ない)	75.4%	85.0%	81.1%
③ネットワーク等IT整備面で	(ある)	20.1%	8.6%	13.4%
	(ない)	79.9%	91.4%	86.6%
④専門図書、資料の面で	(ある)	44.2%	23.6%	32.0%
	(ない)	55.8%	76.4%	68.0%
⑤院生に対する福利厚生面で	(ある)	16.3%	9.2%	12.1%
	(ない)	83.7%	90.8%	87.9%
⑥男女差の違いによる点で	(ある)	6.6%	2.0%	3.9%
	(ない)	93.4%	98.0%	96.1%
⑦教員の指導能力方法の面で	(ある)	23.9%	8.0%	14.5%
	(ない)	76.1%	92.0%	85.5%
⑧その他	(ある)	17.8%	4.3%	9.5%
	(ない)	82.2%	95.7%	90.5%

①カリキュラム内容の面で　　　$X^2=3.888$　df=1　P=.049
②ＰＣなどの設備面で　　　　　$X^2=4.941$　df=1　P=.026
③ネットワーク等ＩＴ設備面で　$X^2=9.429$　df=1　P=.002
④専門図書、資料の面で　　　　$X^2=15.856$　df=1　P=.000
⑤院生に対する福利厚生面で　　$X^2=3.739$　df=1　P=.053
⑥男女差の違いによる点で　　　$X^2=4.577$　df=1　P=.032
⑥教員の指導能力方法の面で　　$X^2=16.523$　df=1　P=.00
⑧その他　　　　　　　　　　　$X^2=13.311$　df=1　P=.000

検討をした結果が、表4である。「ある」と答えたものには、どのような問題点があるかを記述してもらった。

表4の示すとおり、大学院の研究環境の問題点に対して、「①カリキュラム内容で」、「②PCなどの設備面で」、「③ネットワーク等のIT設備面で」、「④専門図書、資料等の面で」、「⑥男女の違いによる点で」、「⑦教員の指導能力、方法の面で」、「⑧その他」の面で「ある」の答えは、女性大学院生が男性大学院生より多い傾向を示した。「院生の福利厚生の面で」「ある」の答えは、男性大学院生が女性大学院生より多い傾向を示した。

女性大学院生の答えで、「ある」の第1位は「④専門図書、資料の面で」44.2％である。第2位「①カリキュラムの面で」25.2％、第3位「②PCなどの設備面で」24.6％であり、最下位は「⑥男女の違いによる点で」「ある」6.6％で、「⑦教員の指導能力、方法の面で」「ある」23.9％の答えが、各々男性大学院生の約3倍を占める。また、すべてのカテゴリーにおいて、「ある」の答えは女性大学院生が多く、「ない」の答えは男性大学院生が多い傾向が捉えられる。

以上の結果から、大学院における研究環境に対して、女性大学院生が男性大学院生に比べ、問題意識が高い傾向がみられる。

質問6 自分にとっての大学院の意義と、将来の展望について

この問いに対し、以下①と②の問いを設け、選択回答にした。問い①の集計結果は図10に示した。また、問い②の集計結果は図11に示した。

①将来、大学院で学んだ結果は活かせると思いますか？

「イ．大いに活かせると思う」の答えは、男性大学院生が80.5％、女性大学院生は74.8％を占め、ともに期待度が高い傾向を示した。

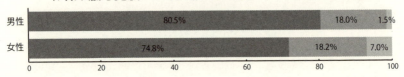

図10 性別にみる大学院で学んだことは活かせるとおもうか別分析結果
イ．大いに活かせると思う　ロ．あまり活かせないと思う　ハ．まったく活かせないと思う

「ロ．あまり活かせないと思う」＋「ハ．まったく活かせないと思う」は、女性大学院生が25.2％を占め、男性大学院生19.5％に比べ、期待度の低い意識傾向を示した。

②大学院へ入って満足していますか？

男性大学院生の第1位は「イ．大いに満足」49.7％である。また、女性大学院生の第1位は、「ロ．どちらかというと満足」50.1％である。

「イ．大いに満足」＋「ロ．どちらかというと満足」は、男性、女性ともに約90％を占め、満足度は高い傾向にある。この結果から、大学院に対する男女の意識は、不満より満足度が高い。

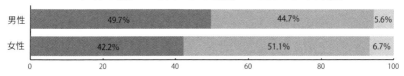

図11　性別にみる大学院へ入学して満足しているか別分析結果
イ．大いに満足　ロ．どちらかというと満足　ハ．どちらかというと不満足

以上、が選択回答の結果について述べてきたことである。次に記述回答について述べていきたい。

（3）記述回答結果

質問7　自分自身の課題、大学院への展望はありますか？

この問いに対し、①～④の質問を設け、記述回答にした。

① 大学院生になって、悩んでいることは何ですか？
② 大学院側に要望したいことは何ですか？
③ 特に、女性の院生に対して配慮して欲しいことがありましたら、自由にお書きください。
④ その他、大学院での生活を通して感じたことがありましたら何でもお書きください。

以上、の①〜④の記述回答については、表5にまとめた。

次に、記述回答について論述していきたい。

ところで、アンケートの記述回答結果は多岐に亘り、すべて述べることは困難である。ゆえに回答の多い内容や特徴的内容を取り上げ、整理し、表5にまとめた。

表5　性別にみる記述内容の結果

アンケート設問項目	女性大学院生	男性大学院生
質問2　大学院へ入学した主な理由について ①大学院へ入学した主な理由は何ですか？ 二（その他）の回答	資格取得 仕事 資質の向上 受験資格取得 実践能力の向上 学部卒業後の予定が未定であった 進路が未定であった	資格取得 教員免許取得 自己の能力向上 論理的思考 就職活動の再チャレンジ 司法試験受験資格
②大学院進学の主なプラス面とは何ですか？	学問の研究 習得 研究・向上 研究方法が学べる 研究能力の向上 専門的な知識・技術習得 学位 学部で学べなかった事柄を学べる	より研究ができる 知識の向上 学部より専門的なことが学べる 専門職に就きやすい研究職への足がかり 研究的思考を身につける
③大学院進学の主なマイナス面とは何だと思いますか？	学費がかかる 金銭的負担の増大 両親へ経済的負担をかけてしまう 既婚者への偏見・厳しさ プライベートな時間の減少 仕事との両立によるストレス 時間がない 年齢が高いほど自立が遅れる	経済的負担 学費の負担増 学会への出費 就職先があまりない不安 仕事、研究、家庭の両立困難 社会進出の遅れ

質問3　大学院で学んでいる状況について ①大学院へ入学してよかったと思いますか？ 「よかったと思う」主な理由	研究、学問に関する充実感 学部との比較での大学院の優位性	
「悪かったと思う」主な理由	経済的負担 子育てと研究の両立の困難 論文を書いても評価されない ・年齢不利	
②大学院入学前に想像していたことと入学後に違っていた点は何ですか？ ホ（その他）の理由	IT使用 就業 学業の両立の難しさ 学費 経済負担が大きい	学費負担 講義内容 学業年数の延長 研究能力を高めるカリキュラム指導
質問4　大学院で学ぶ上での困難や問題点等がありますか？ ①経済的な側面で（ある）	学費、生活費の工面 学費負担の厳しさ アルバイトと勉強の両立ができない 奨学金返済の心配 生活費を得ることの厳しさ	アルバイトと学費の両立 学会参加費用の負担 奨学金がなければ苦しい
②男女差によるもので（ある）	家事育児時間が削れない 家事は女がすることが多い 女性教員の少なさ やる気がないと評価される	女性大学院生が少ない
③家族、親戚等の理解度で（ある）	時間の偏見 応援するのもいるが理解は殆ど得られない よく思われてない	理解は難しく、援助は受けてない 育児面で家族の協力が必要である
④自分の能力、適正の面で（ある）	自分の研究能力の不足	左記に同じ
⑤学友との人間関係で（ある）	年齢を若い人と比べてしまう	少人数なので人間関係に敏感 相談相手がいない

⑥教員との人間関係で（ある）	パワハラ指導 成績が正当に評価されない ある学科ではパワハラが頻繁にあり、やめてほしい	コミュニケーションの厳しさ 共同研究の人間関係
⑦その他で（ある）	研究時間の確保がきわめて厳しい	勤務時間との調整 指導教員との考え方の違い 時間不足 研究内容と今の研究との違い
質問5 大学院での研究環境の問題点がありますか？ ①カリキュラムの内容で（ある）	シラバスの内容が違っていて理解しがたい 院生の学習の効率を考えてカリキュラムが編成されているか疑問 自分の研究領域の授業で修士のものがない 選択肢が少ない 専門的カリキュラムがほしい	選択肢が少ない 研究以外の科目の単位が必要 講義が研究領域を離れすぎる 授業レベルが低い 専門性が低い 研究手法を学ぶ受講を増やしてほしい
②ＰＣの設備面で（ある）	ＰＣが古い 鈍い 起動が遅い 台数を増やしてほしい 大学専用のＰＣ設置	左記と同じ
③ネットワーク等の設備面で（ある）	上記と同じ	上記と同じ
④専門図書、資料等の面で（ある）	学会誌が少ない 専門書が少ない 電子ジャーナルが少ない 研究資料が少ない	専門図書の増数 図書館の文献充実
⑤大学院生に対する福利厚生の面で（ある）	研究補助不十分、充実してない 奨学金、助成金が少ない 学会費用の援助 研究費の設備 女性特有の病気に関する健康診断の実施	福利厚生は充実してない 研究費補助不十分 学会等への援助 学費の免除を取りやすく 研究費設立を望む

⑥男女の違いによる点で(ある)	専門職の就職に男女差がある 女性は口出しするな的態度、発言	女性大学院生が少ない それは大学院内容 社会的要因が考えられる
⑦教員の指導能力、方法の面で（ある）	ハラスメントの存在 準備不足の教員、意思疎通の不十分さ 聞きたいことが聞けない	ハラスメント問題 指導力不足、助言がない もっと研究の話をしてほしい 教員が慢性的多忙のため対応が不十分
⑧その他	談話室、休憩室設置を望む 準備不足の教員、意思疎通の不十分さ 聞きたいことが聞けない	
質問７自分自身の課題、大学院への要望がありますか？ ①大学院生になって悩んでいることは何ですか？	研究に関すること 時間 仕事との両立、学会、生活費、学会費	同じ
②大学院側に要望したいことは何ですか？	学費の援助 免除 減額	左記と同じ
③特に女性大学院生に配慮すべきことは何ですか？	育児、家事、仕事困難な女性に対する優遇措置、セクハラ防止、ハラスメント防止	性差縮小のために女性大学院生を学部からスタートさせるべき 研究方法や能力不足
④その他、大学院での生活を通して感じていることは何ですか？	就職、学費、教員への不満	研究方法や能力不足、セクハラ防止 ハラスメント防止

　以上の記述回答は、上述した選択回答等についてより具体的に理解することができる。また、大学院生の意識実態の把握と問題点の傾向が詳しくうかがえる。記述回答結果の考察は、次の章で述べていきたい。

3．考察

　上述したアンケートの分析結果について、筆者らが考察したことを次に述

べる。

　本アンケートは348名の集計で、それは全体の約30.0％の回収率であった。回答には記述が多く、考えて記入するため、およそ、時間を要したと考察される。また、大学院生ゆえに真面目に考え、回答した結果になっている。そのために回答は考え抜いて回答されたものが多く、信憑性は高いと考えてよいであろう。しかも研究生ということもあって、かなり客観的な、意識実態が把握できる。

（1）「年代」別結果は、男女ともに「20代」の若手研究者が多い実態が捉えられた。「30代」、「40代以上」は女性大学院生が多く、高齢化の傾向を示した。この傾向は、経済的にゆとりのある女性が専門的な領域を学び、資格も取得したいという意識の表れと考えられる。「研究科」別結果は、女性大学院生の「文系」が多く、男性大学院生は「理工系」が多く、性差に偏りがみられた。この傾向は沖縄の地域のみならず、日本全体の共通した問題であるが、改善の進展が遅い状況である。ようやく、わが国が女性の「理系」進学のための施策を打ち出し、「理系」分野の女性研究者育成を始めたので大いに期待したい。一方、「専攻分野」別における「人文系」、「社会系」、「医療福祉系」は女性大学院生が男性大学院生を上回る傾向を示した。が、「自然系」は男性大学院生が女性大学院生を上回る傾向を示し、性差の偏りは著しい。「課程」別では、「修士課程」は男性大学院生が多く、「博士課程」は女性大学院生がやや多いのが特徴である。因みに、全国では、「修士課程」、「博士課程」は男性が多い傾向にある。

　男性大学院生の「仕事状況」は「アルバイト」が多く、「職なし」が約6割を占めた。次いで「アルバイト」であった
　女性大学院生は「専従職員」が約2割を占め、職に就いて収入の安定した者が大学院へ進学している傾向が捉えられた。この傾向は、「学費負担」の結果でみられるように、女性大学院生は、「自分自身」で学費負担しているのが多い。しかし、男性大学院生は、「奨学金」の他「親、親戚など」で負担を課す傾向がみられ、女性に比べて経済的

に恵まれている傾向がみられた。「一ヶ月の収入」別結果から、女性大学院生は、高収入層、低収入層において男性を上回り、また、同性間でも経済格差がみられる。男性大学院生は中収入者層が多く、やや安定さがみられるものの、「大学院で学ぶ上での困難、問題点」で「経済的な側面（ある）」が多いことから一概に言い切れない。女性大学院生に「専従職員」が多い結果により、「学業と仕事」の両立、また「育児、家事」を自身でこなさなければならないことが捉えられた。ひいては「介護」の負担などの問題を抱え、研究活動上の支障の介在が考察され、その解決に向けた取り組みは課題である。「出身」別結果をみても、女性大学院生は「県内」「県外」ほぼ近似値である。因みに、男性大学院生は「県内」が多い傾向にあったことから、県内での学歴差別の意識もあると思われる。

　以上、女性研究者育成の観点から大学院生の意識実態調査結果を考察すると、沖縄県における女性大学院生の研究環境の改善点は多い。

（2）女性大学院生の多くは「学問的な関心」の理由で大学院へ進学し、男性大学院生は「将来の経済的安定さ」を求めて進学するのが女性大学院生より多いという相違点がみられた。また、女性大学院生は、進学して「良かったと思う」、「悪かったと思う」のうち、前者の理由に女性大学院生が回答しているように「研究、学問に関する充実感」は満たされているものの、後者の理由には「経済的負担」、「子育てと研究の両立の困難」、「女性は頑張っても評価されない」、「年齢不利」などを上げており、女性大学院生が研究を継続していく上での問題点が的確に捉えられた。この結果は、大学院に対する期待感や満足感は高いものの、現実的には、多くの問題を抱えているのが実態である。すなわち、大学院で学んだことは「大いに活かせると思う」は、男性大学院生が女性大学院生に比べて期待度は高かったが、「あまり活かせないと思う」は、女性大学院生が多く、男性大学院生ほど期待していない実態が把握された。また、大学院に入って満足しているかの結果でも「不満足」な意識は女性大学院生の方が高かった。

「大学院で学ぶ上での困難や問題点などについて」「ある」の答えのうち、男性大学院生が多く、女性大学院生が少なかった項目は「経済的側面で」であった。これに対して、男性大学院生が少なく、女性大学院生が多かった答えは、「男女差によるもので」、「家族、親戚などの理解度で」、「自分の能力や適正面で」、「学友との人間関係で」、「教員との人間関係で」、「その他」の項目であった。そのうち、「ある」と答えた記述内容をみると、女性大学院生の困難、問題点が具体的に記述されていた。「経済的側面で」「ある」の記述は、さほど性差はみられないものの「アルバイト」、「学費負担」、「奨学金返済」など類似した回答であった。しかし、「男女差によるもので」は「家事育児時間が削れない」、「家事は女がすることが多い」などが記述されており、性別役割分担の問題があることもわかった。さらに、「女性教員の少なさ」、「何かにつけ、やる気がないと評価される」など「女性蔑視」、「男女不平等性」の意識が把握された。男性大学院生からも「女性大学院生が少ない」という指摘もあったこともあり、女性大学院生の少ない実態が把握できた。「家族、親戚などの理解度で」は、男女大学院生ともに「理解がほとんど得られない」状況が多い。また、「育児面での家族の協力が必要であるが、協力が得られない」を挙げている。「学友との人間関係で」は、女性大学院生に年齢差別意識がみられた。女性大学院生は「教員との人間関係で」の記述回答に「成績の評価が正当でない」、「パワハラ指導」などを挙げている。
　「その他」「ある」の困難、問題点に「研究時間の確保が難しい」ことを挙げており、これは、上述した女性の家事育児問題とも関連しており、性別役割分担、ライフ・ワーク・バランスのとり方にも関わる問題である。「大学院での研究環境の問題点について」、「カリキュラムの内容で」、「専門図書、資料等の問題で」、「IT設備の面で」などで「ある」と答えた項目については改善の方向で問題解決に努めるべきものである。特に性差で注目すべき研究の問題点は「男女の違いによる点で」、「教員との人間関係で」「ある」の回答である。前者の問

題で「専門職の就職の難しさ」を挙げている。後者では「ハラスメント」等で、これ等の記述は女性にとって深刻な問題である。安心して学べる研究環境は欠かせない。

　記述には、重複した回答もあったが、女性大学院生が「大学院生になって悩んでいること」として挙げている点は「時間、仕事の両立」、「学費、生活費」、「学会費」など経済的な問題が多い。「大学院側に望みたいこと」については、「学費の援助」、「学費の免除」、「学費の減額」など経済的な意見が多かった。「特に女性大学院生に配慮すべきこと」に対して、女性大学院生は「育児、家事、仕事困難な女性に対する優遇措置」、「セクハラ防止」、「ハラスメント防止」などを挙げている。「大学院での生活を通して感じていること」の回答は、「就職、学費、教員への不満、研究方法、意識、自覚、能力」など、女性が抱えている教育研究環境の問題点が捉えられる。

4．提言

以上、本アンケート調査の集計、分析結果から、女性研究者育成のために教育研究環境の改善、整備を図るためには、どのような提言が必要か、次に列記しておきたい。

（1）大半の大学院生の学費負担が、奨学金、アルバイトに頼らざるを得ない状況に対して奨学金の充実、見直し、奨学金返済の不安の解消に向けた見直し、学費免除制度などの対応を考える。

（2）教育活動には必需品であるITの大学院生専用を設置する。

（3）専門図書、情報検索システムの再検討、再構築を図る。

（4）女性大学院生の文系偏りを解決するために、女性の理系院生を増やしていく。

（5）在籍中、修了後の就職不安は根強い。仕事のネットワーク形成や専門職の仕事の充実および就職エリアの拡大化を図る。

（6）アルバイト、無職が多い生活状況は精神的、経済的に不安定で、教

育研究するのに悪い影響が認められる。就職相談、斡旋窓口、精神ケアの相談室の設置の検討を行う。
(7) 育児軽減を図るために託児所などの検討。ならびに家族、親戚の理解が得られないなどの社会通念（風習、慣わしなど）を男女共同参画の理念に基づき改めて行く。
(8) 研究室でのパワー・ハラスメント、セクシャル・ハラスメント、アカデミック・ハラスメントなどの被害対策をする。
(9) 女性大学院生の要望である優遇措置を推進すべきである。奨学金給付、大学院内託児所の設置、育児休暇、職場復帰、復学などを考慮する。
(10) 平成18年度、文部科学省は「少子高齢化社会では女性研究者の人材確保が不可欠」という認識のもとで「女性研究者支援モデル事業」[4]を開始し、3年間（その後は自主運営）限定で補助金事業を実施している。既に約30大学機関が採択され、モデル事業を推進している。たとえば東京大学では、女性研究者10年キャリアプランの実施などである。沖縄県で採択事業となってないが、次年度（2010年度）にむけて、琉球大学が申し込む予定で検討委員会を立ち上げたという。アンケート報告で得られた問題の解決と充実した教育研究環境の持続のために沖縄県内初モデル事業の採択を望みたい。

5．課題

本アンケートは、県内初の調査である。しかし、回答率約30.0％ということもあって、本研究で十分に検討しつくされたとは言い難く、再調査と再検討は今後の課題にしたい。また、本アンケート調査結果が、今後の女性研究者育成のための教育研究環境の改善、整備の足がかりになればという思いもある。

日本の女性研究者の割合（男女共同参画審議会、平成12年）は、国際的にみて12.4％の低位置である。

また、全国の「女性研究者及び研究者に占める女性の割合の推移」[5]を

男女比較でみると、女性の割合は10％以上15.0％以下でかなり低い。また、女性の示す割合は横這いである。

上述してきたように、本稿は、将来「研究者」を担う大学院生を対象にアンケート調査をし、性差の検討を通して、女性研究者の意識実態を把握し、教育研究環境改善、整備を整えていく意図がある。そのために、本研究の結果から次の点を課題にしたい。

（1）大学院生の問題解決を図る努力は重要であるが、男性大学院生の抱える問題を抜きにして、女性研究者の育成は十分にできない。大学院生の意識実態を把握した上で、どのように女性研究者問題を解決してくべきか、また大学院教育環境を整備していくべきか検討すべきである。

（2）女性大学院生が提案した家事育児問題などの解決のために託児所優遇措置の要望等に関して検討すべきである。

（3）女性研究者支援モデルプラン等を練り、文部科学省へ進言する。

（4）女性研究者問題は、一大学院のみで解決を図るべきでなく、再就職など雇用の問題等、地域や他大学院と連携して解決にあたるべきである。

（5）女性研究者を対象とする研究は如何になされるべきか。そもそも女性研究者問題とは何かが先ず問われる。これに対して、安川は『女性研究者―愛知女性研究者の会20年のあゆみ―』[6]の著書の中で、女性研究者の問題とは「昇進の遅れ、採用の不利、女性教員の少なさ、評価の不在、雇用環境の不備など。」を指摘している。それのみではなく、多くの女性研究者たちは、育児、家事、仕事との両立、時間の問題など多くの悩みを抱えていることも報告されている。つまり、これまでの研究報告で述べられてきた女性研究者問題をどのように解決していくべきか考えていく。

（6）女性研究者問題の研究とは？研究方法としての（ア）女性学、（イ）フェミニズム論[7]（内藤、1994）、（ウ）ジェンダー学[8]、[9]の理論など認識した上で、また、（エ）男女参画基本法の理念の観点等理解し

た上で、解決に向けて研究していく。

本アンケート調査で「因習的」要因とみなされる女性研究者問題が考察された。沖縄県には形を変えた慣習的な女性問題が存在する。女性蔑視、女性差別、女性の人権に触れるなどである。一方、沖縄の女性たちが悪い習慣を改めた事例もある。この中の一つの事例を引用する。つまり、河地は「沖縄がフェミニズムの発祥地である」という学説[10]を提唱している。それは、風習として洗骨の儀式である。すなわち沖縄の地域では、亡くなった3年目に屍の骨を拾い清めて、骨壺に納め保管する風習がある。それを女性たちが行うのである。しかし、その儀式は、時として女性の生命に関わるものである。感染やウイルスによる病、或はハブなどの被害に遭い、生命を絶たれるものがいた。そこで、女性たちは立ち上がり、自分たちの生命の安全のために「火葬」葬儀に変える活動を展開、その権利を獲得したのである。はじめ男性たちは、風習だし、女性たちが行うもの、風習をかえれば先祖が祟る、将来子孫に災いが起きると言い張ったが、女性たちが怯まず、抵抗した。そのかいあって、風習は改められ、今日の葬儀スタイル変革に至る。これはフェミニズム運動と河地は捉えるのである。この運動は1940年代のことである。フェミニズムは、米国で1960年代、日本では米国より約10年遅れて1970年代に台頭したのであるが、それより前に沖縄で運動が始まっていると捉え、また、フェミニズムの視点で解決されたことから「沖縄をフェミニズムの発祥地」と位置付けているわけである。沖縄には伝統行事が多く、昔ながらの風習に呪縛され身動きできない状況がある。つまりは女性が半ば担ってきた風習は、時として今日に至る差別につながっている。このような意識構造が今回の調査結果からも垣間見ることができる。沖縄には位牌継承問題（男性が継ぐべき）など女性差別につながる因習が今でも介在している。このような社会因習に慣らされた意識が、今日の大学院生の意識にも影響している。男女の意識改革を図ることが重要な課題である。

おわりに

　最後に、わが国における女性研究者に対する2つの基本政策について、明らかにしておきたい。

　「男女共同参画基本計画第2次」（平成17年12月閣議決定）および「第3期科学技術基本計画」（平成18年3月閣議決定）の2次の基本計画において、「女性研究者がその能力を最大限に発揮できるようにするため、研究と出産・育児等の両立に配慮した措置を拡充すること、各機関や専攻等の組織毎に、女性研究者の採用の数値目標（自然科学系全体として25.0％）を設定し、その目標達成に向けて努力するとともに達成状況を公開するなど、女性研究者の積極的採用を進めるための取り組みを期待していることが盛り込まれている。

　以下、銘記しておくことにする。

1　政策
　・方針決定過程への女性の参画の拡大。
　　会のあらゆる分野において、2020年までに、指導的に女性が占める割合が30.0％になるよう期待し、様々な分野への協力要請。
2　新たな取り組みを要する分野として「科学技術」を取り上げる。
　・自然科学系全体の女性の採用目標25.0％（理学20.0％、工学15.0％、農学30.0％、保健30.0％）。
　・女性研究者の採用機会等の確保、勤務環境の充実。
　・科学技術における政策・方針決定への女性の参画。
　・女子高生の理工系分野への進路選択の支援など。

　本稿で述べてきたように、調査結果の考察ならびに女性研究者育成の目標達成点を配慮しつつ女性研究者の地位向上に向けて研究環境の改善、整備の進展に努めるべきである。

本アンケート調査を実施するに当たり、ご多忙中にも関わらず、7大学大学院の各学長をはじめ、事務関係者、各大学の大学院生にご協力を頂いた。コンピュータ処理については、沖縄キリスト教学院大学の大城宜武教授にご協力頂いた。各位に感謝を申し上げたい。

　また、本調査研究は財団法人東海ジェンダー研究所の助成によるものである。厚く御礼を申し上げる次第である。

引用文献
1) 沖縄県、『平成19年度沖縄県男女共同参画の状況について』、平成19年、全ページ
2) 内閣府男女共同参画局、『男女共同参画社会の実現を目指して』、2009、16ページ
3) 水月昭道、『高学歴ワーキングプア「フリーター生産工場」としての大学院』、光文社、2007、19～20ページ
4) 内閣府、『女性研究者を応援します！－女性研究者の活躍推進のための取り組み事例－』、内閣府男女共同参画局、平成20年、2～3ページ　13～14ページ　18～58ページ
5) 内閣府、平成16年版『男女共同参画白書』、平成16年、全ページ
6) 愛知女性研究者の会編集委員会編、『女性研究者　愛知女性研究者の会20年のあゆみ』、株式会社ユニテ、1996、23～24ページ　129～154ページ
7) 内藤和美、『女性学を学ぶ』、三一書房、1994、11～18ページ
8) 上野千鶴子、『ナショナリズムとジェンダー』、青土社、1998、全ページ
9) (財)東海ジェンダー研究所、記念論集編集委員会、『越境するジェンダー研究』、明石書店、4～10ページ　457～479ページ
10) 河地和子、『わたしたちのフェミニズム　落合恵子と日本の女たち』、講談社、1992、75～78ページ

参考文献
1) 中田照子／杉本貴代栄／J・L・サンボンマツ／N・S・オズボーン、『学んでみたい女性学』、ミネルヴァ書房、1995
2) 若尾典子、『わがままの哲学』、学陽書房、1996
3) 金城清子、『法女性学のすすめ』、有斐閣、1983
4) 沖縄国際大学公開講座3　『女性研究の展望と期待』、那覇出版社、1997
5) 清水澄子・北沢洋子、『女性が作る21世紀　私たちの北京「行動計画」』、女子政策研究所、1996

6） JALCOWS編、『女性研究者の可能性をさぐる』、ドメス出版、1996
7） 山口真・山手茂著、『女性学概論』、亜紀書房、1991
8） 柴山恵美子編著、『世界の女たちはいま　各国にみる男女平等の波』、学陽書房、1984
9） 塚原修一・小林信一編著、『日本の研究者養成』、多摩川大学出版部、1996
10） 坂東真理子、『凛とした「女性の基礎力」』、暮らしの手帖社、2008
11） 小宮山洋子、『女と男の21世紀　北京から日本へ』、大月書店、1996
12） 琉球大学開学三十周年記念編集委員会編、『琉球大学三十年』、琉球大学、1990
13） 琉球大学庶務部企画調査室、『琉球大学研究者総覧』、1994
14） 沖縄県総務部知事公室女性政策室、『戦後50年おきなわ女性のあゆみ』、1996
15） 安川悦子・安川寿之助編、『女性差別の社会思想史』、明石書店、1993
16） 安川悦子、『フェミニズムの社会思想史』、明石書店、2000
17） 沖縄女性研究者の会編集委員会編、『女性と研究環境』、沖縄女性研究者の会、2004
18） 沖縄女性研究者の会編集委員会編、『沖縄女性研究者育成の観点からみる大学院教育の問題点と課題』、沖縄女性研究者の会、2010
19） 喜多村和之、『大学は生まれ変われるか　国際化する大学評価のなかで』、中央新書、2002
20） 日本学術会議学術体制常置委員会、『女性研究者育成の観点から見た大学院教育の問題点』、平成17年
21） 沖縄県、『おきなわ女性白書』、沖縄県総務部知事公室女性政策室、1993
22） 男女共同参画審議会、『男女共同参画基本政策に当たっての基本的な考え方－21世紀の最重要課題－答申』、2000

（研究論集　第7号　改稿）

仕事とパーソナル・ライフの充実をめざして
―女性医師をめぐる状況―

武田 裕子

要　旨

　医学部学生のうち女性の割合は年々増加している（昨年度医師国家試験合格者のうち女性は33.8％）。医学界では、専門領域の権威として活躍する女性医師も見られる。しかし、その比率はまだ非常に低い。出産・育児などによる休職後のキャリア形成が難しいなど、解決されるべき課題は多いが、過去には個人の問題として扱われてきた育児と仕事の両立が、社会の問題として認識され支援され始めている。女性医師の増加によって、女性の選択率が比較的高い診療科（小児科、産婦人科、麻酔科など）では医療提供体制の改善が期待される。また、多様なワークスタイルが確立すれば、男性医師にとっても働きやすい環境となり、真の男女共同参画につながるであろう。

1　医学生・医師に占める女性の割合

　医師国家試験合格者数（図1）をみると、女性医師が増える割合が年々増加していることが分かる。女性の医学生の割合は、1970年代後半には5～10％前後であったが、2000年に30.6％（1465人）と30％を超え、2003年には33.8％（2522人）となっている。今では研修医や常勤若手医師の3人に一人が女性であり、日本の医療の在り方を考えるうえで女性医師の存在は

無視できない数に達した[1]。

医師数（医療施設従事者数）としては、1980年には、総数148,815人のうち男性134,310人（90.2％）、女性14,505人（9.8％）であった。2000年には、総数243,201人で、男性208,353人（85.6％）、女性34,848人（14.4％）となっている。1980年の医師数を100とした医師数の年次推移（図2）は、男性に比して女性医師の増加が著しいことを示している。図3に、29歳以

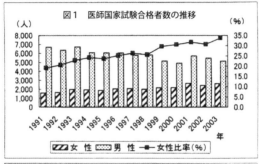

図1　医師国家試験合格者数の推移

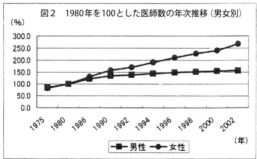

図2　1980年を100とした医師数の年次推移（男女別）

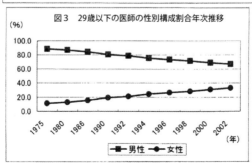

図3　29歳以下の医師の性別構成割合年次推移

下の医師における性別構成割合の年次推移を示した。女性医師が増加し男性医師が減少傾向にあることが分かる。男女比は今後1：1に近づくとみられる。

2 女性医師の適正と診療別分布割合（女性医師が増えると何が変わるか）

医師国家試験の合格率は、常に女性の方が高い（図4）。

診療科別分布では、平成12年の「医師・歯科医師・薬剤師調査」によると、女性医師は多い順に、内科、小児科、眼科、精神科、産婦人科を専攻している。特に、小児科を選択する割合は、男性は5％あまりであるが、女性は10％以上であり、産婦人科、麻酔科などにおいても、全体の平均と比較して女性の選択率が比較的高い（図5）[2]。小児科、産婦人科分野は沖縄県でも不足しつつあるといわれるが、女性医師の増加によって医師数の増加と医療提供

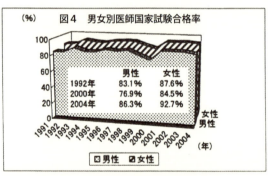

図4 男女別医師国家試験合格率

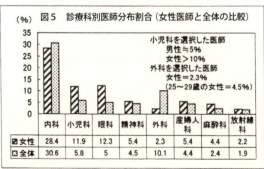

図5 診療科別医師分布割合（女性医師と全体の比較）

体制の改善が期待される。

一般に、女性は、スペシャリスト（分化する専門医）としてよりもジェネラリスト（総合する専門医）としての専門性を求められる領域に親和性が高いといわれている。女性医師がより"得意と"することについて、Levinson W et al, はその論文[3]のなかで、次の4つをあげている。

- 治療の選択肢を丁寧に説明する。
- 身体の医学的な問題だけでなく、患者さんの心配事や悩みに心をとめる。
- 精神的なサポートを行い、安心感を与える。
- 患者さんが主体的に判断できるように促す。

医療の提供は、従来のパターナリズムから患者の自己決定の尊重へと、近年大きく変わってきた。今後、女性の優れた特性を活かした医療のあり方や分野が開発され、発展していくことが期待される[2]。

3 女性医師の学会活動の現状

日本医学会に加入している92学会に対して、日本女医会が2000年7月に現状調査を行っている[4]。85学会から回答があったが、54学会は女性医師を記載していなかった（うち女性数のデータがとられていない学会が27）。女性医師数の多い学会としては内科（11,855人）が最大で、小児科（5,105人）、眼科（4,798人）、皮膚科（4,798人）と続いた。女性医師割合が多いのは、皮膚科（35.4％）、眼科（38.7％）、小児神経（31.6％）、小児科（30.2％）で、内科は15％であった。

認定医に関しては、認定医制度がある全ての学会で女性の取得率は全体取得率を下回っていた。資格更新期間の延長条件に妊娠・出産・育児休業が含まれている学会が少ないことや学会託児所設置率が低いことは、資格取得が低率であることの一因と考えられた[5]。

評議員・理事数の役員選任率は、女性会員が30％以上の皮膚科、眼科、小児科でも、それぞれ4.5％、5.5％、2.7％と低率であった。

4 医学部・医科大学における女性医師の教授について

医学部・医科大学および付属する病院、診療所、施設、センター、研究所に在籍する女性医師の教授を対象とした調査が98年9～12月になされている[5]。女性教授は全体の1.7％（64名）で、調査に協力した47名のうち18名（38％）が調査実施前5年以内に就任していた。

日米を比較した報告もある[6]。米国の医学部では、医学生のうち女性の割合は、1988年に33.4％、1997年に42.6％と増加している。女性教員数もすべての職位で40％の増加を示したが女性教授の増加は鈍く、女性講師は全体の33.5％に対し教授は10.4％に留まっている。一方、我が国の女性教員数は米国に比べて著しく少なく、1997年時点で総教員数でも9.4％、教授（基礎医学、社会医学を含む）は2.8％に過ぎなかった。同じ時期のデータで、前医師に占める女性医師の割合は9～14％であり、日本の大学全学部における女性教授の割合7％と比較しても、医学部・医科大学での女性教授の割合は低いことが明らかとなった。

2000年7月の医学教育機関名簿を基にした調査[7]でも、教授・助教授・講師の女性合計数は597名で全体数（14,678名）の4.1％に過ぎない。全体的に基礎系に比べ臨床系では割合が低い傾向にあり、国公私立別では私立の方に選任率が高く、特に教授・助教授でその傾向がみられた。

日本の全大学、日本の医学部・医科大学および米国の医学部・医科大学における教授のうち、女性の占める割合を表1に示した。医学生における女性の割合（日本33.8％、米国42.6％）と比べると、医学部・医科大学の女性教

表1 日本の大学および医学部における女性教授の割合

	女性教授の割合	
日本の全大学	7.0％	(1997年)
日本の医学部・医科大学	1.7％	(1998年)
米国の医学部	10.4％	(1997年)
女性医学生の割合		
日本の医学部	33.8％	(2003年)
米国の医学部	42.6％	(1997年)

授の割合は極端に少ないことが分かる。

5 女性医師をめぐる環境

　女性医師による専門医・認定医取得率の低さ、学会評議員・理事や大学教員の選任率の低さなど、女性が学術的分野で低い地位に留まっている原因としては、性別役割分担の分化、家庭責任との板挟み、ロールモデルの欠如、メンターの不在などが挙げられている[5]。ロールモデルとは、臨床医としてではなく、人間としてもその生き方を見習いたいと思う先輩医師であり、その働く姿を見たり生き方に触れることで、自分の医師としてのあり方について指針を得られるような存在である。一方、メンターはキャリア形成のために若手の医師を育成・支援する経験豊かな医師であり、その役割は進路や個人的な問題に対する助言から、学ぶべき項目・研修方法に関する指導、将来役に立つネットワークの紹介など多岐にわたる。臨床期間中にメンターのいた女性医師は、そうでない女性医師に比べてより多くの論文を発表し、自分自身の能力に自信を持ち、キャリアへの満足度が高いと言われている。琉球大学医学部医学科・医学研究科・付属病院の教員のうち女性教員とその割合（平成16年9月1日現在）を表2に示す。女性教員4名のうち、医学部を卒業して医師免許を有するのは附属病院講師1名のみである。琉球大学医学部医学科生約600名の33.8％が女性であるが、この学生たちが将来のキャリアを考える上で、医師であり教育者として活躍する先輩女性医師に触れる機会が限られているのは、残念な状況である。

　前述の女性教授を対象としたアンケート調査[5]では、回答者の半分以上が、卒後これまでに「女性であるという社会通念」によって何らかの不利益があったとしている。しかし、教授就任後にも不利益を感じたのは20％以下であり、教授就任にあたり

表2　琉球大学医学部医学科医学研究科・附属病院における女性教員（講師以上）の割合

	男性	女性	％
教授	37	1	2.7％
助教授	41	2	4.9％
講師	22	1	4.5％
TOTAL	100	4	4.0％

（平成16年9月1日現在）

得られた周囲の支えとして最も多く挙げられたのは、「上司に恵まれたから」であった。既婚者の63％が夫の支援を挙げ、育児経験者のうち68％が育児への支援を挙げている。一方、未婚率が32％と一般の50歳代女性の51.2％に比べて高く、「仕事か家庭か」という命題が存在していたことが推察される[5]。

6 今後の課題

女性医師の増加により、これまで男性中心に構成されてきたわが国の医師界の慣例や仕組みを、社会的によりバランスのとれたものへと見直すことが求められるようになった[2]。女性医師が増加しつつある現在、女性が継続して医師として勤務できるよう支援し、能力を活用する仕組みができなければ、実質的な医師不足につながると懸念されている。一方、多様なワークスタイルが確立すれば、男性医師にとっても働きやすい環境がつくられることになる。長年当然と考えられてきた慣行を見直すきっかけにもなるであろう。例えば、"長時間働く医師が最良の医師である"と考えられてきたが、実際には、長時間労働は医療事故のリスクを増すといわれている。業務体制の見直しは女性医師にとってのみならず、男性医師にも必要なものであり、結果的に患者に提供する医療の質的向上に繋がるといえる。

少しずつではあるが、女性医師を支援し、その能力を真に活かせるような取り組みが始められている[1]。2002年度には、厚生労働省の「小児科・産科若手医師の確保・育成に関する研究」研究班が発足し、「女性医師のための環境改善」が研究課題に取り上げられている。また、日本小児科学会では、「女医の職域での環境改善を考える委員会」が結成された。学会開催時の託児室設置も、日本小児科学会でいち早く始まり、日本産婦人科学会、日本神経学会、日本てんかん学会、日本遺伝カウンセリング学会、乳幼児けいれん研究会、日本公衆衛生学会、日本家庭医療学会でも乳児室設置の実績がある。

ロールモデルとなる医師が身近にいないときには、同じ立場の医師同士のネットワークがキャリア形成や社会生活を送る上でのサポートとなるといわ

れている。インターネットの普及に伴って、そのためのメーリングリストがつくられ活用されつつある。施設や地域を越えてネットワーク作りが可能となり、また、メールによってリアルタイムで互いに励ましあえる環境が得られるようになった。日本家庭医療学会では、医師のキャリアとパーソナル・ライフを考えるワークショップが毎年持たれている。今後このような活動が広がることが期待される。

　近年、女性医師に限らず、働く女性一般に対する支援を厚生労働省は打ち出している。男女共同参画社会の形成推進に向けて活動も活発になされている。少子高齢社会の到来に伴って生じる労働力不足や介護の問題は、医学界の外側からも女性医師の働く環境作りを促進しているといえる。生活が多様化する中で、男性医師にとってもキャリアとパーソナル・ライフのバランスは重要となっている。より良い医療を提供するために、女性医師にとって、すなわち男性医師にとっても働きやすい環境づくりが始まったところである。

引用及び参考文献
1）　大澤真子他、『医学部女子学生と大学医局における女性医師―東京女子医科大学を中心に』、病院　61:716-721,2002
2）　中谷祐貴子、中島正治『日本の女性医師の現状と動向』、病院61:712-715,2002
3）　Levinson et al. When most doctors are women: what lies ahead? Ann Intern Med 141:471-474, 2004
4）　荒木葉子他、『女性医師の学会活動の現状と動向』、医学教育33:51-57,2002
5）　杉浦ミドリ他、『医学部・医科大学における女性医師の教授について―その現況と、アンケート調査結果―』、医学教育31:87-91,2000
6）　濱中すみ子他、『日米医学部におけるジェンダーの実態』、第11回国際女性技術者・科学者会議　記念医学論文集、横浜1999
7）　橋本葉子、『女性医師と医療』、病院61:700-703,2002

（研究論集　第3号）

日本における女子高等教育の歴史と展開
―フィリピンにおける教授経験を踏まえて―

原　喜美

要　旨

　本稿は、第1回研究フォーラムにおいて発言したことを、纏め直したものである。明治以来の日本の女子高等教育の特質である「良妻賢母主義教育」が、どのように民主化されて来たかについて述べている。

1　教育における性差別

　わが国においては、「教育は元来男子のもの、男子の為のものである」という考え方が暗黙のうちに根強く支配していることは否めない。その明らかな証拠として、男女殆んど同数、否女子の方が数において男子を上廻っているにもかかわらず、「男子教育」という発想は決して生まれて来ないが、「女子教育」という項目は、必らず設けられるのである。
　1945年12月、敗戦を契機として定められた「女子教育刷新要綱」をみると、いかに従来のわが国の女子教育が、男性中心の制度の中で差別され、阻害されて来たかが一目瞭然である。その一部を引用すると、

　　「女子の入学を阻止する規定を改廃し、…」
　　「高等女学校の教科を中学校と同程度のものとなす…」

「大学高等専門学校の講義を女子に対して開放す」

など、諸々の改定が講じられている。

2　女子教育の蔑視

わが国における女子教育の展開の過程は、人間解放への戦いの歴史である。女子に対する教育には、人格の尊重、個人の独立、自由に対する配慮は乏しく、伝統的な「家」が優先され、男性中心の社会の中で謙譲、服従を美徳とする、服従的人間となることが要請されて来た。

次に述べることは、戦後10数年たった頃、千葉県で起ったことである。千葉県はそれまで田園的な東京の後背地であったが、京浜工業地帯の開発にかなり遅れて、いよいよ産業革命が起り、私も、東京大学教育社会学研究室に参画して、清水義弘教授指導のもとで、同県の新しい教育計画について検討を行った。

先ず、千葉県の県庁の役人の教育計画についての説明に耳を傾けた。「千葉県は工業化に伴ない、20年後人口は2倍となる。すると、学校も少なくとも2倍にしなければならない。小中学校の義務教育はもとより、高等学校の増設、特に工業化に伴ない工業高校の増設を考えなければならない。増設のうち約80％は工業高校である。」という趣旨の説明があった。

私は女子の教育はどうなるかという極めて素朴な質問を行なった。すると県庁の役人は、「あ、女子の事は考えていませんでした。」と正直に答え、思わず場内爆笑した。この例は蔑視どころか女子教育は視野にも入っていない、全く無視されていた例である。

3　良妻賢母教育とは

良妻賢母主義教育こそ、わが国の典型的女子教育であるといってもよい。志賀によると、「良妻賢母主義教育とは、家庭婦人を目指し、お家大事とし、

夫を主君と仰ぎ、舅姑を親として仕えながら、その子をよく教え導くことを婦道とし、その為に婦徳を涵養すべきであるとするものである。

良妻賢母主義は、もともと中世以来近世に入って普及した儒教的なものであったが、わが国では、次第に国家主義と結合していったのである。たとえば、明治の初代文部大臣森有礼は、女子教育の主眼は良妻賢母であり、女子教育こそ、国の運命を左右する力を蔵していることを強調している。この良妻賢母主義教育は、教育勅語発令により、ますます堅固なものとなっていった。福沢諭吉は、男女平等を主張しながらも、性差に応じた教育を、下田次郎も良妻賢母に結んでいる。津田梅子、成瀬仁蔵は、例外的に、豊かな人間教育と専門的職業教育の重要性を強調し、当時としては抜きんでた卓見を示した。しかし一般的な傾向としては、女性は高い知性と批判的精神を養うこともなく、服従的人間として、良妻賢母の鋳型にはめこまれ、戦争の激化にともない、社会の代替労働力という役割と、家庭婦人として期待されている役割との間に板ばさみにされ、良妻賢母教育は、教育全体の堕落の歯止めの役をも果たし得なかった。

4 教育の民主化

女子教育の暗黒時代は、爆梵により荒廃した焼野原から一変して、敗戦と共に、日本女性史上画期的な大変革期を迎えた。1946年公布された「新教育指針」の第三章に「女子教育の向上」として、新しい女子教育のあり方を示している。これによると、まず女子も男子と同様、一人前の個人として、社会に役立つよう、男女の差別なく、男女共学制（中学は1947年から、高校は1948年から）が布かれ、甚だしく歪められていた良妻賢母主義教育に、抜本的改正の必要を説いている。特に女子大学については、1949年には新

1955年―1994年までの女子学生が占める比率（文部省学校基本調査による）

年	1955	1960	1965	1970	1975	1980	1985	1990	1994
4年制大学	12.4	13.7	16.2	18.0	21.2	22.1	23.5	27.4	31.3
短　　大	54.0	78.7	74.8	82.7	86.2	89.0	89.8	91.5	91.8

制度により31校（官立2、公立3、私立26）が設立され、国立大学への女子入学者も増加し、女子の大学への進学状況にはめざましいものがあった。1935年から1940年の間の大学における男女の比率は、女子3名に対し、男子は997名。専門学校において占める比率は、女子15％に対し、男子85％であった。

　しかし、1955年から、40年間の動向をみると、上記の表の通りである。すなわち、女子の大学進学者の過半数は、短期大学進学者であったが、近年、女子が4年制志向に変化しつつある。それにも拘わらず、親や社会の女子に対する教育期待は、依然として男子優先であり、男子同率になるのには尚当分時間がかかることと思われる。

5　フィリピンから学ぶ

　私は幸運にも、フィリピンの大学に二度派遣され、フィリピンの教育に携わる方々と交流をもち、多くの若い学生達との出会いを経験することができた。

　フィリピンと日本との違いは、フィリピンではどこの大学にいっても、大抵学長、副学長など幹部の方々に女性が多い事であり、実に自信を持って堂々と指導力を発揮しておられる。それは彼の国の創造の神話によると、青々と生い繁った竹林の中で、一羽の大きな鳥が一番高い竹にとまって、その竹をつっつき始めた。すると竹が裂けて、最初の男と女が手を携えて生まれてきた。男はマラカス（malakas　たくましい人）と呼ばれ、女はマガンダ（maganda　美しい人）と呼ばれたという。彼らが最初のフィリピン人である。

　フィリピンでは、女性は男性の競争相手でなく、常に対等の立場にある協働者であるという考え方が定着している。この男女対等の人間関係は、古代からフィリピンにおいて顕著に見られるもので、西欧文化の受け売りではないのである。出生に当っては、女の子であるから特に軽んずるということもない。財産所有権は男女差別はなく、宗教的行事においても女性が司祭とな

ったり、自然教の霊媒となったりして病人を癒した。

又大学においては女子学生の方が多い。これは明らかに、フィリピンにおける女性優位の傾向をあらわしていると言えるであろう。又親族組織が主として双系制であり、父方と母方の双方を対等に扱っている。

6　自己概念について

次に自己をどのように評価しているか。自己評価というのは、他者、特にあなたに最も親しい人が、あなたをどのように評価しているかの反映であるということができる。暫く前までは「女のくせに大学院などに行く必要はない」とか「どうせ女の子だから短大にでも」というようなことばが言い交されており、その為に女性のもつ自己概念は、常に低く抑えられて来た。「自分も努力すれば必ず達成できる」という確信は、周囲の温かい励ましと、その人に寄せるサポートが大きな力になるのである。

7　高度経済成長社会における女子高等教育

1960年代に入り、技術革新の進展に伴い、わが国の経済は、歴史上例をみない程「豊かな国」となったが、それからわずか30年で、金融界、経済界、財界、政界等、あらゆる分野において破綻を来たし、社会は混迷を極めている。好景気により雇用は増大し、いかにも女性の地位が著しく向上したかのような錯覚をもったのであったが、実際には紆余曲折を通り、ジグザグ的に進展する以外の何ものでもない。1990年代に襲って来た状況の中では、特に女子学生の就職は超氷河時代に入ったと言われているが、女性が実力を発揮し、エンパワーメント（empowerment）により、女性の主体性を確立し、内側にひそむ可能性を十分発揮し、批判的思考力を駆使して、高いビジョンを掲げ、21世紀に向かって、男女両方に都合のよい社会、次の世代が安心して生きていくことのできる社会、あらゆる年代、あらゆる集団の人々が、楽しく暮らせる社会を創造していかれるようにすることが求められている。

8　男女共同参画社会の実現に向けて

　この提案は、1975年以来、数回の世界女性会議において審議された結果生まれて来たものである。男女共同であるには、もっと男性によってもこの事について論議がつくされないと、合意を得るのは難しいものと思われる。先ず、社会のパラダイムの変革から始め、平等・開発・平和の三つの目標をビジョンとして掲げ、地域、職場、家庭における共同参画の実現を達成する。それには従来軽視されていた女性の人権が尊重され、人間として適しい生活が送れるよう共に努力する。あらゆる暴力が根絶されるよう、精神的にも、身体的にも擁護されることが求められる。社会の進展とともに、学習、教育の機会が豊かに提供され、グローバルな社会が、平和に保たれるよう、男女共同して努力することが大切である。この為に大学教育に課せられた責任、役割は極めて重いのである。

参考文献
1）　原喜美著、「女子教育の展開と社会変動」、「社会変動と教育」、(日比行・木原孝博編)、『現代教育社会学講座2』、清水義弘監修、東京大学出版会、1976年
2）　Kimi Hara "Challenges to Education for Girls and Women in Modern Japan, Past and Present," in Japanese Women: New Feminist Perspectives on the Past, Present, and Future. Edited by Kumiko Fujimura-Fanseiow and Atsuko Kameda. The Feminist Press, 1995.

（研究論集　創刊号）

グローバルな視点で語る女性と高等教育
―アメリカ・日本（沖縄）の女子高等教育―

キャロライン C. レイサム
訳　山里 惠子

はじめに

　今回の小論では、自らの経験とアメリカの女性解放の歴史に基づいてアメリカと沖縄（日本）の女子高等教育について概観します。
　今日（1997年）、沖縄において見られる女子高等教育は、30年前のアメリカの状況と良く似ています。当時、私は、大学に入学したばかりでした。私は、恵まれた家庭環境（例えば、家族の者〈男性も女性も〉が、医者、教育者、弁護士、会社の創業者、あるいは芸術家で家族、宗教、教育、地域への貢献に高い関心を寄せる人達のいる家庭環境）で育ちました。私は、家族の温かい支援を受け、学業に専念することができ、また、いい職業に就くこともできました。

I．大学（学部）・大学院教育

　私は、奨学金を得てヨーロッパとアメリカで大学（学部）・大学院教育を受けました。ヨーロッパでは英国のオックスフォード大学、フランスのグルノーブル大学、オーストリアのウィーン大学です。アメリカではホープ大学、バッファロー大学、そしてミシガン州立大学です。私のアメリカやヨーロッパでの学生時代を振り返りますと、そこでは女性の教授陣を含め、全般的に

どの教授も協力的でした。このような教授陣のポジティブな対応が私の教育観を形成しました。その結果、学生（男女とも）の潜在能力を引き出し、国際市民になるような教育をする大学教授になる道を選択しました。

　これまで述べましたように、女性が自分たちの大志を具現化したり、専門分野を広めたりするには、周囲からのポジティブな激励と支援が必要となります。視野を広げ、男女に色々なチャンスが平等に与えられるなら、男女共々その恩恵を得ることができるようになります。21世紀の沖縄・日本、その他の地域においては、チームワークや相互支援が必要となります。共に働き、女性を解放するということは、彼女たちの潜在能力を引き出すこととなり、どの人々にとっても有益なものとなります。このような挑戦を受け入れることが大切ではないでしょうか。

Ⅱ．職業とその関連事業（事例）

　職歴としては、国内外で招聘教授として学部学生、大学院生（博士課程）や研修に参加している教員のために教鞭を執りました。アメリカ国内では、ミシガン州立大学、ナイアガラ大学、ナイアガラ郡コミュニティーカレッジがあり、国外では沖縄の琉球大学、名桜大学、台湾のカオシン（高尾）医科大学、香港の複数の大学、フィリピンの複数の大学と国防省に属する教員グループ、インドネシアの複数の大学で働きました。これらの殆どの大学で、英語教育プログラムを開設、学生一人一人が自ら学習することのできる自主学習（及び個別指導）センターの開設を手がけました。

Ⅲ．沖縄での教育と学生観察

　米国での1971年以来の教育経験と、日本での1979年以来の教育経験を比較してわかったものがあります。1979年―1983年には、琉球大学で、外国人初のヴィジティング　プロフェッサーとして教壇に立ちました。そして1993年には名桜大学創立及び英語科設立のためのスタッフとして働き、

2014年まで名桜大学英語科の教授として教鞭をとりました。

　米国において女子大学生は、勉学に最大限の努力をし、しばしば、男子学生をしのぐ成績をおさめていました。このことは、女性が重要な役割を担い、国際社会や自国での役割分担が増していく兆しとなりました。しかし、残念なことに、沖縄の女子学生の現状は、社会の慣習に押され、モチベーションが低いのです。それにも関わらず、何かが変わり始めています。私が大学で指導した大多数の女子学生は、大学院や医学部に進学しています。この事例からして「未来は、明るい。」と言えます。

アメリカに於ける女性解放の主な足跡

1920　婦人参政権獲得。女子教育と雇用は変化なし。

1923　公民権修正条項が初めて提案された。数十年批准されなかった。

1935　マーガレット　ミード(アメリカの有名な人類学者)の言葉：女性は「個人としてというよりも女性として成功をおさめるか、または、女性としてというよりも個人として成功をおさめる」かである。

1941　第二次世界大戦中、女性の36％（15％は既婚）が仕事に駆り出された。給料は男性に比べ、はるかに少なかった。1945年には80％の女性が、仕事の継続を望んだが、それは帰還兵にあてがわれた。

1960　法学部と医学部への女子進学率は、僅か8％弱であった。

1964　性差別、人種差別を違法とする公民権法案が制定。

1970　70％以上の女性（既婚者を含む）が雇用された。国勢調査上、リストには420種類ある職業の内、女性にはわずか20種類の職業しか列挙されていなかった。事務職、サービス業等。専門職でも女性の収入は、男性の73％であった。

1980　法学部、医学部、商学部の学生の40％は女子学生である。女性弁護士と裁判官は、1970年代には5％であったが、1980年代には15％となった。女性の博士号保持者は1970年代に比べ、3倍増えた。女性の管理職は1970年代には18％であったが、1980年代には、31％となった。女性の建築家は4％から8％へと倍増した。

1990　あらゆる分野で女性の占める数値が増加している。アメリカの女性

の就業率が80％になる計画が出された。その内容は、女性専用職業であった。性差別低賃金、性差別昇給が現存した。雇用女性の25％が貧困レベルよりも安く、「世帯主」（未婚者、離婚者、寡婦など。）とみなされた。

2000　アメリカ合衆国大統領選挙に女性初の候補者（ヒラリー　ロハム　クリントン）が出た。初めての女性法務長官コンドレザ　L．ライスが誕生。

2004　ミシガン州立大学初の女性学長ロー　アンナ　キムジー　サイモン（教育行政学）が誕生し、現在も学長職にある。

2008　アメリカ合衆国国務長官に初めて女性のヒラリー　ロハム　クリントンが就任した。

2016　今日、アメリカでは、女性の博士号保持者数は、男性よりも多い。また、大学の職員数では、女性が男性より多い。法学部、医学部、商学部においては、50％が女子学生である。しかしながら、中央や地方の、行政に勤める職員やあらゆる職種の管理職には、いまだに男性がその地位を占めている。それに対し女性が占める比率は、僅か15％である。専門家は、アメリカの女性が完全なる平等を獲得するには、2085年まで待たねばならないと言っている。

参考文献

Epstein, Cynthia. "The Women's Movement and the Women's Pages." Hearth and Home: Images of Women in the Mass Media. (Pp. 216-221). New York: Oxford University Press, 1978.

Findling, John E. and Thackeray, Frank W. (Editors). Events That Changed America in the Twentieth Century. Westport, Connecticut and London: Greenwood Press, 1996.

Urdang, Laurence (Editor). The Timetable of American History. New York: Simon &Schuster, 1984 and 1996.

Women in the World Today; Global Women's Issues. Washington, D.C.: Department of State Bureau of International Information Programs, 1995.

（研究論集　創刊号　改稿）

女性と憲法

佐久川　政一

要　旨

　2005年の今年は、戦後60年、そして日本国憲法施行58年目に当たる。
　この憲法の制定により日本の女性は、それまで男性にしか認められなかった法的権利を一挙に手にした。
　しかし、憲法の定める「男女平等」の実現はまだまだほど遠いように思われる。今年5月16日、スイスで開催された「ダボス会議」の発表によれば、差別の多い順で日本は58カ国中28位である。政治参加のみについていえば54位でかなり低位置である。また職場における女性の差別もなかなか改善されない。家庭内暴力、セクシャル・ハラスメントも多発している状況である。それは何故かを考えることが重要である。

はじめに

　2005年の今年は、戦後60年、そして日本国憲法施行58年目に当たる。この憲法の制定により日本の女性は、それまで男性にしか認められなかった法的権利を一挙に手にしたのである。
　憲法14条は、「性別によって政治的、経済的、社会的関係によって差別されない」と定め、さらに憲法24条には、「家族関係における個人の尊厳と両性の平等」について規定し、それに立脚して、配偶者の選択、財産権、相続、

婚姻、離婚等々家族に関する法律を制定しなければならないと定めている。
　実際、この憲法の原則に基づいて、選挙法をはじめ民法、刑法など多くの法令から女性差別の条文が改廃された。憲法が国家の根本法であり、最高法規であってみれば、その憲法に反する法令は無効であるから当然といえば当然である。
　更に、近年の人権の国際化が国連を中心に加速度的に推進され、女性の地位向上、男女の共同参画社会形成も国際規模で取り組まれるに至った。日本もこれに呼応して、1999年には「男女共同参画基本法」を制定した。その立法の趣旨は「男女が、社会の構成員として、自らの意思によって社会のあらゆる分野における活動に参画する機会が確保され、もって男女が均等に政治的、経済的、社会的及び文化的利益を享受することができ、かつ、共に責任を担うべき社会」の実現にあるとしている。
　男女平等という憲法の基本原則、諸法令による性による差別の禁止、国連を中心に世界的になされている行動計画等からすれば、日本の女性の地位は相当程度前進していなければならない筈である。しかし、現実にはそうではないのである。「男は外で働き、女は内で家事、育児」という構図は消えていない。更に、女性の外での活動の場は狭められており、職場における雇用、賃金、昇給、昇進等においても男女間格差は歴然として存在しているというのが実態である。ことほどさように、私は最近の新聞報道に接して驚きを禁じ得なかったことがある。世界の政財界のトップクラスの集まるスイスの「ダボス会議」で、58カ国を対象に男女差別の度合いを指数化した初の順位を発表し、差別が少ない順で、日本は38位だったというのである。日本で良いと評価されたのは生命の安全や保険衛生の分野の3位で上位にあるものの、政治参加は54位、仕事の機会や待遇の面で52位とかなり低くなっている。女性に対する差別が少ない社会づくりはまだまだの感を禁じ得ない次第である。この報道の中で、北欧の5ヶ国が5位まで独占し、反面、中国は33位、韓国が54位で東アジアが大きく後れをとっている実態を裏付けていることが分かる。
　では、どうすれば女性の地位向上、男女共同参画社会の実現ができるのか。

思いつくままに述べると、「男は外、女は内」という固定観念は、人為的に作られたジェンダー（性差）以外の何ものでもない、ということを女性のみでなく男性も認識すべきではないか。卑近な例えで申し訳ないが、私自身は台所に立つことに何らの抵抗を感じたことはない。東京で7年、ニューヨークで2年、現在の山荘での10年の自炊生活に苦痛を感じないばかりか、楽しみでさえある。時折、学生や卒業生、気の合う同志との合宿は命の洗濯とさえ思えるほどである。要するに男女の「役割分担」について、生物的な性差以外は固定的なものとして扱うべきではない。極端に云えば、子供を生む以外の仕事は男女共通の領域であることの認識が必要である。そのような意味で、女性側の意識の改革と同時に男性側の意識の改革がもっと求められよう。

ところで、日本で女性の地位向上が停滞しているのは、中世の武家社会にその遠因が存すると思われるが、近くは明治以後の天皇中心の国家体制の下、「家」制度という家夫長制度が厳然と存在し、その中では「男尊女卑」の観念が当然の如く貫かれていたのである。「家」は永遠に維持すべきもので、そのためには困窮すれば娘を売り飛ばすことも有り得ることであった。

ともあれ、そのような社会の在り方にした大きな要因は「大日本帝国憲法」すなわち明治憲法にあることは当然である。幕藩体制にピリオドを打ち、王政復古をなし遂げて天皇中心の近代国家として再出現した明治国家である。明治22年には憲法も制定され、東洋では最初の近代国家となったのにもかかわらず、当時の後進国でしかなかったドイツのプロイセン憲法を参考にしたため、近代的な人権思想を欠き、男女平等規定も存しないものでしかなかった。

1　明治憲法下の女性地位（男女差別の法制度）

私は最近、沖縄大学を定年退職し、琉球大学、沖縄県立看護大学、沖縄大学で法学や憲法などの非常勤講師を勤めているが、人権の講義の冒頭で必ずと云っていいほど「ベアテ・シロタ・ゴードン女史」を取り上げることにし

ている。彼女は戦後、GHQのマッカーサー司令部の民政局で日本国憲法のマッカーサー草案づくりに携わった人である。当時、22歳のうら若い女性であった。ウィーン生まれの彼女は、5歳の時にピアニストの父（東京音楽学校に赴任）とともに来日、15歳の時に米国留学し、卒業後、1945年に再来日してGHQに勤め、憲法草案の人権条項を担当し、女性の人権を明記することに尽力した。

　幼い頃から、日本の女性たちの人間扱いされない実態をつぶさに見聞していた彼女は、日本の女性が幸せになるには何が一番大事かを考えたという。彼女の自伝『1945年クリスマス』の153頁の一部を引用しよう。

　　赤ん坊を背負った女性、男性の後をうつむき加減に歩く女性、親の決めた相手と渋々お見合いをさせられる娘さんの姿が、次々と浮かんで消えた。子供が生まれないというだけで離婚される日本女性……　法律的に財産権のない日本女性、「女子供」とまとめて呼ばれ、子供と成人男子との中間の存在でしかない日本女性。これをなんとかしなければならない。女性の権利をはっきり書かなければならない。

　明治憲法には現行憲法のような平等条項は無かった。明治憲法にただ一つあった19条の平等規定は、「臣民は法令の定める資格に応じ文武官に任ぜられる」とあり、それが全てである。要するにこれの意味するところは、身分の低い者、貧しい者でも努力して資格をとれば公務員や軍人になれるということであり、就職の機会の均等を形式的に定めたに過ぎない。

　憲法に男女平等の原則がないから、民法、刑法、選挙法では女性の差別が公然と規定されたのである。

　先ず、女性の参政権であるが、日本の女性は戦前、投票所へ足を運んだことはなかった。婦人参政権については、新憲法制定前に実現したことの一事だけで、占領軍は「解放軍」の役割と実績を示したと云えよう。

　GHQは、1945年11月11日、「婦人の解放と参政権の授与」の指令を日本政府に提示しているのである。

民主化政策の一環として女性参政権が実現したのだ。そして、1946年4月10日、日本の女性は、史上初めて投票所へ足を運んだのである。この選挙で、女性衆議員が39名も誕生したのだから驚きである。
　日本では1923年頃から、婦人参政同盟がつくられ、議会にも婦人参政権が提案されるなど「婦選運動」が展開されたが敗戦まで効を奏せずに終わった。
　ところがである。日本の場合、2001年3月現在、女性の衆議員に占める割合は、わずか7.3％で、世界の178ヶ国中85番目という低位置に甘んじているのである。この場合でも上位4位までは北欧である。因みに、イギリスは33位で18.4％、アメリカは56位で14.0％となっている。
　今は削除された旧刑法183条は「有夫の婦姦通をしたる時は2年以下の懲役に処す。其の相姦したる者亦同じ」とあり、有夫の婦すなわち人妻のことで、不倫をしたら処罰されるというのである。男性は既婚者であっても、相手が人妻でなく独身女性であれば何らお咎めなしであった。有島武郎が婦人公論の記者波多野秋子と軽井沢の有島邸で心中した事件は有名な話である。作家と記者がたった一夜を共にしたことで、秋子の夫春房が怒り、有島に対して「妻を一万円で買え。さもなくば姦通罪で告訴する。」と強要され、二人は心中を選択したのである。姦通罪は昭和22年に削除され現在は存在しない。
　民法の旧規定には、独特な「家」の制度が存在していた。「戸主」は家族の居所を指定し、婚姻や養子縁組の同意権をもつ特別の地位が与えられ、長子の単独相続による「家督相続」制度があり、男子は女子に対して優越的地位が保障されていた。また、妻の財産は夫が管理するという規定、妻が法律行為（契約など）をするには夫の許可を受けなければならないなど、妻の行為能力を認めてなかった。したがって、例えば妻が自分の財産を他人に売ろうとしても夫の許可がなければ売れないということになる。妻は未成年と同じく半人前扱いであったのだ。
　以上述べたような女性の無権利の実態にベアテさんは心を痛めていたので、是非とも男女の平等を憲法に詳細に明記すべきだと考えた。したがってベアテ草案には法律で規定すべき事項も含まれて非常に長文になっているの

が特徴である。彼女の情熱と努力は憲法24条として日本女性の解放の象徴として永遠に光輝くものとなろう。

　勿論、これで全てが解決済みというわけではない。夫婦別性、6カ月の待婚期間の問題等、法的に検討しなければならない問題も多々残されている。

　更に、女性地位向上の確立をめざして国連を中心に種々の国際的取り組みが展開されてきている。その中で、1979年に国連が採択した「女性差別撤廃条約」は金字塔とも称すべきものであろう。

　ただ注意すべきは、憲法や法令、条約など法の整備をすればそれで良しという訳にはいかないことである。

　社会の実態は、目に見えない様々な差別が包蔵されていると思わなければならない。内閣府の調査によれば、女性の5人に1人は家庭内暴力などに遭遇しているとのことである。また、セクシャル・ハラスメントは、大学教授の研究室でも多発しているといわれているが、これらの問題を含めて考えてみることが必要で有意義なことではなかろうか。

2　国際的取組みによる女性の地位向上

　女性の地位向上の確立をめざして、1970年時代から国連を中心に国際的な取組が展開されてきた。すなわち、国連憲章や世界人権宣言は男女の権利の平等を宣言し、国際人権規約では締約国に対し、全ての権利の享有について男女に平等の権利を確保する義務を負わしめている。また、1975年を国際女性年と設定し1985年までを「国際女性の10年」と定め、女性の地位向上を国際規模で取組むようにした。その一環として世界各地で国際会議を開催し、その成果として「行動計画」などが採択された。そのような国際的規模の取組の中で、金字塔とも称すべきものは、国連が1979年に採択した「女子差別撤廃条約」であろう。日本は同条約を1980年に署名したが、その条約の内容に合わせて国内法を整備するのに手間取り、1985年にようやく批准を済ませ、効力を生じさせた」のである。この条約の目的は、国連憲章や国際人権規約が存在するにもかかわらず、なお、世界各地に女性差別が根強

く存在することに鑑み、締約国に対し、政治的活動、教育、雇用、家庭などにおける差別について、その撤廃のための適当な措置をとることを義務づけていることである。日本は、この条約の内容に合わせて、国籍法の改正、男女雇用機会均等法の制定、家庭科教育に関する学習指導要領の改正などを敢行した。

　更に特筆すべきことは、1975年の「国際婦人年」に開催された第1回世界女性会議をきっかけに4回も開催され、様々な活動がなされてきたが、日本も積極的にこれらの活動に参加し、これらの会議の議論や採択事項に対応した形で「男女共同参画」を推進する態勢ができた。1999年には「男女共同参画社会基本法」が公布・施行され、内閣府に男女共同参画会議や参画局なども設置された。その具体的取組みについては、割愛した。

引用及び参考文献
1）　平成16年版『男女共同参画白書』、内閣府、平成16年度
2）　ベアテ・シロタ・ゴードン著、『1945年のクリスマス』、柏書房、1995
3）　金城清子著、『ジェンダーの法律学』、有斐閣、2002

戦後60年・沖縄の大学教育をふりかえる

新崎　盛暉

要　旨

　大学は、時代背景と、それに規定された社会的特質を反映しながら設立され、発展してきた。戦後沖縄の大学教育も、米軍政や沖縄返還という時代的背景とともに変遷を重ねてきた。しかし、沖縄の大学は、時代の流れに抗いつつ、設立者の意思をも越える形で大学のあり方を変え、新しい時代の担い手たちも生み出してきた。また新しい大学のあり方を社会に示してもきた。

　大学は、大学が存在する社会から一定の評価をえることができて初めて存在しうる。沖縄の大学は、沖縄という独自性をもつ地域に存在するということを常に自覚しておくべきであろう。

はじめに

　沖縄大学では、今（2005）学年度から、「沖縄大学論─沖縄大学の歴史と社会的役割」という科目を開講している。私はそのコーディネーター役を引き受けている。もともと、私は、研究者とか大学教授になるつもりはなかった。その私が、なぜ30年以上も大学とかかわり、学長や理事長までやった挙句、大学論まで担当するにいたったのか。一言でいえば、沖縄大学の苦難に満ちた歴史が、沖縄社会それ自体の、自らのあり方を求める模索の歴史と重なり合うことを実感したからである。そこで感じたこと、考えたことなど、いわ

ば体験的大学論を沖縄社会の独自性と絡めて述べてみたい。

1 戦後沖縄の大学設立運動と琉球大学

(1) 民衆の大学設立運動と米軍指令による琉球大学の設立

　周知のように、戦前の沖縄には、高等教育機関はなかった。教員養成のための師範学校と、中等教育機関としてのいくつかの県立や私立の中学校、高等女学校があるのみであった。県議会が、国立の水産高等専門学校の設立を政府に要望したこともあったが、叶えられなかった。そして沖縄戦。

　すべてが灰燼に帰した中から、戦後の教育活動が開始され、即製の教員養成機関としての文教学校（1946年1月）や占領者との意思疎通のための翻訳官や通訳官の養成も兼ねた外国語学校（1946年9月）などが設立された。戦前であれば、経済的事情さえ許せば、県外の旧制高校や大学への進学の道が開かれていたが、戦後の米軍による分離支配政策の下では、若者が大学で学ぶ機会は、ほとんど与えられていなかった、こうした状況の中で、沖縄に大学を作ろうという運動が始まる。

　1947年10月10日付の「うるま新報」は、一面トップに、「ハワイ同胞の郷土愛　沖縄大学を創設　明春より給費留学生も計画」という記事を掲げている。琉球新報の前身である「うるま新報」自体が、週1回発行のタブロイド版の新聞であった時代である。1947年から1949年にかけては、地元沖縄でも、高等学校の生徒や文教学校、外国語学校の生徒たちによる大学設立運動が展開された。こうした動きに押されるように、支配者である米軍も、大学設立に乗り出さざるをえなくなり、1949年10月、米軍指令第22号「琉球の教育制度」によって、米軍政府情報教育部の所管として琉球大学が設立されることになった。文教学校や外国語学校は、琉球大学に吸収されることになった。

　米軍政府が米民政府に名称変更されると、琉球大学も、民政府布令によって位置づけがなされ、民政府の監督下におかれた琉球大学理事会が、大学の管理運営にあたることになった。1966年8月、琉球大学設置法と琉球大学

管理法が民立法化され、1967年7月から、琉球大学は、琉球政府立となった。大学の管理運営は立法院の同意を得た学識経験者5名、中央教育委員会委員1名、琉球政府文教局長より構成される琉球大学委員会にゆだねられることになった。

（2）大学は変化する

　1950年5月、琉球大学は、6学部、44人の教職員、1・2年次562人の学生によって、戦火で破壊された首里城跡で発足した。では、大学を作った米軍（政府）の意図はどこにあったのか。少なくともその第1義的目的は、軍事的植民地支配に必要な人材育成にあった。

　大学設立以前、米軍政府は、2つの人材育成手段を講じていた。後に、米留・日留という言葉で定着する留学制度である。

　1949年に発足した米国留学制度は、米（軍）民政府によって募集・選考された学生を、アメリカの大学（あるいは大学院）に配属し、米陸軍省の賃金から奨学金を支給するというものである。琉球大学設立以後も継続され、沖縄の日本返還が決まって、1970年を最後に打ち切られたが、約1000人がこの制度を利用し、米軍支配下の沖縄社会のエリート層を形成した。

　いわゆる日留も、1949年、沖縄では養成できない分野の学生を本土大学に派遣する契約学生制度として発足した。卒業後は沖縄に帰ることを義務づけ、学費や生活費を米側が支給し、本土での学生の配属等は、文部省と沖縄県学徒援護会が責任を持った。この制度は、1952年6月に打ち切られたが、1953年4月から、国費・自費学生制度に引き継がれた。特別の選抜試験に合格すれば、国立大学の枠外定員（定員50人で出発したが、170人まで拡大された。）として入学が許可され、学費も支給されるというのが国費で、1955年から、学費支援のない自費が加わった。この制度は、とくに医師、歯科医師の養成に重点が置かれていた。

　いずれにせよ、留学制度が対象とし得る人数は限られており、日本から分離され、米軍支配下に置かれた閉じられた社会を支える中堅層を育成するためには、大学の設立が支配者である米軍にとっても、必要不可欠だったので

ある。

　設置者の意図は、大学の学部学科構成や、学生の活動に対する規制となって表面化する。既に開学も決まって学生募集も始めた段階で、日本文学科の設立を認めなかったとか、後に琉大事件と呼ばれるようになる2度にわたる学生処分がそれである。

（2）第1次・第2次琉大事件

　既に述べたように、大学は、それが存立する社会、より厳密に言えば、その社会の支配者の意思を色濃く反映する形で設立される。米軍政下の沖縄で、米軍政府の政策的意図によって設立された琉球大学もその例外ではない。だが、大学は一度設立されてしまうと、設置者の意図を超えて変質し、社会的変革を目指すような人材をもその中から生み出していく。1953年に起きた第1次琉大事件、1956年の第2次琉大事件がそのことを象徴的に示している。

　第1次琉大事件は、灯火管制下の寮でランプを灯したとか、許可なく原爆展を行ったとかいう理由で4人の学生が停学処分を受け、その不当性をメーデー会場で訴えたところ、その報復処置として退学処分を受けたというものである。

　第2次琉大事件は、島ぐるみ闘争下の沖縄で、学生のデモを指揮していたリーダーが、「ヤンキーゴーホーム」と叫んだとして謹慎処分を受け、処分が軽すぎるという米民政府のクレームによって大学理事会が処分をやり直し、数名の学生を退学処分にしたという出来事である。

　いずれも大学当局にとっては屈辱的事件だが、こうした学生の登場は誇るべきであり、それはまた、大学の本質的性格を表現するものであった。また、これら学生に対しては、学内外からの支持もあった。第1次琉大事件の際、メーデーの議長団は、処分学生に同行して、大学に処分撤回を申し入れているし、第2次琉大事件の際には、学生を処分した側が、処分学生の（本土）他大学への編入に努力している。

　米軍支配下という悪条件の下ではあれ、社会が若いと、学生も元気だ、と

いうことであろう。大学当局は、いまからでも、これらの学生処分の妥当性を検証し、彼らの名誉回復を図るべきではあるまいか。

2　沖縄大学の設立とその社会的背景

（1）私立大学の設立を促す社会的背景

　大学のみならず、一般に「学校」は、その設置者によって、国立、公立、私立に大別される。日本の大学に関して言えば、その数、割合が最も多いのは私立大学である。

　私立大学は、その時代の社会的有力者や団体（教会など）によって、一定の理念（これを「建学の精神」などと呼び習わしている）の下に設立される。日本で言えば、福澤諭吉や大隈重信の名前と結びつく慶応や早稲田が代表的である。ただし、建前上の「建学の精神」と大学の実態が著しく乖離している場合も少なくはない。

　しかし、いずれにせよ、私立大学設立の背景には、高等教育を受けた若者を必要とする社会、大学教育を求める若者の増大、そしてそれを可能にする社会的経済水準の上昇がある。

　戦後沖縄で最初に設立された私立大学は、1958年設立の沖縄短期大学である。同じころ、沖縄キリスト教短期大学が設立された。前者の創設者は、経済人の嘉数昇氏。後者は、その名からもわかるように、宗教団体が支持基盤であった。1961年、沖縄短期大学は、四年制の沖縄大学になる。

　1960年代は、日本の高度成長期に当たり、大学進学率も上昇し、次々と私立大学が設立された。経済的にも、大学経営が容易な時代になったのである。地上戦ですべてを破壊され、しかも米軍政下にあった沖縄は、本土に比べれば遥かに社会的経済水準も低かったが、戦後10年も経つと、勉学の機会を奪われていた人びとの大学進学意欲は高まり、米留・国費・自費・琉大だけでは、その進学意欲に対応できなくなっていたのである。設立された沖縄大学は、施設設備は貧弱だったが、２部の中高年社会人学生を含めて活況を呈した。引き続き1959年には、コザ市に、琉球国際短期大学が設立され、

1962年、四年制の国際大学となった。

(2) 内部改革としての民主化闘争と自主管理

那覇市に設立された沖縄大学は、大学進学熱の高まりに応えたという意味では大きな社会的役割を果たしたが、その運営には、大学財政の公私混淆・大学自治を否定するような組織運営など、様々な問題を超えていた。1960年代を通して、沖縄大学は、紛争大学としての異名をとることになった。見方を変えれば、学園民主化という課題を抱えていた。

民主化闘争は、当初、教職員組合あるいは教授会と理事会側の対立を基本構図としていたが、やがて、学生を巻き込んだ自主管理闘争へと発展する。つまり、大学を、大学設置主体である学校法人から切り離し、教職員と学生によって組織される全学協議会が自主管理する。例えば、授業料は、教学維持費として全学協議会が自主管理し、教職員の人件費をはじめ、大学運営に必要な経費をそこから支出する。

考えてみれば、自主管理は、もっともプリミティブな、ある意味では理想的な教育機関運営の形態であった。だが、それは、日本の制度、そして、日本の諸制度をモデルにしながら諸制度の整備を進めていた米軍政下の沖縄の制度とも相容れないものであった。例えば、教学維持費の自主管理は、公金横領と見做され、警察権力等公権力の介入を招くことにもなった。かくして自主管理闘争は、試行錯誤の過程で、自らが到達した地平をほとんど確認することもないまま実質的には理事会権限の大幅な教授会移行というかたちで終わった。

3 沖縄返還と大学政策の問題点

(1) 沖縄返還とは大学にとって何であったのか

自主管理闘争が終焉を迎えつつあった頃、沖縄には、沖縄返還（日本復帰）という世替わりが近づいてきていた。沖縄返還は、ある意味で、米軍政下の沖縄の制度や基準を日本に合わせることであった。例えば、米軍政下の沖縄

における通貨、米ドルを、変動相場制の下で、日本円いくらに換算・交換するかは、社会的大問題であった。また、裁判官、検事、弁護士等の資格も、日本のそれと、米軍政下の沖縄では（戦前に日本の資格を得ていた少数を除けば）異なっていた。大学に関していえば、日本の「大学設置基準」を充足している大学は、1つもなかった。

そこで、日本政府は、琉球政府立の琉球大学は国立大学として設置甚準を充足させ、2つある私立大学、沖縄大学と国際大学を統合し、10億円の補助金や特別融資によって設置基準を充足させるという考え方を打ち出した。

沖縄大学は、最初に設立され、那覇に位置するという立地条件もあって、紛争大学と呼ばれながらも、財政的に逼迫するような状況にはなかったが、後発の国際大学は、立地条件の差もあってか、財政状況も悪く、教職員の給与支給にも事欠く状況にあったという。そこから、沖縄に2つの私大は成り立たないということを前提にした私大統合案が生まれる。というよりも、私大統合案は、国際大学側が、大浜信泉元早大総長のところへ持ち込み、それが大浜私案となって、政府の後ろ盾を得たようだ。

いずれにせよ、沖縄大学にとって、私大統合案は、積極的に賛同できるようなものではなかった。しかし、お上の威光と、多額の補助金の魅力もあってしぶしぶこれを同意し、理事長は、統合大学（沖縄国際大学）の創設理事に名を連ねる。結局沖縄の大学人にとって、復帰とは、政府の財政的支援を得て、大学としての体裁を日本（本土）並みのレベルに引き上げることであった。

だが、内発的条件が成熟しないまま推し進められた統合交渉は難航、ついに沖縄大学の教授会は、統合賛成派と自主存続派に、真っ二つに分裂した。かつて自主管理闘争の一翼を担った学生自治会は、もともと権力による私大統合政策に真っ向から反対していた。事務職労も、自主存続の路線を選択した。同窓会も、自主存続支持派が主導権を握った。こうして、全国的には、"大学解体"が叫ばれる時代的状況の中で、沖縄大学存続闘争がスタートした。沖縄大学は、私大統合を前提に、沖縄大学と国際大学の廃校を命ずる政令は、憲法違反であるとして、文部省を相手に、東京地裁に訴訟を提起した。

（2）自主存続の理念と統合の論理

　「建学の精神が異なる私大を、設置基準を満たしていないというだけの理由で、統廃合を指示するのはおかしい」という存続闘争の主張は、それなりに単純明快であった。したがって、世論（ジャーナリズムや沖教組等）も、これを支持した。

　これに対して、「政府の財政的支援を得て、設置基準を充足したよりよい大学を造る」という統合支持の主張は、いかにも政府依存の他力本願的発想で説得力を欠いていた。したがって、統合派は、「沖縄大学（理事会）も一度は統合に賛成し、創立者である理事長も、統合大学である沖縄国際大学の設立理事になっている」という形式論理によって自らを正統化しがちであった。

　自主存続派は、沖縄国際大学の設立を否定するわけではなく、また、沖大の教職員がこれに参加するのも自由であり、存続闘争の矛先は文部省や政令に向けられていたのだが、統合派は、政府の財政支援を得るために、沖縄大学と国際大学が統合して沖縄国際大学になったという建前に固執せざるを得なかった。

　ここで、この問題を考えるために、1つの参考資料を紹介しておきたい。復帰当時、キリスト教短期大学の学長だった平良修の「沖縄の施政権返還と沖縄キリスト教短大」と題する文章である。その中で平良修は次のように言っている。

　　戦前の沖縄には大学は皆無であった。沖縄の大学はすべて、日本政府が無責任にも沖縄を放棄した後、廃墟の中から沖縄人の血と汗によって建てられ養われてきた沖縄の宝である。それを沖縄のあずかり知らない法律や国策に左右させてはならない。日本政府が認可するなどということ自体おこがましい態度なのであって、この際、日本政府は琉球政府の認可を尊重して、その事実をそのまま引き継ぐことができるにすぎない。それを基準に達しなければ公認しないかもしれないなどと脅迫めいた

ことを言うなど、もってのほかである。沖縄の私大のレベルが低いという前に、誰が沖縄をそういうレベルにおとしいれたのかを知らねばならない。私大に限らず、沖縄があらゆる領域においてヤマトに格差をつけられているのは、沖縄差別国策の当然の結果であって、その責めをまず日本政府みずからが負わずして沖縄に帰すのは、あまりにも不当なことではないのか。

　日本政府が沖縄の私大に対してなすべきことはただ1つ。惜しみない助成によって設置基準の要求するところを十二分に充足させることだけである。それ以外に何がありえようか。沖縄の私大は日本政府の憐れみを請うのではなく、自らの権利こそ主張すべきである。

　復帰当時、沖縄キリスト教短大は、日本の短大の設置基準を60％しか充足していないといわれたが、（キリスト教団体の支援を期待できたとはいえ）そのまま存続が認められた。政府も、短大の基準を満たしていないから、各種学校にせよ、とはいえなかったのである。その意味でも、日本の基準を絶対視し、2つの私大を統合して補助金を、という政策に乗ったのは（あるいはそれを持ち込んだのは）、現在に至る復帰後沖縄の1つの病弊ともいえる他力本願的物乞い政治のはしりとさえいえるかもしれない。

（3）存続闘争の結末

　既に述べたように、沖縄大学と国際大学は、政令によって、復帰時点の在学生が卒業した段階で、廃校になることとされていた。沖縄大学存続派は、この方針の取り消しを求めて文部省に座り込んだり、世論に訴えたりする一方（私はこのとき東京で立ち上げられた沖大存続闘争を支援する会の一員であった）、1973年度の学生募集を強行した。学生たちも、後輩である高校生に沖大入学を呼びかけた。在学生が新人生を募集したというのも、前代未聞の事例といえよう。しかし、大学当局に、存続闘争の将来展望があったわけではない。

　東京地裁は、長期にわたる裁判に大学側が耐えられるかを問い、暗に、文

部省との妥協を示唆した。政府もまた、通貨切り替えや米軍基地問題、自衛隊配備などで紛糾している沖縄での紛争の種をできるだけ少なくしたかったのは間違いあるまい。結局大学当局は、大学設置基準に合わせて教授陣を補強し、学部学科や入学定員など、大学の規模を大幅に縮小し、文部省に認可申請をするという道を選んだ。

　こうして沖縄大学は、旧大学の敷地・校舎・設備・学生を引継ぎ、いわば木に竹を接ぐようなかたちで、復帰後初の日本政府に認可された私大として存続を果すことになった。

4　新生沖縄大学の試み

(1) 何のための自主存続か

　沖縄大学は、いわば満身創痍の形で存続した。だがその前途は多難であった。大学設置基準は、大学規模の大きな大学ほど有利になる（経営的に有利になる）ように設定されている。靴に足を合わせるようにして規模を縮小した沖縄大学は、経営的に見れば、存立の限界点にあった（おまけに、当時の沖縄の私大の授業料は、国立大学より安かった）。

　そして、沖縄大学は、その限界点にある入学定員を確保することにも苦労していた。「建学の精神を異にする2つの私大を、外部からの圧力で統合することは不当だ」という自主存続派の主張はわかりやすく、明快であり、世論の支持や共感は得やすかったが、実際問題として、事実上の国立民営大学として政府の後ろ盾を得た統合大学と、一度は政府に反旗を翻し、その後妥協と和解によって権力に公認されたものの、その将来が不安定なミニ大学が同一地平で競合関係に立ったとき、進学希望者あるいは進路指導の高校教員が、いずれを選択するかは明らかであった。抽象的な建前論ではなく、具体的な「建学の精神」の内実が問われたのである。

　存続大学に生き残る道が残されているとすれば、それは、大学存続の社会的意義（それこそが「建学の精神」でなければならなかった）を明確にし、それに甚づく教育実践を社会にアピールする以外にはない。だが、当時の大

学執行部は、これと逆の道を選んだ。学生が集まらないのは、キャンパスの貧弱さにあると捉え、那覇市内の敷地を売却し、豊見城村に移転しようとして失敗した。どん底の沖縄大学を立ち直らせたリーダーが、安良城盛昭理事長・学長であった。

（2）地域的特性を生かした大学創り

　1978年9月、沖縄大学は、「地域に根ざし、地域に学び、地域と共に生きる（当初は「地域に奉仕する」と言った）開かれた大学」を存立の理念とし、大学再建に乗り出した。新生沖縄大学の出発である。その教育実践のいくつかを拾い上げれば、次のようなものがある。

　　ア）学んだ知識より学ぶ意欲を重視する入試改革
　　イ）沖縄の地域的独自性を相対化する視点を培うことを目的とした派遣学生制度（単位互換・交換学生制度）
　　ウ）徹底した就職指導
　　エ）土曜教養講座、移動市民大学、夏季セミナー等の全面展開

などである。
　それぞれについて詳しく説明する余裕はないが、例えば、マンネリ化したペーパーテスト重視に変えて、課題図書を題材にした面接重視の入試は、近年のAO入試の先駆けともいえた。また、当時から大学設置基準では、大学卒業に必要な単位のうち約4分の1の32単位までを他大学で修得することができるとしていたが、この制度を積極的に活用したのは、沖縄大学が全国で初めてである。沖縄で生まれ育った沖縄大学の学生を、一年間本土の大学に派遣し、歴史的文化的風土の異なる地域の大学で生活させながら、必要な単位も取得させるというのがその趣旨であった。
　ここに挙げたさまざまな教育実践は、一定の社会的認知を得、約10年を経て、沖縄大学は、特色ある大学のひとつとして再建された。教職員給与等も、他大学並みに回復した。

先にあげたいくつかの教育実践は、全国初の試みをはじめ、先駆的なものが多かった。しかし、その成功はいち早く他大学も取り入れることになる。現在、上記の試みは、名称や形式は異なっても、多くの大学で試みられている事柄である。その限りにおいて沖縄大学の先駆性は失われ、新たな展開が必要とされてきているのである。

5　時代の変化と大学の変質

（1）少子化と生涯教育

　大学は、時代的背景と、それに規定された社会的特質を反映しながら設立され、発展してきた。戦後沖縄の大学教育も、米軍政や沖縄返還という時代的背景とともに変遷を重ねてきた。しかし、それはただ、時代の流れに順応してきたというだけではない。時代の流れに抗いつつ、大学教育のあり方を社会に開示し、アピールしてもきたし、新しい時代の担い手たちも生み出してきた。

　今、大学教育を語る際のキーワードは、少子化と生涯教育である。2007年には、大学全入時代がやってくるという。全国の大学の入学定員の総数と、大学進学希望者の総数が一致するのだという。既に、私大の3分の1は、定員割れの状態にあり、大学経営が困難になった大学が生じてきている。理念なき大学統廃合が、30年遅れで全国的話題となり、政府の施策にもなろうとしている。

　一方、高齢社会は、生涯教育の場としての大学を、あらためてクローズアップしている。新生沖縄大学が、1980年代から、土曜教養講座、移動市民大学、夏季セミナー等として、先鞭をつけてきた分野である。勤労学生対象の学部2部（夜間部）は、社会人を主とする対象とする大学院に、その場を譲ろうとしている。

（2）これからの社会はどうなるか

　大学は、大学の存在する社会から一定の評価を得ることができて初めて存

在し得る。沖縄大学は、沖縄という独自性を持つ地域に存在することによって始めて存続発展することができた。逆にいえば、沖縄社会が、中央権力依存・追従型、効率中心型の競争社会に変質してしまえば、沖縄社会の地域的独自性に依存しつつ、共生社会の創造に寄与することを目指す大学の存続は、難しくなる。日本社会が大きく転換しようとしている現在、沖縄の大学教育も、沖縄社会とともに、重大な岐路に立たされている。

引用及び参考文献
1） うるま新報「沖縄大学を創設」、1947年10月7日付
2） 沖縄タイムス、「記憶の声　未来への目　沖縄へのこだわり（下）　平良修」、2005年5月11日付

（研究論集　第4号）

〈子ども〉という宇宙と出会う旅
―未来学としての子ども研究―

加藤 彰彦

要 旨

　人間の一生の中で〈子ども時代〉に関心が高まったのは、最近のことである。〈子ども〉とは何かを研究することは、人間とは何かを考える基礎である。
　第二次世界大戦は、人類にとって忘れることのできない大きな出来事だが、その中で多くの子どもたちが犠牲になったことは、あらためて、子どもへの関心を高めることになった。日本における〈児童憲章〉、世界における〈子どもの権利条約〉は、その集約的な結実である。
　子どもの成長へのプロセスを個体発生と系統発生の視点から見直すとき、他者との関わりの中で生きる〈子ども〉に、人類史の原点と、その可能性が見えてくる。
　その意味では、子ども研究は〈未来学〉であるともいえる。
　〈子ども〉と関わることは〈人類〉の生き方を指し示すことでもあることを明確にして、今後の〈子ども学〉研究に期待したい。

1.〈いのち〉生まれ出るとき～戦争といのち、戦争と子ども

　人にはそれぞれの人生のテーマを決定する原点が存在する。特に人生の初期に当たる子ども時代の体験は、その人の価値観や人生観に大きな影響を与

えるといわれている。
　子どもは、他者との関わりの中で成長していく存在であり、子どもにとっての人間関係の変化及び環境の変化は、大きなインパクトを与え、その人の人生観を規定することすらある。こうした環境の中で、もっとも影響を与えるものとして、生活及び成長を困難にさせる問題は次の3点に集約されるといわれている。
　1つは、身体上の問題である。通常それは病気、障害、ケガなどと呼ばれる問題である。2つめは、経済的な貧困である。
　経済的貧困は、衣食住の不足から、人間の生きる意欲まで奪っていく。
　さらに社会的孤立化へとつながり、選択肢を狭め、可能性や希望をも喪失していく。
　これらを統合した上での3つめの問題は、戦争又は災害と遭遇することである。
　この体験では両親をも失うという大きな課題と出会うことが多い。
　私は1941年（昭和16年）東京生まれ、誕生して一週間後に、第二次世界大戦が開始されている。東京の下町で暮らしていた家族は、1945年（昭和20年）3月10日には「東京大空襲」と呼ばれる米軍による大規模な空襲を受ける。東京だけで10万人を超える人々が亡くなり、消失した家屋はその何十倍という数になる。
　私は、この大空襲の中で、生後数カ月である妹を失った母の悲しむ姿や泣き声、その表情などは今も忘れられないものだが、この時の体験は、その後の生活史の中で何回もリフレーンされ、フィードバックし、わたしの生き方の原点となったことは間違いないことである。
　生まれて、まだ間もない幼児が理不尽に生命を奪われていく。そして、周囲の者たちの悲しみと痛み。そこから「子ども」とは何かへの関心が生まれてきたことは間違いないことである。
　人によって、戦争や災害から受ける課題は異なるはずである。しかし、生命への関心は共通のものと思われる。
　戦争は、第二次世界大戦だけでも、世界中で2000万人を超える人々が亡

くなっている。この膨大な犠牲者は、地球上のほとんどの人々にとって、大きな心の傷となっており、その体験から新たな生き方への転換が図られたことは間違いない。

　ドイツでのユダヤ人虐殺があり、広島、長崎への原爆投下、そして沖縄での地上戦がある。しかし、それは局地的な空間だけでの問題ではなく、戦争をどう考えるのかという極めて本質的な思想の問題でもある。

　その中で、私は〈子ども〉というキーワードを発見することになった。

　1944年8月21日、沖縄那覇港から九州に向かっていた学童疎開船、対馬丸は米海軍の潜水艦の魚雷攻撃を受け、沈没する。

　対馬丸には那覇市の国民学校のほか、沖縄県内各地の国民学校の子ども達820人、それに引率教師や一般疎開者835人の合計1661人が乗船していた。

　この時の犠牲者は1484人にのぼり、救助されたのは177人。このうち助かった子どもの数は、わずかに59人であった。

　こども達は口々に「お母さん助けて、お父さん助けて！」と叫びながら次々に海面へと落下していった。この悲劇は、広島、長崎、東京など各地で発生した。子ども研究は、その意味で、平和な社会であることが、どうしてもその前提となっていかねばならないということになる。

2. 〈子ども〉と出会うとき〜子ども臨床学

　人は全て、誕生し子ども時代を経て成長し、大人になっていく。そして年を重ね老人となり他界する。このプロセスはすべての人に共通である。したがって、全ての人は、かつて子どもであり、子ども時代の経験がある。

　子どもはどんなことに喜び、また悲しむのか。さらには何を求めているのかを体験的に知っているはずである。

　さらに大人になり、子どもを出産すれば育児体験もまた存在する。子どもが生まれていなくても、近隣や親戚の子ども達と関わる経験はしているはずである。

　つまり、子どもであったこと、また子どもと接することは体験として誰も

が持っていることになる。したがって、子どものことは誰もが知っていることになるはずである。

　しかし、その体験は年と共に風化し、大人になった時点で、大人としての視点でしか子どもを見れなくなってしまうという現実もある。したがって「子どもとは何か」あるいは「大人（親）と子どもの関係とは何か」について、もう一度整理してみる必要がある。

　私の長男が生まれたのは1970年代なのだが、はじめて長男と出会った時、この子よりも私が先に他界するのだと感じたことをよく憶えている。つまり、わが子を抱いて、親とは何かということを直感したのだと感ずる。これは、全ての動植物に共通しているのだが、親は子を産み育て、その成長を見届けて大地に遷って行く。これが生命の流れであり、世代継承の原則でもある。

　個別の生命は有限であり、一定の年限が経過すれば亡くなるのだが、そこから引き継がれれた生命は、再び新しい生命を産み育てていく。この循環、継続が生命史そのものである。

　したがって、親は子どもを育てるということが最大の仕事であり役割となる。

　柳田国男は、人生の通過儀礼の中でイニシエーションの時期を「一人前の人間になること」と表現している。子どもが青年期を通して「一人前になる」とはどのようなことができるようになるのか。これが子育ての原点といえるものである。日本各地の「若者組」（若者宿）を研究した平山和彦は、「一人前」の内容を次の3点に集約している。

・仕事が一人前にできるようになること
・性的営みが一人前にできること（この中には育児の能力も含まれる。）
・人とのつき合いが一人前にできること（特に異性、異世代、異文化の他者とのつきあいができることが大切とされる。）

　この3点は、社会人のイメージであり、他者との交流を通して働くことができ、次の世代を育てることができるという形に集約できる。現代は、成人

式も形式化しており、生き方、日常の暮らし方についての伝達が行われていない現状にある。

現代版の「若者宿」が必要とされるはずなのだが、伝えるべき生活様式が不明確になっていることもあり、若者のアイデンティティが確立されていない現状がある。

現代の「若者宿」は、学校にまかされており、高等学校、大学にはその役割も期待されているはずだが、学校側にはその自覚がない。

そこで、子どもと関わることの多い役割や職場につく人間にとって「子ども臨床」という視点が今後、ますます重要になってくると思われる。子どもと大人の関係の原則は存在するが、どのように関わるのかについての視点は必ずしも明確ではない。

子どもに関わる原則の中でもっとも重要なのは、〈子どもの声を聴く〉ということである。

それは話された内容だけでなく、身ぶりを含めた表現全体を受け止め、それに〈応えていく〉ということである。そのプロセスの中で大人が、生きものの原則に立ち還り〈変わる〉ことができるかどうか。それが〈子ども臨床学〉の原則であり、基本である。

3．地域で育つ子ども～子ども風土論（1）

子どもは、生きている環境によって変わると前に書いたが、子ども生活環境の最大のものは自然環境である。人は自らの暮らす生活環境と共生し、はじめて生きることが可能になる。したがって、どのような自然環境で暮らしているのかということによって、人々の生活様式は異なってくるのである。

かつて、和辻哲郎は「風土論」において、気候風土によって、人々の性格や気性も異なってくるはずで、地域ごとの「子ども論」には至らない。

子どもに関する研究は、まず各地域ごとに、子どもに関わる生活習慣を観察し、記録するところから始めなければならないことは、以上のことからも明らかである。

私は長い間、横浜で生活していた。横浜も港町から住宅街、田園地帯とさまざまな風土があるが、約20年余りは、横浜市の中心街の子ども達の相談活動に従事していた。
　児童相談所のケースワーカーとしての10年余りの私の仕事の中では、地域社会の中で孤立するが故に、閉鎖された家庭の中で苦しんでいる親子と接することが多かった。
　その閉鎖空間の中で、今までは考えられなかった親による子どもへの様々な暴力も起こるようになり、子どもたちを支える基盤を失った子どものための「児童養護施設」での実態を知ることになった。
　こうした実態から、子どもとは本来孤立して育てられるべきではなく、はじめから、集団の中で、他との関わりの中で育てられるべき存在であることが明確になってきた。
　つまり、子どもとは地域社会の中で、どう考えられるかという視点がなければならないという発見があったということである。
　あと10年間は、横浜のスラム街、寿町でのソーシャルワーカーとして私は仕事をすることになり、そこでは地域ぐるみの子育てが不可欠であったという体験をしている。
　三畳一間に、子どもを含め数人の家族が暮らし、ドヤ代（家賃）は日々払わなければ路上に出されてしまうという不安定さの中にある。
　こうした不安定の中で子どもは生まれ育って行くのである。親の生活の不安定さは当然、子どもにもつながっており、夜更かしをして朝は起きられない子どもたちも多い。
　学校も休むことが多くなり、長期の欠席も続いていくことになる。子どもたちは、他との関係を求めており、路上で仲間を求め、遊び場を求めて歩き廻ることになる。こうした現状の中で地域の食堂を借りて「子ども食堂」をつくり、保健所の力もかり、地域の大人達と料理をつくり、子どもたちの集まる場所、学ぶ場所が地域の中につくられていくことになった。
　この「地域子ども生活館」構想は、おとな達のまとまりもつくるようになり、日雇労働者の組合や身体障害者友の会、老人クラブ、アルコール中毒者の会

(A.A) などが次々と生まれ、「寿夜間学校」、俳句会、「寿夏祭り実行委員会」などがつくられていくことになった。子どもの中からは、新たなモデルを求め、学び始める子どもも出てきた。子どもは地域の力で育つものである。

4．ニライカナイ、オキナワの源流～子ども風土論（2）

　私が沖縄に移り住んだのは、2002年4月である。そのとき、アメリカで世界貿易センターが爆破され多くの死傷者が出る大事件があり、文明史的に見て、人間の生き方が激しく問われていると私は感じていたのであった。

　それ以前に何度か沖縄に来ており、これまでの文明史、近代化の流れからは少し離れた周辺域であった沖縄には、人間史（人類史）の原型が残っているという感覚があった。

　そこで、もう一度人間とは何か、どう生きるべきかを考えたいと思ったのである。

　沖縄列島は南北に細長く、全体が多くの島によって成り立っている。したがって沖縄の特徴の1つは「島社会」であるというところにある。

　島は周囲を海に囲まれ、人間はお互いに支え合い、助け合っていかなければ生きられない。相互扶助の生活は、島で生き抜いていくための必要条件ですらあるといえる。

　島は、立地条件だけでなく「シマ」という発想ともつながっている。

　「シマ」とは一定の区域に住む人によって自分たちでこの土地での生活を「自主管理」していこうという発想に支えられている。

　「結（ゆい）」とも「ゆいまーる」とも呼ばれる仲間意識は、生きて行くためには、お互いが支え合っていく以外ないという考え方に裏打ちされている。この中で子どもたちも小さいうちから組み込まれて育っていく。

　糸満市の村々には、今も12月末に行われている「チリタンチョウ」という行事がある。

　その年に生まれたすべての子が、親や兄弟姉妹に抱かれて舞台に上がり、村人全員に紹介されるのである。この日は村総出の祭りであり、食事も共に

する。

　こうして村中から祝福された子どもたちは、その節目ごとに、村中で祝され、次のステージへと成長していくのである。

　また沖縄には「ファーカンダ」という言葉もあり、これは「祖父母と孫」（老人と子ども）のことである。沖縄では、小さい子どもたちは、沖縄文化そのものである「オジイ、オバア」から様々な文化を吸いとるようにして育っていくのである。

　老人たちも、次の世代へ文化を継承していく役割を自覚しており、カジマヤーや葬儀に至るまで子どもたちに伝える文化として、その任務を全うしているのである。

　沖縄の子育て文化は、今後の「子ども学」研究にとって、汲み尽くせないほどの宝が埋まっており、今後の研究が期待される分野である。もう1つは、沖縄がアジアに最も近い文化圏であるということと、周囲を海に囲まれた島であるという点である。

　つまり、海洋民族であるということである。

　海で生きる人々は、海と共に育ち、そして働いているということである。素裸で海と接するということは、この巨大な海に身をまかせるということである。海を受け入れる、海と共に生きるという生き方、自然観は、争いを好まない民族性を創りあげたといえる。

　共生、争わないという人間性は、他の文化圏からの攻撃には弱いけれど、その文化をも受け入れ、溶かし込んで文化を肥やしていく大きさもある。また海は、穏やかな時もあるが台風などの時には大きく荒れることもある。

　その海に身をまかせつつ、生きて行くためには勇気とチャレンジ精神が必要である。

　自由であると同様に耐える力もあり、小さな海の孤島で沖縄の人々は生きてきた。

　漁民を一人前に育て、仲間と力を合わせていく次世代を育てるために、沖縄の子育て文化は、海洋民族、島の文化「沖縄の子ども文化」は、新たな可能性のある研究分野である。

5．〈子ども〉という宇宙と出会うとき～子ども未来学

　子どもが一人前の大人になるまで成長するプロセスを追っていくと、個人としての成長の過程が、実は長い生命史（人類史）と重なっていくことに気づかされる。
　学問的には「個体発生」は「系統発生」を繰り返すという発想でこの内容は示されている。生命が生まれ成長していく個体史は、生命が誕生し、人間になり現代に至るプロセスと重なり合っていくというのである。
　例えば、まず母体の中で生命が誕生すると、小さなアメーバーが生まれたのと同じ状況である。しかもその環境は、母の胎内（羊水）の中である。巨大な海に漂う小さな微生物、それが生命誕生史と、人間の受胎後の様子とよく似ているというのである。
　海中で育った生命は胎児となる勾玉のような形をした胎児の姿は、全ての生きものと同じ形をしている。目玉だけはクッキリとみえる。
　エラが出来、尾まで出来るが、これが手となり足になっていく。魚も人間も同じように海中に生まれ育った生きものである。
　やがて母体から外の世界へ出るという出産が始まる。胎児にとっては海中から陸上での口と鼻での呼吸へと切り替えねばならない。大革命である。海中生物が陸上で暮らすのと同じ大変化を遂げるのである。
　赤児がオギャーと泣くのは空気を吸うという大きな出来事であり、これで陸上での呼吸が可能となる。生まれたばかりの赤児は、陸上ではじめて生活をする海洋動物のようで、寝たままである。
　手足をバタバタさせ泣くだけの生きもの。
　それが、やがて手と足を使って必死に移動を始める。これが這い這いである。ワニのように水中から陸上に上がってきた動物の歩き方である。
　手と足が強くなると、やがて、四つ足となり、移動を始める。トカゲや動物の子どものようである。
　そして、ある時、机につかまったりして、足で立つようになる。二本足で立

つ。これも大革命である。手と足が分化し、子どもはヨタヨタしながら歩き始める。猿と同じような二足歩行の開始である。四足歩行から二足歩行になると、手が自由になる。人間は手をつかって、掴んだり触れたりすることが出来るようになり、モノを作ったり、運んだりするようになる。

　この頃になる子どもは、幼児となり、歩いたり、走ったりする。そして、水、土、火を使うようになる。土や水を使って土をこねること、土器をつくること。これは縄文期にあたる。

　そうした変化の頂点に立つのが、言葉を使えるようになることである。言葉でのコミュニケーションが出来、さらに、文字をつくり、記録や伝達をするようになる。この頃に子どもたちは、現代では小学校に入学していく。この大きな変化は、自然性（生命性）をタップリと持っていた子どもが、社会性（共同性）を身につけ、大人社会へと順応していくプロセスでもある。

　現代社会は、こうした人間の形成過程を忘れ、人間が地球の主人公になり、まるで神のように支配しているとさえ見えてくる。

　このままの文明が進めば、生命よりも人間の欲求だけが肥大化し、人工物によって地球は埋めつくされ、人類と地球がぶつかってしまうような気がする。

　このような時代に、「子ども学」を希求するのは、生命史の原点に戻り、私たち（人間）が、何を目指すべきなのかを真剣に問い直すことにつながってくる。

　子どもは「生命史」の縮図であり、巨大な宇宙である。こうした「子どもという宇宙」と向きあうこと、子どもに寄り添い、その内なる声を聴くことは、私たちの未来をつくっていくためのもっとも大切な行動であり、生き方であると思う。

　「子どもという宇宙」を受けとめられるかどうか。

　それは、私たちの未来が可能かどうかの鍵を握ってもいるのである。今こそ、本気で「子ども学」に取り組むことが、私たちの大きな課題であることは間違いのないことだと信じている。

（研究論集　第7号）

幼児の基本的生活習慣におけるデモグラフィック要因の影響

山城 眞紀子

要 旨

　本研究は、デモグラフィック要因が幼児の基本的生活習慣の習得度とその促進要因となる母親の育児への配慮要因とにどのような関連性が見いだせるかを検討した。

　基本的生活習慣習得度は、幼児のデモグラフィック要因が母親のデモグラフィック要因より強い関連性を示した。食事領域では「兄弟姉妹の数」、他の4領域では「子供の年齢」であった。母親の育児への配慮要因との関連性では、子供が生活の中で自発的に身近に必要な行動が出来る環境を整備し自覚を促す配慮が習得度を高める上で有効であることが示唆された。

はじめに

　総理府の「青少年と家庭に関する世論調査」[1] (平成5.5) によると「最近は家庭のしつけなど教育力が低下している」と思う人が75.1%あり、具体的には「基本的生活習慣」が最も高い率 (55.4%) で指摘されている。都市化、核家族化、少子化の進行による家庭の教育力の低下は幼児期の発達課題として位置づけられている基本的生活習慣の形成に影響を与えており、諏訪[2]「基本的な生活習慣が身につかないのは、親たちが日常的な生活行動をきちんとやらないからである」と指摘し、そのことが子供の発達の歪みをもたらして

いると述べている。

　健康的な生活習慣を形成することは、子供達が将来単に長い年月を生きるということだけでなく、人間らしく生き生きと活動できるために、心身の健康の能力を培っていくことでもあり、基本的生活習慣が身につくことは、子供が健全に育つために不可欠な課題である。従って、基本的生活習慣の形成を子供達が、"正しく生活する力を育てる"という視点から、その重要性を再認識されねばならないと考える。

　基本的生活習慣の形成や確立に関する従来の研究では、幼児の実態を明らかにすると共にそれに影評を及ぼす要因としての母親の意識や態度、属性等の観点から取り組まれたものが数多くある。母親の意識や態度に関するものとしては"それらが習慣形成に関与する重要な要因であることの確認[3]、"母親の意識を高めることの必要[4]、"意識や態度の改革[5]、"母親自身がモデルを示すことの重要さ[6]、"自覚が欲しい[7]"等の結論が述べられている。幼児期だけに家庭の影響力は大きいが、とりわけ、それが日常的であるだけに母親の果たす役割は大きいと考えられる。デモグラフィック要因について幼児の性や年齢、家族構成、兄弟姉妹の数など、また、母親の年齢、学歴、就労などの関連が調査対象者の緒特性として検討されているが、これらを基本的生活習慣形成の促進要因として予測（関連の強さ）することはあまりなされていない。

　そこで、本研究では子供の基本的生活習慣の習得度（自立度）とその習得の促進要因として幼児および母親のデモグラフィック要因と母親の育児への配慮要因との関連について知見を得ることを企図している。

　さらに、幼児の基本的生活習慣項目の類型化、および配慮項目の類型化をはかり、7つのデモグラフィック要因との関連性についての検討を試みた。

Ⅰ．方法

1　調査の対象

　対象は3～6歳の幼児を持つ母親とした。有効回答者は、2,326名、80.76

％である。このうち本稿は3～5歳の幼児を持つ母親、総数1,956名に限定して分析した。欠損値の多いケースを除いた1,714名について統計分析を施した。幼児の性別・年齢別・兄弟姉妹の数・家族構成、母親の年齢別・学歴別・職業別の人数の内訳を表1～2に示す。

表1 母親のデモグラフィック要因別の識査人数の内訳

職業	人数(%)	年齢	人数(%)	学歴	人数(%)
専業主婦	474(27.8)	20-24歳	33(1.9)	中学	37(2.2)
専業手伝い	190(11.2)	25-29歳	299(17.5)	高校	518(30.2)
専業パート	357(21.0)	30-34歳	631(36.9)	専門	176(10.3)
就業	681(40.0)	35-39歳	521(30.5)	短大	589(34.4)
全体	1702(100)	40歳以上	224(13.1)	大学	151(8.8)
		全体	1708(100)	無回答	253(14.2)
				全体	1714(100)

表2 幼児のデモグラフィック要因別の識査人数の内訳

性別	人数(%)	年齢	人数(%)	兄弟姉妹の数	人数(%)	家族構成	人数(%)
男児	865(50.5)	3歳	352(20.7)	1人	201(12.0)	両親・子供	1393(81.8)
女児	849(49.5)	4歳	670(39.1)	2人	709(41.7)	3世代	201(11.7)
全体	1714(100)	5歳	690(40.3)	3人	556(32.7)	母親・子供	69(4.0)
		全体	1714(100)	4人以上	230(13.5)	祖父母母子	42(2.5)
				全体	1714(100)	全体	1714(100)

2 調査実施の方法

（1）保育園は、1クラス（年齢）による就園児数の差があるので、公私立別、地域別に2～3ヶ園に依頼した。

（2）幼稚園の公立園は、1年保育（5～6歳児）であり、原則として1クラス、各地域2ケ園に依頼した。私立園は、3年保育（3～6歳児）で原則として縦割りクラスの1クラスに依頼した。但し、北部・宮古・八重山は1ヶ園、中部・那覇・南部地域は2ヶ園に依頼した。

（3）調査票の配布及び回収は、それぞれに園を通して行った。調査は留置法によった。

（4）調査対象は、母親としたので、父子家庭は除いた。

3 調査期間

調査実施の期間は、1995年7月中旬から1995年10月上旬で夏休みの8月を除いた。

4 調査票

　調査項目は、幼児のデモグラフィック項目7項目と母親の4項目、そして生活習慣27項目における母親の直接的対応と幼児の習得度、母親の間接的対応（育児への配慮項目）18項目である。

　母親の直接的対応項目については、沖縄県教育委員会昭和60年度家庭教育総合推進事業より「就学前（幼稚園児）における家庭教育の課題」の調査研究の研究項目の（3）健康・安全、（4）基本的生活習慣を参考に作成、間接的対応（配慮要因）については独自に作成した。

5 データの処理

（1）幼児のデモグラフィック要因4項目・母親のデモグラフィック要因3項目、基本的生活習慣項目が20項目、配慮要因16項目について分析した。

（2）分析Ⅰでは、幼児の基本的生活習慣習得度と、母親の育児への配慮要因（養育態度についてその概要を示した。

（3）分析Ⅱでは、生活習慣の自立促進要因としての幼児・母親のデモグラフィック項目と幼児の基本的な生活習慣項目及び母親の配慮項目についてX^2検定を施した。

（4）分析Ⅲでは、生活習慣の20項目を5領域（食事・清潔・着脱・睡眠・排泄）に分類して、領域ごとに合成得点を算出し、これらを各習得度得点とした。ついで幼児・母親のデモグラフィック要因が自立促進にどのように影響しているのかを t 検定ないし、一元配置の分散分析でもって検討した。さらに数量化理論第Ⅰ類を用いて母親と幼児のデモグラフィック要因と母親の育児への配慮要因の両要因によって習得度得点の予測を試みた。

（5）分析Ⅳは、数量化理論第Ⅲ類を用いて幼児の基本的生活習慣のパターン分類及び母親の配慮項目パターン分類によって、それぞれの類型化を試みた。

II. 結果と考察

分析 I　幼児の基本的生活習慣の習得度と母親の育児への配慮要因についての概要

1）幼児の基本的生活習慣の習得度の概要

　基本的生活習慣20項目について、幼児（3-5歳児）の習得度を「できる」「手伝えばできる」「できない」の選択肢で捉えようと試みた（図1）。

　「できる」の割合の高い項目は「汚れたら着替える」(87.5%)「一人で着替える」(86.1%)「食前や用便後の手洗い」(80.9%)「寝間着に着替えて寝る」(80.3%) の4項目が80％を越え、次いで、「朝食をきちんと頂く」(79.5%) が続く。「できる」と評価された割合の低い項目は「一人で早寝・早起きができる」(27.8%)「ハンカチやちり紙を持つ」(34.3%)「好き嫌いを言わないで食べる」(36.3%)「家族と一緒に食べ終わる」(42.2%)「ご飯おかずを交互に食べる」(44.3%) である。

　「できない」で割合の高い項目は、「好き嫌いを言わないで食べる」(20.2%)、ついで「家族と一緒に食べ終わる」(20.0%)、「ハンカチやちり紙を持つ」(17.9%)、「登園前に用便をする」(17.2%)、「一人で早寝・早起きができる」(13.1%)「ご飯おかずを交互に食べる」(13.0%) と続く。

　「手伝えばできる」では、「一人で早寝・早起きができる」(59.1%) が最も高く、「使った物を元の場所に戻す」(46.2%)、「服やくつの後始末ができる」(44.6%)、「好き嫌いを言わないで食べる」(43.4%)、「ご飯おかずを交互に食べる」(42.7%) などが高い割合の項目である。

　これらの結果から、汚れたら着替えたり、一人で着替えることはできるが、食事については好き嫌いを言わず時間内（家族と一緒に食べ終わる）で、さらに交互に食べ終わることができず、ハンカチを持つこと、朝の用便、早寝・早起きも苦手、しかし、早寝・早起きや好き嫌い、交互食べは手伝えばできるし、整理整頓の元の場所にもどす行動や服や靴の後始末も手伝うとできる

という子供たちの習得度状況である。

　昭和60年度沖縄県教育委員会報告書[8]においても「一人で着替える」「朝食を必ず食べる」は習得度が高く、「片づけ」「決められた時刻に寝起きする」「脱いだ服の後始末」「こぼさないで食べる」は低く、これらの傾向の結果は一致している。沖縄県においては、10年前とあまり変わらない傾向にあるといえよう。また、これらの傾向は今日の子どもたちの実態として広く指摘され共通した内容でもある。

　生活習慣については3歳頃にはほとんど身に付き、5歳では完成していると考えられてきた。西本[9]が山下の「自立の標準」について再検討した結果、着脱衣は早くなってきている傾向にあり、成熟要因の強い排便習慣はあまり変化がなく、幼児の心身の機能面の成熟は以前と変わらないと報告している。

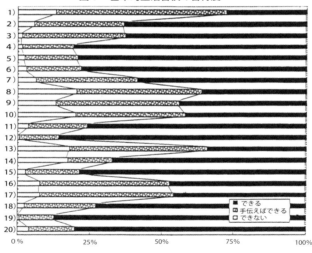

図1　基本的生活習慣の習得度

1）1人で早寝・早起きができる　2）1人で洗面ができる　3）歯磨きをする
4）食前や用便後の手洗い　5）朝食をきちんと頂く
6）お箸やフォークを正しく持つ　7）こぼさないで食べる
8）好き嫌いを言わないで食べる　9）ご飯やおかずを交互に食べる
10）家族と一緒に食べ終わる　11）三食をきちんと食べる　12）一人で着替える
13）ハンカチやちり紙を持つ　14）登園前に用便を済ませる
15）我慢しないでトイレへ行く　16）服やくつの後始末ができる
17）使った物を元の場所に戻す　18）進んでお風呂に入る
19）汚れたら着替える　20）寝間着に着替えて寝る

「1人で着替える」行動は西本によると4歳6カ月であり、「寝間着に着替えて寝る」も5歳、「手洗い」についても2歳6ヶ月に早くなってきている傾向にあると指摘されているが、手洗いは順当な習得度であるが、1人で着替える、寝間着に着替えるは今回3～5歳の幼児すべてを含めた結果であるので、標準よりはやや早い習得度を示しているのではないかと考えられる。繁多[10]は沖縄の母親のしつけについて「排泄、清潔、食事、着脱衣の習慣は十分になされているが、挨拶や衣服をたたむなどができない子が多く、これらについてあまり厳しい態度をとっていないであろうと推測」していると述べている。母親の早い自立性を養うしつけの心がけが指摘されているが、今日は少子化による子供に目が届きやすいことや、生活の衛生管理や清潔志向の社会的影響も大きいと考えられる。

　「朝食をきちんと食べる」ことの習得度は高いが、「早寝・早起き」が最も低い習得度を示しており、一般的に双方の関連性は強いと考えられているが、本研究では登園・食事の時間や内容までは触れていない。

　「ハンカチやちり紙を持つ」ことの習得度が低い結果は、保育園で準備されていることの影響も大きいと考えられる。「ご飯やおかずを交互に食べる」ことができない状況については今後の検討課題である。

2）母親の育児への配慮要因についての概要
　幼児の生活習慣の自立を促すための母親の育児への配慮要因の16項目を「いつもしている」「時々している」「あまりしていない」「していない」で評価を行わせた（図2）。

　上位・下位のそれぞれ5項目をとりだすと次のようになった。「いつもしている」は「アイロンなどの置き場所」（92.3％）、「子供のタオル歯ブラシなどを用意している」（92.0％）、「衣類など子供が取り出せるようにしている」（83.1％）、「鞄や帽子などの置き場所を決めている」（82.4％）、「部屋の明るさや換気に注意している」（79.1％）が上位を占め、「近所の危険な場所を把握している」（22.2％）、「栄養のバランスや盛りつけなどを工夫をしてるや盛りつけなどの工夫」（32.5％）、「生活習慣は親がモデルであると自覚して

いる」(32.9%)、「戸外あそびをさせるようにしている」(42.2%)、「お風呂で身体の洗い方などを教えている」(46.1%)が下位であった。この下位群の5項目は「時々している」の上位5項目と共通している。

「あまりしていない」は、「近所の危険な場所を把握している」(20.2%)が最も高くついで、「生活習慣は親がモデルであると自覚している」(9.0%)、「栄養のバランスや盛りつけなどの工夫している」(7.9%)、「お風呂で身体の洗い方などを教える」(6.3%)、「衣類など子供が取り出せるようにしている」(5.7%)があげられるが、近所の危険な場所を把握している以外は10%以下である。

「していない」も「お風呂で身体の洗い方などを教える」(2.6%)、「近所の危険な場所を把握している」(2.4%)、「衣類など子供が取り出せるようにしている」(2.2%)の項目が上位に位置するが、2%台で低い割合である。

図2　母親の育児への配慮要因

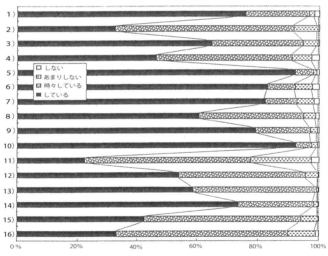

1）基本的挨拶　2）栄養のバランス　3）トイレ風呂の清潔
4）お風呂の身体の洗い方　5）子供のタオル歯ブラシ用意
6）衣類など子供が取り出せる　7）かばん帽子等の置場所
8）テレビ見る距離姿勢　9）部屋の明るさ換気
10）アイロンなどの置場所　11）近所の危険な場所把握
12）けが熱の処置　13）子供のクセ体調把握　14）予防接種
15）戸外遊びさせる　16）親がモデルと自覚

母親の配慮項目については、16項目すべてにおいて配慮はよく行われている結果であるが、その配慮の仕方は室内においての安全に最も配慮し、部屋の明るさや換気にも心掛けている。しかし、近所の危ない場所の把握や戸外遊びをさせるようにしている、親がモデルである自覚、食事に関しての配慮はあまりしていなかったり、時々しているという親の姿であった。

幼児期であるだけに、生活習慣は親がモデルであることの自覚は重要であると考える。また、上延等[11]によっても「親のモデルになろうとする生活態度や意識の重要性」が指摘されている。危ない場所の把握や戸外遊びをさせるようにしている、食事など幼児の心身の健康を支える要素を含むだけに、親の立場が優先されてはならず、子どもの立場に立った、生活の点検や工夫を施す努力が必要であろう。

分析Ⅱ 基本的生活習慣の習得度と母親の配慮項目の7デモグラフィック要因との関連

1）基本的生活習慣の習得度とデモグラフィック要因との関連

生活習慣の自立促進要因としての幼児・母親のデモグラフィックの7つの項目と基本的生活習慣項目及び母親の配慮項目についてが検定を試みたが、性については「一人で洗面ができる」「歯磨きをする」「こぼさないで食べる」「ハンカチやチリ紙を持つ」「服やくつの後始末が出来る」「寝間着に着替えて寝る」（P<0.001）、「お箸やフォークを正しく使う」（P<0.01）、「汚れたら着替える」（P<0.05）の8項目で有意であったが、いずれも女児が男児より高い習得度を示した。性差のみられたのは、食事項目が2つ、清潔項目が4つ、着脱項目が1つ、睡眠項目が1つであった。成熟要因に規定される排泄項目においては、性差は見られなかった。上田は女児の優位は文化的、社会的要因に基づいていると述べているが、母親の性役割指向のしつけが推測されるが明らかではない。年齢については20項目中「服やくつの後始末が出来る」を除く19項目で有意であった。経年的に習得度が高くなった項目は15項目、3歳児より4歳児で減少し5歳児で増加する項目は4項目であった。経年的

の習得度が高くなることは当然であるが、放っておいても良いと言うことではなかろう。むしろ年齢的に即した働きかけがなされるべきであろうし、成熟要因の強い項目の知識、学習要因の強い項目の知識が母親に必要であると考える。兄弟姉妹の数による習得度の差は「我慢しないでトイレへ行く」（P<0.05）、「朝食をきちんと頂く」「ご飯やおかずを交互に食べる」「汚れたら着替える」（P<0.01）、「一人で早寝・早起きができる」「こぼさないで食べる」「家族と一緒に食べ終わる」「三食きちんと食べる」（P<.001）の8項目にみられたが、習得度の低い「1人で早寝・早起き」や「食事を家族と一緒に食べ終わる」の2項目が兄弟姉妹の数が増えるに従って習得度が高くなる結果であり、子供同士の教育力そして今日の少子化にある子育てやしつけの難しさが子どもの数にも影響を受けていることを示しているように思われる。家族構成においては20項目中に「ご飯やおかずを交互に食べる」「登園前に用便を済ませる」（P<0.05）「三食きちんと食べる」（P<0.01）の3項目が有意であった。食事を交互に食べる」ことが祖父母の家族とそうでない家族に分かれ、祖父母家族ができる割合が高い傾向にあった。「1人で着替える」「登園前の用便を済ませる」の2項目で母親と子ども家族が最も高く、家族構成の4カテゴリーにおいて自立を早く必要とされていることが推測されるが明らかではない。

　次に母親のデモグラフィック要因で習得度を検討した。年齢は「20-24歳」「25-29歳」「30-34歳」「35-39歳」「40歳以上」のカテゴリーである。「好き嫌いを言わないで食べる」（P<0.05）、「朝食をきちんと頂く」「家族一緒に食べ終わる」「三食きちんと食べる」「寝間着に着替えて寝る」（P<0.001）の5項目が有意であった。「朝食をきちんと頂く」は母親の年齢が加齢ごとに高くなるが、逆に加齢に伴って低くなる項目は「好き嫌いを言わずに食べる」であった。若い母親は食事について甘い傾向にあることが言えよう。しかし、「食事を家族一緒に食べ終わる」のは20代前半の母親で最も高く、低いのは40代以上の母親である。

　母親の学歴による差は「ハンカチやチリ紙を持つ」「食前や用便後の手洗い」「寝間着に着替えて寝る」（P<0.05）、「好き嫌いを言わないで食べる」「ご飯

やおかずを交互に食べる」(P<0.01)、「一人で着替える」(P<0.001)の6項目でみられた。「中学」「高校」「専門学校」「短大」「大学」のカテゴリーである。
　「好き嫌いを言わないで食べる」「食事を交互に食べる」の食事に関する2項目は中学卒の母親で習得度が高く、大学、専門学校で低い結果である。項目によって学歴の影響は違う傾向にあった。母親の職業の要因が自立に影響する項目は20項目中「一人で早寝・早起きができる」「ハンカチやチリ紙を持つ」(P<0.001)、「一人で洗面ができる」「朝食をきちんと頂く」「お箸やフォークを正しく持つ」「好き嫌いを言わないで食べる」「ご飯やおかずを交互に食べる」「家族と一緒に食べ終わる」「一人で着替える」「使った物を元の場所に戻す」「寝間着に着替えて寝る」(P<.05)の11項目であり、「専業主婦」「専業手伝い」「専業パート」「就業」のカテゴリーである。項目数においては母親の年齢や学歴よりも多い。専業主婦の母親が6項目で高い割合を示していた。

2）母親の育児への配慮要因とデモグラフィック要因との関連
　母親の配慮項目における性差は「戸外遊びをさせるようにしている」(P<.005)の1項目で、男児により戸外で遊ぶことを促している。16項目中1項目であるが外遊びは男の子という性意識が働いるとみられる。年齢差における配慮は「栄養のバランスや盛りつけなど工夫している」「かばん等の置場所を決めている」「けがや熱の処置ができる」(P<0.05)、「子供が衣類等取り出せるようにしている」(P<0.001)の4項目であった。衣類の取り出しについては加齢に伴って配慮の割合が高くなっており、子供の発達に即した働きかけがなされている行為であると考えらる。
　兄弟姉妹の数における母親の配慮は「親からも基本的挨拶をするようにしている」「戸外遊びをさせるようにしている」(P<0.001)、「予防接種を受けるようにしている」(P<0.01)、「お風呂に一緒に入り身体の洗い方等を教えている」「地域や近所の危ない場所を知っている」「子供のタオルや歯ブラシを用意している」「部屋の明るさや換気に気をつけている」(P<0.05)の7項目に有意であったが、「近所の危ない場所の把握」のみが1人の場合で高く、

「身体の洗い方」や「子供用タオルなどの用意」、「予防接種」、「挨拶を親から示す」などの行為は子供が増えるにつれて低くなる傾向である。戸外遊びをさせるようにしているは逆に高くなり、子ども同志の教育力を期待して配慮が低くなるのか、子どもが多くて手が回らないのか母親の養育態度は明らかでない。家族構成においては「近所の危ない場所の把握」の１項目に差がみられ、母親と子ども家庭が最も高く、他の家族構成より地域や近所の安全の配慮を気にとめている傾向にあるといえよう。

　次に、母親のデモグラフィック要因で検討すると、母親の年齢が要因の場合は、「お風呂に一緒に入り身体の洗い方等を教えている」（$P<0.05$）、「かばん帽子等の置き場所を決めている」（$P<0.01$）の２項目で有意であった。

　「身体の洗い方を教えている」の配慮は、20代後半、次いで前半と20代が他の年齢より高い傾向にあった。「身体の洗い方を教えている」と「鞄などの置場所を決めている」の２項目に差があった。身体の洗い方は20代が高い。このことは若い世代に強い清潔志向のある昨今の社会の影響なのかあるいは、子どもの数が少ないことで目が行き届きやすいということが、高い結果を示しているのか明らかではない。

　「かばん等の置場所を決めるようにしている」の配慮は20代前半がもっとも低く40代以上の母親が高い値を示したが、子どもの数や他の要因も考えられ、単に40代だからということだけではないと考えられる。母親の学歴においては「部屋の明るさや換気に気をつけている」「子供のクセや体調を把握している」「戸外遊びをさせるようにしている」（$P<0.05$）、「生活習慣は親がモデルであると自覚している」（$P<0.01$）、「親からも基本的挨拶はするようにしている」「栄養のバランスや盛りつけなどに工夫している」（$P<0.001$）の６項目で有意差がみられたが、学歴と平行して配慮が高くなる項目は「親からも挨拶をするようにしている」や「栄養のバランスや盛りつけなどを工夫をしてる」「生活習慣は親がモデルであると自覚している」の３つである。幼児期における生活習慣形成における母親がモデルを示す重要性が指摘されているが、高学歴の母親は挨拶や栄養のバランス等生活習慣における模範的行動の配慮が高いと言えよう。職業については「お風呂に一

緒に入り身体の洗い方等を教えている」「生活習慣は親がモデルであると自覚している」（P<0.05）、「地域や近所の危険な場所を知っている」（P<0.01）、「親からも基本的挨拶はするようにしている」「栄養のバランスや盛りつけなどに工夫している」「かばん帽子等の置き場所を決めている」（P<0.001）の6項目で有意差が見られたが、「基本的挨拶」「かばん等の置場所」の配慮は専業主婦の母親が高く、「栄養のバランスや盛りつけなどを工夫をしてる」や「親がモデルと自覚している」「近所の危ない場所の把握」は就業の母親で高く、逆に低くなっていたのはパートの母親で4項目である。パートタイムの勤務時間が子供の養育中心に調整することが困難であるの理由によるのかも知れないが、いずれにしてもパートタイム勤務者は今後も増え続けることが予想され、子供の養育との関係は今後検討されるべきと考える。

まとめ

本研究は、デモグラフィック要因が幼児の基本的生活習慣の習得度とその促進要因となる母親の育児への配慮要因とにどのような関連性が見いだせるのかを検討した。得られた結果は次のように要約される。

1) 幼児の基本的生活習慣の習得度は「汚れたら着替えたり、1人で着替える」ことはできるが、「好き嫌いをいわないで、家族と一緒に食べ終わる」ことはできない傾向にあった。母親の育児への配慮に関しては家庭内の安全や衛生面に最も配慮しているが、「近所の危ない場所の把握」や「戸外遊びをさせるようにする」、「生活習慣は親がモデルであることを自覚している」や「食事に関して」配慮をあまりしていない、時々しているという傾向にあった。

2) 基本的生活習慣の習得度をデモグラフィック要因で検討した結果は、女児が男児より高い習得度を示したが、成熟要因に規定される排泄の項目に性差は見られなかった。また、習得度は経年的に高くなる傾向にあ

った。母親の年齢においては、若い母親は食事に関して甘い対応の傾向が見られた。母親の学歴に伴って習得度は高くなる傾向ではなかった。職業においては、専業主婦の母親の場合が習得度に良い影響を及ぽしていた。

3）同様に母親の育児への配慮項目をデモグラフィック要因で検討した結果、母親は「戸外遊び」については男児に高い配慮を示す。また、この項目は子供の数が増えるに伴っても母親は高い配慮を示した。「衣類等子供がとりだせるようにしている」項目も、幼児の加齢に伴って母親の配慮は高くなる。「親からも挨拶をするようにしている」など生活習慣形成における模範的行動の項目は、母親の学歴に伴って配慮は高くなる傾向にあった。

引用・参考文献
1）内閣総理大臣官房広報室編、「青少年と家庭に関する世論調査」、『世論調査年鑑』、平成6年版大蔵省印刷局
2）諏訪きぬ、1992、「ライフスタイルの変化は子育てにどのような影響を及ぽしたか」、ミネルヴァ書房、『発達』No50. Vol.13 46-52
3）山田知通、1980、「幼児の健康生活習慣と母親の意識」、日本保育学会第33回大会研究論文集、500-501
4）山下ひふみ、1984、「家庭と幼稚園における健康生活習慣の指導」、日本保育学会第37回大会研究論文集、260-261
5）上田房子、1983、「幼児の基本的生活習慣と社会的生活能力に関する研究」、『学校保健研究』Vol.25No.7, 326-334
6）上延富久治他、1985、「幼児の健康を中心とした生活習慣に関する調査研究（2）―幼児の生活習慣の実態と親の養育態度等との関係―」、『学校保健研究』Vol.27 No.2
7）中塚綾子他、1993、「働く母親の子育ての実態と問題点」、『小児保健研究』、第52巻、第6号
8）沖縄県教育委員会、1982、「これからの家庭教育の課題―就学前期―」、『昭和60年度家庭教育総合推進事業報告書』、13-20、昭和61 338-345
9）西本脩、「山下俊郎氏による基本的生活習慣の自立の標準についての検討」『幼児の生活指導』、山下俊郎、フレーベル館

10) 繁多進他、1976、「第2章 沖縄における子どものしつけと教育」、『沖縄―自然・文化・社会―』、引文堂、515-527
11) 待井和江、1989年2月、「子育てをめぐる環境」、『母子保健情報』第18号
12) 金平丈二他、1981、「親の養育態度についての調査」日本保育学会第34回大会研究論文集 322-323
13) 平井信義、「『基本的生活習慣』のとらえ方を再検討する」、『保育と教育』 70～81
14) 今林俊 他、1988、「幼児の人格形成と環境要因に関する研究（2）―基本的生活習慣と家庭環境（2）―」、日本保育学会第41回大会研究論文集、702～703
15) 金子保、1986、「親の生活と子どもの生活習慣づくり」、『児童心理』第40巻9号28-33
16) 文部省、平成6年、「文部省時報」No.1405
17) 中塚綾子、1993、「保育所児の基本的生活習慣の自立度と母親の対応」、『小児保健研究』52（1）：28～34
18) 中川美子他、1987、「幼稚園児の健康と日常生活の関連について」『小児保健研究』46（4）：425～431
19) 岡本夏木、1984、「誇りと自信を育てるしつけ」、ちいさいなかま、草土文化、4月号
20) 押谷由夫、1985年版、「母親の「子ども評価」を規定する要因に関する一考察―多変量解析による総合的分析―」、日本保育学会編、『保育学年報』
21) 佐藤正二、1986、「良い生活習慣は幼児期から」、『児童心理』第40巻9号62～67
22) 玉瀬耕治、1986、「生活習慣はどのように身につけていくか」、『児童心理』第40巻9号11～19
23) 山下俊郎、昭和57年、『幼児の生活指導』、フレーベル館

（研究論集 創刊号）

元沖縄キリスト教短期大学学長・沖縄女性研究者の会初代会長
原喜美先生の教え

山里　惠子

はじめに

　初代会長を務められた原喜美先生をご紹介する機会を与えられ、とても嬉しく光栄に思います。原先生は、現在101歳で、東京でお暮らしです。娘さん、息子さん、お孫さんに守られて一日一日を楽しく有意義に過ごされているご様子です。

　原先生は、1991年に初めて沖縄の地を踏まれました。ご存知のように、沖縄キリスト教短期大学の学長として迎えられたのです。当時既に75歳というご高齢でしたが、沖縄キリスト教短期大学のどの教職員よりもお元気で、視野が広く、常に世界を見据えての教育の業に情熱を注いでおりました。そのご活躍は、沖縄キリスト教短期大学だけに留まらず、沖縄県内の教会、県関係の仕事にも労を惜しむことなく取り組まれました。特に女性問題に関しては、先生ご自身の専門分野であり、長年の研究と経験を活かされ、問題の対処法など素晴らしいモデルを提供して下さいました。

　それでは、ここに先生の足跡のいくつかを紹介いたしましょう。

1　ボランテイア（奉仕）活動について

　ボランテイア、あるいは奉仕という名のもとに働くということは、多くの場合、余力があって初めて可能になるのですが、原先生が示されたのは、全身全霊で対応するということでした。20年前、阪神淡路大震災が起った後、人々が多くの支援を必要としていました。

原先生は学長として学生に人道主義教育の機会を与えました。希望者を募って余震の残る神戸へ学生を派遣しました。同僚からは「学生を危険な目にに合わせることになる」と厳しいお叱りを受けながらも決行しました。それが実現できたのは、先生ご自身が現地に飛び、被害状況を見、短大の学生がどういう奉仕をすることができるかを検討し、彼らが安全に寝食できる場所を確保し、渡航手段を獲得し、その上での学生の派遣でした。
　学生は先発隊と後続隊の２グループで、より長くボランテイア活動を続けることができました。この２グループの学生は、主に忘れられがちなお年寄りの話相手をする奉仕活動に携わり、現場を和ませる役割を果たし、多くの方から感謝されました。学生にとっては、このソフト面での奉仕が、いかに復興に大切であるかを学んだ瞬間となりました。

2　国際人としての女子教育

　社会人女性のグローバル活動の一環として、県が主催している「婦人の翼」活動があります。沖縄からの参加者は多いのですが、沖縄側からの文化・芸術など提供、提出は、例年、琉球舞踊だけでした。芸能の面では世界最高水準をもつ琉球舞踊ですが、それはそれで素晴らしいのですが、グローバル教育となりますと、もう一つ忘れてはいけない大切なものがあります。それは、「婦人の翼」に世界各地から集う方々と意見交換をすることです。原先生が参加されて初めて、英語での意見交換がなされ、一緒に参加した沖縄のメンバーは原先生と同じ団員であることを大層誇りに思ったそうです。その後、徐々ではありますが、沖縄女性のリーダーで英語でスピーチされたり、ラウンドテーブルで意見を述べたりと国際的に活躍する女性も育ってきています。

3　短大生の女子教育

　短大生の女子教育は、沖縄キリスト教短期大学時代以前から取り組まれていました。女子学生の海外渡航があまり歓迎されない時代に、原先生は勇敢にも、その道を開拓しました。県外の女子短期大学で教鞭をとられていた時、

ハワイのカワイコミュニティカレッジと姉妹校契約を結び、女子学生を海外へ引率されました。参加した学生の中には病弱の学生がいて、ご両親から猛反対を受けたそうですが、原先生の教育への情熱とその学生の強い希望にその道が開かれました。カワイでの異文化体験が、その学生を心身共に丈夫な女性に成長させたとのことです。

　沖縄キリスト教短期大学の学長時代には、教育に益々真剣に取り組まれ、ハワイ大学の分校である2つのコミュニティカレッジと契約を結び、また、ミシガン州立大学（MSU）とも契約を結びました。米国有数の州立大学と沖縄の一短大との準姉妹校締結を成立させたのです。おかげで、キリ短の学生は、ハワイとミシガンで海外研修をすることができました。特徴的なものは、保育科の学生が、保育の見学実習をすることが出来たことです。実際にアメリカの子どもたちと一緒に過ごす時間を獲得したのです。英語科の語学研修生が羨ましがる光景もありました。これらの研修に参加した者の中から僅かですが大学の教員、職員になった者もいます。さらに世界の学術誌に論文を掲載した者もいます。沖縄科学技術大学院大学（OIST）のリサーチャーになった者もいます。

　留学、海外研修先はアメリカのみならずフィリピンへも目を向けられ、アジアの人々への思いやりとグローバル社会が意味するものを示唆してくださいました。そのおかげでフィリピン女子大学に留学し、女性問題を研究し、その成果を国連で発表する機会を得た者もいます。このように、原先生は、沖縄の女子教育において新しい芽を植え付けてくださいました。もっと多くの若い人たちがその芽を開花させていくことを大いに期待されていることでしょう。

4　沖縄女性研究者の会初代会長として

　この会の発足に当たって、会の発案者であり、会発足を提案した大城現会長は多大な働きをしましたが、当時はとてもお若く、良き先輩方のお力添えも必要でした。その時のよき相談・協力者が当時女性学長であり、女子教育のスペシャリストであった原先生でした。

原先生は、この会の立ち上げに賛同し、会発足に尽力されました。その時、琉球大学名誉教授であり、女性で初めての沖縄県教育委員会委員長になった、安谷屋良子先生も関わり、協力を得ました。
　原先生はアカデミックな面と行政や地域の諸問題への女性参画の重要性を常に訴えられる活動家の面を示され、初代会長としての力量を発揮されました。
　先生の専門分野は「女性解放」でしたので、あらゆる状況下にある女性への親しみをお持ちでした。そして、女性を解放へ導くのは「高等教育」であることをご自分の経験から強く主張しておりました。いろいろな分野や立場の女性と交流を持つことによって、社会の一隅にある問題に目を向けることが出来、そのことを意識するだけでも世の中は変わるというのです。先生のこのようなお考えを盛り込んだ論文は、米国の上院議員の目に留まり、その女性が、原喜美先生にお会いするためにわざわざ沖縄までおいでになりました。米国でも女性、特に有色人種には厳しいものがあるとのことでした。この黒人議員さんも大変不都合な目にあわれたようですが、それを跳ね除けて上院議員に選出されたとのことでした。私は、この議員さんのお話を聞いて、日本の女性解放はまだまだ解放に値しないと思いました。
　沖縄女性研究者の会活動の目標の一つである女性研究者問題の改善、整備も原先生の提唱する女性解放と軌を一にしたものであり、ゆえに会活動にも誠心誠意関わられたのでしょう。学長職を退いた後、オーストラリアに住んでおられる娘さんのところに移住されるとのことで、大城現会長の働きがけで、当時沖縄県知事稲嶺惠一氏から、本会活動と沖縄県女性政策活動、男女共同参画型社会形成の活動にご貢献されたとして感謝状を授与されました。私も現会長と知事室での表彰式には立ち合いました。原先生の沖縄県での女性の地位向上に果たした功績は大きいといえましょう。

おわりに
　原先生は、女性の高等教育の必要性、重要性を常に訴え、事あるごとに国内外を問わず、その有様を示されました。

特に沖縄キリスト教短期大学の学生は、グローバルな視点で保育実習や異文化体験を米国、フィリピン、オーストラリアで行うことができました。卒業後は、それぞれの立場で社会貢献をしています。
　2020年には、東京オリンピックが開催されます。また2016年10月、世界のウチナーンチュ大会が開催されます。これらの開催に合わせてと言うことではないのですが、今後は、ごく当たり前に隣の国の人々と、あるいは、遠くの国の人々と、インターネットで、また、フェイス　トゥ　フェイスでコミュニケーションが取れるよう、気持ちを新たに、原喜美先生の後に続くことが出来るよう、わたしたちも原先生の教えに応えたいと思います。

（研究論集　第10号）

平成16年度県功労者表彰の栄誉に浴して

外間 ゆき

要 旨

　菊薫る秋は亜熱帯沖縄でも爽やかな季節となる。例年のように秋晴れの11月3日、沖縄県功労者表彰式と祝賀会がパシフィックホテル沖縄で執り行われた。本年度、私は教育功労者の一人としてその栄誉に浴した。
　表彰状に記されている内容は次の通りであった。

　　あなたは多年にわたり琉球大学教育学部教授などとして人材育成に尽力し本県の大学教育の発展に貢献したほか食品学における「沖縄県の長寿者の食生活に関する研究」等は沖縄の食生活に対する認識を高めるなど多くの研究成果をあげられました
　　その功績は誠に顕著であります
　　よってここに沖縄県功労章を贈りその栄誉をたたえます

沖縄県功労章を拝受
　知事をはじめ県の関係者、来賓そして家族や友人参加の凛とした雰囲気の中で、戦後の沖縄の復興に尽くした10人の功労者達それぞれに、稲嶺惠一知事から功績について記された表彰状と県功労章が授与された。にこやかに握手を交わして表彰式は無事終了した。その間、天井のライトで照らされ、あちこちから写真のフラッシュを浴びて眩しさも一入であった。引き続き行われた祝賀会では多くの来賓の方々から丁重なお祝辞を頂き、また多くの知

人、友人のご祝意も頂いて身に余る光栄と感激に浸った一日であった。

　実は、この日に先立って、10月下旬に県から功労者表彰の内定の通知を受けた。早速、翌日にはマスメディアからの取材の予定が入った。県功労者名の報道解禁日になると、県功労者名とおおまかな功績が発表となり、途端に、早朝からお祝いの電話が鳴り続け、祝電も沢山届いた。電話が繋がらなかったと後日、お詫びと同時にお祝いの言葉を頂いた方も多かった。留守にしては失礼になるかと2、3日は用事を先送りして、在宅することにしたし、備忘録のノートを作って祝意を頂いた方々のお名前を書き留めるようにした。このように多忙になるとは思いも寄らず、しかし、嬉しい悲鳴というのはこういう事だと実感もした。

　私にとって、表彰式のような晴れがましい席は馴れていない。私の右隣には大臣もなさった方や左隣には私学教育の学校経営ベテランの方も居られた。それで、「私はこういう方々同様にそれ相当の業績をあげてきたのだろうか。」と、壇上に登っても思うことしきりであった。会の推薦を受けて書類を提出したものの若輩だからと期待もしていなかった。また、開学当初の大学に職を得た者として、教育・研究・普及（地域の人達に知識や研究成果を還元していく活動）に努めることは大学創立の理念でもあり、復興に励む沖縄の社会では、日常生活の向上を図ることが先決であり、当然の勤めとされていたのである。

琉球大学における研究・教育・普及

　顧みると、確かに43年という琉球大学での勤務は長く、勤務20年目と退官時の2回に亙って永年勤続続表彰を受けて来た。採用当初の1953年頃、琉球大学は木造平屋建築の講義室が多くみられ、施設・設備も未整備であった。

　最初の普及活動は「スキムミルクの溶かし方」いうテーマで、援助物資であったスキムミルクと調理用具持参で小学校や琉米文化会館を借りて、教師や地域の婦人にデモンストレーションをして、併せて、ミルクの栄養価について説明してその普及を計った。また、小・中校教員の休暇を利用して開設

された単位認定講習にも講師として参加した。

　1972年の本土復帰後は、国立大学として施設・設備、教官数も充実した。それだけに、国立大学の教官として特に教育・研究に励まなければならなかった。卒業生は高等学校や中学校の教員、或いは病院、県市町村や学校の栄養士、そして生活改善普及員などの専門職に就き活躍した。

　また、研究については通常の研究費だけでは思うように成果は上がらなかったが、幸いにも多くの方々の協力もあって、文部省の科学研究費補助金を受けることができ、研究代表者として3回、合計7年間に亘って研究費補助を受けた。

　また、琉球大学特別研究費の補助も受け、沖縄の食品や食生活にかかわる調査研究を進め、共同研究として学会機関誌に投稿することもできた。したがって、比較的恵まれた研究生活であったと言えるのかもしれない。

　「沖縄における長寿者の食生活に関する研究」では共同研究者の一人として玉那覇直沖縄県栄養士会会長（当時）が参加し、その下で多くの栄養士が高齢者の食生活調査に協力した。その成果を日本栄養改善学会で数回に亘り研究報告をして来たことが認められ、栄養改善学会賞を受賞することができた。調査した85歳以上の長寿者について、その高齢期食生活の特徴について要約すると「献立パターンは米飯・味噌汁・惣菜、米を主食にして、汁の実には野菜・野草など、惣菜には野菜と豆腐の味噌煮が多くみられた。食品の利用頻度の高い順に記すと、米・大豆製品（味噌・豆腐）・野菜や野草・卵・乳・果物・魚介・海草・肉であった。魚と肉の摂取量の比率は1.2：1.0で、やや魚が多い状態であった。摂取エネルギーは本土の高齢者より少なく、総エネルギーに対する脂質エネルギーの占める比率は25％で良好であった。」

　さらに、この共同研究の中で、琉球大学家政学科の教官、尚弘子、宮城節子、桂正子、金城須美子、東盛キヨ子、私は高齢者に好まれている豚肉料理について、「琉球料理における豚肉部位別の加熱調理による脂質成分の変動について」というテーマで調査研究し、食品成分上の特徴について明らかにした。「豚肉料理の場合、調味に先立って、豚肉の大きい塊のままたっぷりの水の中で、柔らかになるまで茹でる。その間、浮いてくるアク（泡や脂）を取り

除くことは、肉や茹で汁中の脂とコレステロールを減少させることが出来、有用な方法であることが分かった。また、調味に際して、泡盛を用いることも琉球料理の調理上の特徴であるが、こうすることで、肉を軟らかにし、香りをよくする効果も現れてくる。さらに、琉球料理は豚肉と食物繊維の多い昆布や野菜・きのこ等との組み合わせも良い」。このような理由で、琉球料理が長寿食として見直されてきた。この他、「味噌類の成分について」や「ひとえぐさ（アーサ）の成分について」等も研究報告書に纏めた。

　沖縄産のもずく、アーサについては利用法もよく知られている。昔、アーサは冬場の冷たい海で、岩にへばりついているアーサを採取し、砂や石を除きながら洗い、一日乾燥させて貯えた。最近、養殖ものやアーサを冷凍して、必要に応じて解凍して使うこともあるが、アーサの緑黄色や磯の香りが好評のようである。

　アーサは緑藻類に分類され、この黄緑色はクロロフィル（葉緑素）を含むためであるが、クロロフィルを含むものにはカロテノイドも多く、また、アーサにはビタミンCも豊富である。クロロフィル、カロテノイドやビタミンCは抗酸化性も強い。そして、そのたんぱく質のアミノ酸組成は良く、海藻の持つぬるぬる感は難消化性の多糖類によるもので、食物繊維の機能を併せ持っていると考えられる。四方美ら海に囲まれているので、海藻類の養殖による生産は増えてきている。機能性の面から、地産地消の意からも利用を拡げたい食品である。

沖縄女性研究者の会

　初代会長原喜美先生のご尽力で結成されたこの会は、現在、大城智美会長および理事、会員登録数約90名によって運営されている。近く『研究論集』の出版が予定されているので大変喜ばしく思う。戦後、学制改革により多くの女性が大学で学べるようになって半世紀余が経った。そして、各分野に女性が進出できる社会情勢にもなってきた。これからは女性一人一人が自分の専門分野で頑張っていくことが、さらなる女性の地位向上に繋がると思う。

　11月13日、沖縄女性研究者の会は私のためにパシフィックホテル沖縄で

祝賀会の席を設け、20名余の方が集った。プログラムの順に、開会のご挨拶を大城会長、祝意の琉歌を歌唱頂いた泉恵得琉球大学教授、祝辞を頂いた新垣博子琉球大学名誉教授、新島正子沖縄調理師専門学校校長、乾杯の音頭を福山逸雄沖縄国際大学教授、ご祝意を渡口文子元琉球大学教授、桂正子元琉球大学教授、鎌田佐多子沖縄女子短期大学教授、大山敦子いじゅの会会長、金城須美子琉球大学名誉教授、東盛キヨ子琉球大学教授、新城澄枝沖縄県栄養士会会長、小橋川直子琉球大学家政学科教務職、祝嶺恭子元県立芸術大学教授、喜友名カツ子さん、親富祖理美子さん、閉会のご挨拶を渡真利源吉副会長に頂き、終始司会を務めて頂いた理事の新垣都代子琉球大学名誉教授、受付の長浜技子さん等から頂いた身に余るお祝いや心に沁みる温かい言葉は、生涯の心の宝にしたい。

　琉球大学に奉職した時から、教育・研究・普及について使命感を持ち続けてきた道程を思い出している今日この頃であるが、家族の理解や共同研究者の協力、そして先輩や仲間に恵まれ、このような栄えある表彰状と県功労章を拝受して、改めて感謝の念で一杯である。

（研究論集　第3号）

沖縄の女性20世紀から21世紀へ

由井　晶子

はじめに

　はじめまして、由井と申します。演題「沖縄の女性20世紀から21世紀へ」はいささか大げさ過ぎますが、後2年も待たずに訪れる21世紀の沖縄はどうなるのだろうと考えますと、どうしても過去を振り返り、20世紀の総括みたいなことをしなければならないのではないかと思い至ります。

　沖縄は日本の中でも特別な環境と状況下に置かれた地域です。女性たちもまた、独自の生活と独自な歩み方をしてきて、平均的な「日本の20世紀」の歩みで説明するとはみ出してしまう部分が大きい。それでいて、普遍的な経験もしている、そこを見ておきたい、そんなお話ができればと思いますが、うまくいきますかどうか。

　私は人前でしゃべるのがとても下手くそで、原稿をどっさり準備してきても、途中で話があっち跳びこっち跳びして、とりとめのないおしゃべりになって、思うことを十分に言い尽くせない結果になります。物事を斜めにみるジャーナリストの特性で、しゃべっている自分自身を、もう一人の自分が見ていて、モタモタするなんてこともあります。それ以上に、公共の場でしゃべるのが苦手という沖縄の女性の習性みたいなものがしみついている一人なんだろうなと思うことがあります。

　年配の方になるともっと大変です。那覇の先輩で明治生まれの金城芳子さんという方がいらっしゃいました。いわゆる大正デモクラシーの青春時代を送り、「自由恋愛」で沖縄を出奔して東京でどん底の生活苦と闘った後、戦前・戦中・戦後にかけ、社会事業の現場で働いてきた方です。ケースワーカ

ーとして孤児、里子の問題と取り組んで10年、人生経験豊富、勉強家だし、知識もすごいし、差し向かいで伺うと、尽きない話題が湧き出てとどまるところを知らずなんです。ところが、演台に立つとなると、1カ月も前から準備するうちに胃が痛くなって病院に行く騒ぎ。「われわれが人前でしゃべれないことかくのごとし」とよくおっしゃっていました。晩年、80を過ぎてからは八方破れで講演も随分こなしましたが。

　日本の女性の多くが、人前でしゃべれるようになった歴史は浅く、何も沖縄の女性だけがそうだとは言えないでしょう。小さな共同体の中で言葉にしなくてもわっている同士、慣習に従っていればよく、いちいち自分の意見を言わないのが普通で、言えば角が立つといった社会に生きていると、他人に向かってしゃべる、自分の意見をはっきり言うことなどなかなかできません。それにしても沖縄の女性は、長い間、特別に公の場所で自己表現、自己主張するのが下手だったのではないか、それは何だろうと考えることから始めたいと思います。「女性研究者の会」の去年の研究報告で、キャロラインC.レイサムさんが「日本の大学の女性研究者の現状は30年前のアメリカの状況とよく似ている。」とおっしゃっています。優秀な女子学生の目標設定が低く、それは目標とすべきモデルがないのが原因だろうと。日本全体に言えるのか、沖縄の大学に関してなのか、外部の者にはよく分かりませんが、沖縄社会における女性の地位に拡大解釈して大いに思い当たるご指摘だと思って読みました。私たち旧世代を縛ってきた「何か」とも関係があると思います。

「皇民化」教育の果実として

　さて、自分の経歴から申し上げます。私は沖縄で生まれて小学校（当時は国民学校と申しました。）5年生のときに九州に疎開します。ささやかですが「異文化」との出会いをするわけです。これは、いろいろと沖縄というもの、自分というものを考える最初の機会となったようです。私が小学校へ上がったのが昭和15年（1940）。この年は皇紀2600年。日本は世界に冠たる「神の国」である、神武天皇が即位した年を元年とする日本独特の。西欧よりも古く尊い文化を誇る暦に従うと、明治時代に打ち立てられた「国史」の精神

が、あらゆる分野に猛威を振るい出したファシズムの時代に突入していました。昨年、沖縄の米軍用地の強制使用をめぐって特措法改訂が衆参両院の圧倒的多数で可決された時、野中広務自民党幹事長（当時）が「大政翼賛的だ」と批判しましたね。私の小学校入学の年こそ、自由な政党活動を禁じて一つの価値観で政治をする、大政つまり天皇を中心にした政治にすべての政治家が翼賛（参集）する、何一つ反対なんかできない体制がつくられたのです。婦人参政権獲得同盟も解散させられています。その時代のことを引き合いに出して、戦中派である野中さんは反対の少ない決議に警告を発したわけです。本心かどうか怪しいものですが。

　反対意見は封じられていて侵略的な軍国主義に国中が染められていく。そんな最中に私は小学校1年制、沖縄にも結成された大政翼賛会の歌を軍歌とともに高らかにうたいました。そして、翌昭和16年（1941）は米英と開戦、いわゆる「大東亜戦争」を引き起こして、小学校も国民学校と変わり、いよいよ神がかり的な教育にマインドコントロールされていったわけです。今でこそ、いとも簡単にあの時の教育は間違っていた、実は、アジアを侵略していたのだと、当時の先生を含め言われます。それを受けた側にしてみると、まじめな先生方は誠心誠意、お前たちは世界で一番すぐれた神の国の少国民なのだ、日本は悪逆非道の西洋人の100年にわたるアジア侵略から同じ東洋人を救うのだ、日本は大東亜共栄圏盟主なのだ、アジアの弟や妹たちとともに鬼畜米英と戦おうなどと吹き込んだのですから、輝かしい時代に生きていることを誇り高く思い、実にいい気分になってしまう。これも歴史になってしまいましたが、文化大革命時代の中国の毛沢東語録を掲げて高揚していた少年少女の紅衛兵たちと似たようなものでした。何しろ戦争は遠い遠いところでやっているので、兵隊さんの戦死もロマンチックに考えて悲壮な歌を歌うという具合でした。そういう、皇民化の果実として沖縄にいると、私たちは日本の少国民であることを少しも疑わないわけです。天皇陛下の赤子であるという建前まで本当に信じて疑わなかったか、そこは、幼くてよくわからなかったと思うのですが。

　昭和19年（1944）、決選体制で沖縄に軍隊が乗り込んできて、歴史に残

る悲惨な遭難で知られる学童疎開船対馬丸より一足先に疎開しました。新しい体験にめくるめく思いをします。疎開体験は学童疎開の子どもたちのほうが苛烈ですし、まして、沖縄に残って戦争に巻き込まれた子どもに比べて、私のような家族の縁故疎開などまあ甘いものですが、九州を転々としたお蔭で、子どもなりにさまざまな疑問を持つようになります。何もかも変なんですね。疎開先の学校にも軍隊が駐屯していまして、若い上官が父親ほども年の違う補充兵をやたら殴る醜い様子を目のあたりに見る、学童疎開船が魚雷にやられたらしいというのに、それを言うのはスパイ行為だとささやかれる、仲でもひどく混乱したのは「沖縄差別」に直面したことでした。親切にしてくれる意図が多かったのですが、陰で「オキナワサン」と呼ぶ人もいて、沖縄に米軍が上陸して疎開者は苦しい思いをしているのに、「沖縄人はスパイ行為をしている」といううわさが流れたり。大人たちはかりかり憤ったり、時にはいじいじと萎縮したり。でも何をという気持ちも強かったのですね。それが子どもに影響する。一生懸命勉強して、学校の成績をよくするために頑張る。そんな子どもたちの気なげな努力も九州一円で情報として流れてくる。

　戦争が終わると、沖縄出身者は生きるためになりふりかまわず闇屋をするなどたくましくなっていくのですが、ともかく、私たちは同じ日本人と思っているのに、相手はそう思ってくれない様子に絶えず違和感を抱かざるを得ない。そんな環境下でいつも肩ひじ張って、ばかにされないように頑張る、一体これは何だろうと原因を探求する知恵の持ち合わせもなく、何の解決もつかないながら、幼いなりに思うことがたくさんありました。

海外世論の支援を受けた沖縄の民主化

　それから廃墟の郷里に帰り、4年制の過渡的な高校を出て、できたばかりの琉球大学に1年、東京へ出ていきました。日本はまだ連合軍の占領下にあり、マッカーサー元帥が絶大な力を持っていたのが、朝鮮戦争をめぐってトルーマン大統領と対立して解任された1951年です。朝鮮戦争たけなわ、東京を中心に日本は革命運動や平和運動が熾烈でした。学生運動も過激化して

いるさなか。サンフランシスコ平和条約が締結されて日本は独立しますが、沖縄は切り離されてしまいます。沖縄からはまだ少数の学生しか本土にはいけなかったのですが、多くがごった返す日本の民主化運動と言いますか、政治運動を目の前にして、アメリカの施政権の下に入れられてしまった郷里に特別な思いを持たざるを得なかったのです。沖縄出身の学生運動は、帰京した時に基地周辺の調査をして、沖縄はこんなひどい状況なのだということを本土の人々に訴える本『祖国なき沖縄』を出したり、軍当局に抗議声明を発表したりしていました。私もその周りをうろうろしていました。

　1995年に新聞社の東京支局に入りました。朝鮮戦争は終わったが、東西の冷戦が深刻な頃で、アメリカは沖縄で極端な反共政策をとっていました。「銃剣とブルドーザーによる土地接収」が行われ、農民は孤立無援の闘争を繰り広げている、軍雇用員も組合活動するとパスを取り上げられ、生活できなくなる、復帰運動も弾圧される、学生などが頑張って宣伝に努めても、そんな事情がなかなか本土に伝わらない、情報が少ないから本土の人々は沖縄に関して無知でした。

　それが、沖縄にいたアメリカ人の宣教師が、米本国の新聞に「沖縄で重大な人権侵害が行われている、と書いたのが機縁で、事態が急変します。ニューヨークの国際人権連盟の議長の目に留まり（直接手紙を送ったという説もある。）、日本の自由人権協会に調査を依頼したのです。人権協会の弁護士や学者が実際に沖縄へ渡って調査しようにも米軍はビザを出さない。そこで先ほど申しました本や、往復が可能な学生たちが集めてくる資料、聞き取り、沖縄タイムスや琉球新報の記事などをもとに調査報告書をまとめたのが朝日新聞に大きく報道され、大問題になりました。有名な「朝日報道」です。その年に私は新聞記者になりました。この年は、あの幼女暴行殺害の「由美子ちゃん事件」が、沖縄で初めてと言っていい大規模な人権闘争を巻き起こした年でありました。

　今、思うと、今昔の感がありますが、当時は米軍政の規制が厳しくて、街頭デモ一つできない状況でしたから、抗議集会も夜開いていたようですね。本土の新聞記者も入れませんでしたが、朝日報道をきっかけに米軍当局も記

者団を招かないわけにはいかなくなりました。沖縄の実情がマスコミに乗り、本土世論の援護射撃はそれは大変な力を持ちました。私は新米時代、せっせと東京から軍政批判の援護射撃になる記事を送る仕事にいそしみました。やがて、1956年の「島ぐるみ土地闘争」が起こり、米国も少しずつ譲歩していきました。そして、あまりに多いトラブルに辟易して、沖縄は日本に返して基地を確保した方が得と計算した結果、祖国復帰も実現しました。

ずっと後、30年以上も経て、ハンガリーとかチェコとか、ポーランドとか、東欧の民主化運動が外部の支援を得て独裁政権を倒すのを見て、感慨が深うございました。規模は小さいし、あちらのようにたくさんの生死をかけた大闘争ではないけれど、沖縄も本土や国際的な支援を得て、人権を一つ一つ獲得して、復帰まで持っていった。似た歴史があったと思ったものです。1955～1957、1958年の沖縄の大衆運動が本土の人々や国際的な世論を動かした高揚期は、原論と政治・社会・沖縄と日本あるいは世界、さらにジャーナリストとしての自分自身の生き方を考える原点となりました。

沖縄が復帰する際、中央省庁も大変な作業をしていて、屋良朝苗革新知事（当時は行政主席）が代表する地元と圧倒的な力で押しまくる自民党政府と様々な軋轢もあり、取材としては大きな仕事でした。私自身は、もう一つ、沖縄の文化が少しずつ本土に知られていく、いわば沖縄の独自性を全国に認知させる現場の取材も印象深いものでした。

たとえば、伝統芸能は、あの思いで深い1955年に、真境名佳子先生、喜納幸子（現在宮城）、南風原逸子（後に仲本良枝）、志田房子さんたちが、真境名由康、島袋光裕先生など大御所とともに、大袈裟に言えば、戦火にも米占領下にもめげず琉球芸能の健在を示して戦前からの沖縄ファンをはじめ中央の文化界をあっと言わせた公演が歴史に残るでしょう。10年後、祖国復帰運動たけなわの頃には、先ほど、ここで踊られました新垣典子さんが、松川典子という可憐な少女で「柳」を踊り、今はベテランの佐藤太佳子さん、玉城節子さんたちが初々しい踊りを見せた国立劇場公演がありました。こうしたいくつかの東京公演を経て、復帰とともに、組踊を代表とする琉球芸能が歌舞伎や文楽など日本伝統芸能と並ぶ国の指定の文化財に指定されること

になります。

　こうした文化は、政治的な問題とセットみたいに本土で注目されて知られていき、さらに、沖縄地元に打ち返されて盛んになっていきましたね。

　また、沖縄占領下時代の手のつけようもない売春問題に対する沖縄の女性たちの運動が、市川房江さんをはじめ、本土で1958年に大変な苦労をして売春防止法を制定させた婦人団体の協力で力を増していった経過も目のあたりに見、取材しました。ちなみに「売春」、「売る春」と書いていたのを、女性にそれを強要する男性の方が問題だと「売春」、「買う春」と書くことを最初に提起したのは、沖縄の売春問題に取り組んで支援したキリスト教婦人矯風会の高橋喜久江さんでした。日本男性の観光「売春」問題を取材していた朝日新聞の松井やよりさんを経て、広がりました。今、売買春は普通名詞になっています。

　さように、明けても暮れても沖縄、沖縄と、2文字が頭を離れなかった東京の記者生活でしたが、沖縄を離れて、どうしても「沖縄問題」をひとくくりにしてあれこれやってきたので、個々の女性が直面する生々しい問題には弱いのが私の弱点であることをご承知おきください。

戦後の復興支えた女性たち

　何しろ40年も沖縄を離れて東京にいたものですから、どこか化石みたいになっているところが私にはあります。戦前に移民でハワイや南米など行った人が、大正や昭和初期にの雰囲気を残して固まっているようなことがあります。私も似たようなものです。1951年の焼け跡時代で固まってしまっているのではないでしょうか。最初に沖縄勤務になったのが1981年、昭和56年です。何を見ても驚く浦島花子です。30年ぶりの郷里の生活は苦痛でした。どうして首里の街がこんなにコンクリートで固め尽くされて息苦しいの、車の往来が激しくて夜も眠れやしないと、文句たらたらでした。高い建物等なく、道路も舗装されず、車といえば米軍用車ばかり、首里のどの地点からも那覇の海に沈む夕日が見えた頃に沖縄を出ているのですから。

　一方で、女性たちの変化に目を見張りました。若い女性の体が大きくなり、

スマートにきれいになって、何よりも日本語が上手、自己表現が巧みで、堂々と自己主張する。一旦東京へ戻り、1990年にもう一度本社に来て、さらに中年に達した女性たちの勢いに圧倒されました。

　振り返りますと、ゼロから出発した戦後の沖縄の復興は女性たちに負うところ大でした。男性がたくさん戦死し、壮年男女の割合が４対６とか３対７などといわれた難民収容所で、病院で戦傷病者の看護、浮浪児化した子どもの教育、孤老になったお年寄りの世話に始まり、女性たちの働きなくして平和な生活は戻らなかったといっていいでしょう。戦後すぐ米軍の指令で女性にも参政権が与えられ、占領政策に女性解放の制度も盛り込まれました。「配給された民主主義」と自嘲した男性もいましたが、女性の政治参加が本格化したのは1948年の初めての市町村議会議員選挙です。私が住んでいました首里市（当時）では高校の公民の先生、武富セツさんが全島で最高得票して当選されました。そのほか、子どもを抱えた戦争未亡人が生計を立てられるよう、米軍の戦闘服・作業服をほどいて下駄の鼻緒を作り、子どもから大人までの洋服作り等々を指導した吉田つるさんとか、やはり毛糸の米軍服をほどいて編み物を教えた嘉数ツルさんが立候補しました。

　私たち、今の中学３年の年頃の娘たちも興味津々立ち合い演説を聞きに行きました。すると、吉田さんは「私は女だてらに選挙に立つけれども、当選しても威張りません。男性議員のためにお茶くみもします」とおっしゃる。それから「今、お客が訪ねてとても怖いと言われている。私たちの習慣として、お客にお茶菓子を出さないわけにはいかない。ところが大変な食糧難で自分たちの家族の食べ物にさえ困っている状況です。」、要するに政治の力で食糧確保を何とかしなくてはと訴えたかったと思うのですよ。すると、戦前から婦徳教育で名声高かった武富先生が「おもてなしは心さえあればいい。何もお茶菓子など形あるもので示す必要はありません。」と、女性の心構えを説いて反論なさる。結局吉田さんは落選し、武富先生は最高当選です。どんな演説をしたか覚えていませんが、色白の美人で魅力的だった嘉数さんも当選しました。少々生意気になりかけていた私たちは、男女同権と民主主義はこんなことなのと思ったりしたものです。

そんな時代を経て、こうしたリーダーたちが中心になって沖縄婦人連合会が結成され、また、首里婦人会などが活発に活動するようになっていったようです。これは聞いた話ですが、それからずっと後のことです。先ほど嘉数さんや後に首里奨学母の会で恵まれない子どもに奨学金を送る運動をなさった野崎文子さん（那覇市会議員3期連続）が、戦争未亡人の授産事業で織物をかなり手広く普及させていたので、織機購入への補助か何かを琉球政府文教局（もしかしたらそれよりももっと早い群島政府かもしれません）に陳情に行きました。すると、お二人よりもかなり若い顔見知りの担当課長が、ふんぞりかえって足をテーブルに載せたままの姿勢で、陳情には取りあわず、「耳からも鼻からも輪をぶら下げると一層きれいになりますね」と鼻であしらったそうです。「人を人とも思わない」と、憤激をもって女性たちの間で語り伝えられていました。男性の官僚がそれぐらい強かった時代があったようです。

　官僚だけではありません。若い頃、東京支社から本社を訪ねてきた時、私が直接見聞きしたケースもいくつかあります。生活が落ち着いてからも、戦争で夫を亡くした母子家庭の女性たちの苦労は並大抵ではありませんでした。本土では母子福祉法ができて対策が講じられていましたから、1950年代の終り頃でしょうか。伊波圭子さんなどが、母子家庭の税金減免など母子福祉対策を琉球政府に求めて運動をしておられました。これがなかなか男性たちの理解を得られない。新聞社の編集の中枢にいて論説委員でもある先輩の一人など、「沖縄の戦争未亡人はマチグヮーや闇商売で儲けて金持ちですよ。なぜそんなに優遇しなくてはならないのか、もってのほかだ」と、反対の姿勢です。私は仰天して、なんて言いぐさだろうと、反論してたてついたことがあります。運動の先頭に立っている人は荒波をくぐり抜けて才覚も力もついてきているかも知れない。しかし、底辺には売春をしなくては子どもを育てられない女性がたくさんいた時代ですよ。何にも分かっていないと情けなく思いました。ちなみにその先輩も明治男で、ご自身は人並み以上の給料をとり、奥さんも商売でしっかり稼いでいる人でした。

　そうしたことにもめげず、明治や大正初期生まれの女性たちは、自分たち

で夫人連合会や母子福祉会など組織を作り、自分自身や家族を含め、弱い立場の女性救済のために活動を展開しました。戦争が終わった時、すでに中年に達していた女性たちのパワーはすごいものだったのだと、今、調べてみて感に打たれます。私たちは10人の仲間で『オキナワ　女たちは今』という小さな本を出しました。出版の前に沖縄タイムスに連載して読んでくださった方もあると思いますが、琉球大学の伊波美智子先生が7〜8年前に聞き書きした話を紹介しています。沖縄線を辛うじて生き残り、戦死した夫に代わって台湾などへ小舟で出かけては密貿易をして数人の子どもを立派に育てた話、せっかく成長した子どもの一人を久米島航路の連絡船遭難でなくした話。ほんとにいくらでもある話なのですよね、沖縄では。国の支えもなく貧しかった沖縄で、女性たちは闇商売だろうと密貿易だろうと生きるためには何でも勇敢にやってのけて、私たちに現在の豊かさを残す基礎を築いてくれています。そして戦争・戦後と毒舌に尽くせない思いをしたことなどなかったみたいに、明るく朗らかにしていますよね。ひとたびことが起こると決起して、基地闘争にも土地を死守しようという女性の姿が歴史に刻まれています。

　そこで沖縄の女性は強いと定評ができました。同時に内部を見ると、男性の女性の活動に対する無理解、冷淡さがまた、現在では想像もつかないほどひどかったことにも驚きます。

新しい女性（活動）の台頭

　復帰直前の1970年頃だったでしょうか。売買春問題がクローズアップされた頃、東京から沖縄に移り住んで間もなかった弁護士の金城清子さん（現在津田塾大学教授）が、沖縄は米軍政がひどかったので、それに対し普遍的な人権を求めて一致協力して闘うことには強いけれども、沖縄社会の中にある個々の人権問題には思いのほか鈍い、これからだ、と書かれたことがあります。底辺の女性の権利が十分主張されていないということだったと思います。

　売買春問題では、戦後早い時期、1949年には設立間もない沖縄婦人連合会幹部が、混乱する世情の中で散在する街娼を集めて米軍人慰安のための歓

楽街をつくるという業者や行政（自治体）の計画に反対を唱えています。歓楽街設置をめぐる討論会を企画し、人民党の瀬長亀次郎書記長やキリスト教の牧師などは女性解放、人権の見地から絶対反対を唱えていますが、概ね環境浄化運動的な色合いが強かったのではないでしょうか。女性たちの間にも、米兵や混乱期のすさんだ男性により多発する「婦女暴行事件」に対する「防波堤」論はあり、何よりも多くの女性を救う方法もなく、反対運動は孤立無援でした。やがて、歓楽街は構造的に基地経済に組み込まれ、4半世紀も手がつけられないほど泥沼化していったのです。もう一度女性の人権の問題としてクローズアップされたのが復帰の方向が見えてきた頃というわけでした。

　先ほど、1980年代の女性の変化に驚いたと申しました。占領下で1960年以降、戦後の復帰期を下支えしたパワフルな明治生まれの女性たちの婦人会運動の後を受けて、労働組合運動、女性教師の運動と活躍が盛んでした。復帰運動や平和運動、どこにも女性の姿が見られます。そうではあるけれども、これまでとどこか違う女性の出現といいますか、新しい思考様式、行動様式を持った女性たちが活発に堂々と新しい活動をしている、そんな感じですね。あの連中、無遠慮に勝手なことを言って、苦労してきた先輩を尊敬しないし、長幼の序なんてはなから無視するし……というような年配の女性の嘆きを聞いたことがあります（私自身そうそうと相づちを打ったかもしれません）。

　しかし、束縛されない女性たち、束縛をはっきり跳ね返そうとする女性たちは、様々な活動を通じ、社会全体にも、古い男性優位の慣習にどっぷり漬かった男性たちにも、実力を認めさせていったように思います。今では珍しくもありませんが、10年以上前に、たとえば企業のトップたちの会合に、売買春問題との取組から出発して女性たちの新しいリーダーになった高里鈴代さんを呼んで話を聞いたりすると、聞いて、えっと思いました。栄養学の権威である尚弘子先生に長寿や健康について男性の会合で講演をしてもらうとか、新島正子先生に琉球料理をめぐって話を聞くのとは違います。以前に、沖婦連の会長や生活改善運動のリーダー、あるいは占領下から復帰前後に活躍した婦団協の幹部が、指導層の男性の会合に講演を求められたなんて聞い

たこともない。彼女たちから学ぶことは何もないと、あの時代の男性たちはタカをくくっていたはずです。ジュリ馬廃止を叫んだり、行政によるミスコンクールに異を唱えたり、あの勇ましい女たち何を考えているのか知りたいと思ったのかも知れませんが、脅威を与えたのは改革の一歩ともいえると思ったものです。

　彼女たちは、1995年の少女レイプ事件以後、目覚ましい活動をしました。北京の国連女性会議のNGOフォーラムに参加して基地問題に取り組んだ女性たちは、沖縄の女性の人権に始まって韓国やフィリピンや近隣諸国の女性たちの人権にまで広げて国際的なネットワークで活躍しています。性暴力問題への取り組み、アメラジアンの教育権問題も女性が先に立っていますよね。環境問題でも基地の跡地の汚染浄化、ゴミの資源化など女性が男性をリードして改革に取り組んでいます。みんな、先ず戦後生まれを中心とする40歳、50歳代の女性が先導して復帰生まれの学生など若い層、また男性をも巻き込んでいます。男女共同参画社会といいますが、私はこうした女性たちが先に立って社会を変えていく積極的な活動こそが大きくものをいって、そんな社会の実現が可能なのだと考えます。

　高齢化社会へ向かって介護の問題、医療の問題、子どもの問題、たくさんの課題があります。その一つ一つがすべて女性にかかわります。法律や制度ができたから行政主導で女性が動員されるというのではなくて、女性が主体的にかかわって行政を動かしてはじめて住民本位のものになる。各面でやらなければならないこと（恐らくそれぞれの現場で進められていると思いますが）を、今述べてきた女性運動が指示しているのではないでしょうか。

　ここまできた沖縄の女性に、私自身は、100年間を振り返って、女性たちはよく頑張ってきたものだと、感慨ひとしおです。私は、戦後のあらゆる分野で社会の下支えをしてたくましかった明治生まれの先輩女性たちと、今新しいたくましさを身につけた女性たちとの中間に位置する世代だから、両方を見渡して、20世紀を生きてきた女性のことを21世紀に伝えていく橋渡しをするのが務めだろうと思っています。

50年で日本人になりきった女性たち

　100年前の沖縄の女性はどうだったのか。ご承知のように、明治12年（1879）の琉球処分による廃藩置県で日本帝国の一員に加えられた沖縄の人は、本土のどこと比べても、日本国民、と言うより、天皇の臣民である自覚と努力を強いられました。何しろ、当時の人々は自分たちが日本人であるとは思っていなかったのですから。実際には江戸時代に薩摩の支配下に置かれ、文化も日本化している面が多々あったのですが。でも明国、清国と中国に朝貢して皇帝の冊封（辞令）を受ける王をいただく琉球国として生きてきたのも事実です。抵抗は激しく、明治27〜28年（1894〜1895）の日清戦争で日本が勝って、ようやく沖縄県という体制を受け入れる覚悟ができていくのですね。

　琉球国の古い体制下では文字を学ぶことを許されなかった女性たちは、明治国家の下で小学校教育を受け、文字を習うことになります。互いに通じないほど違うウチナーグチとヤマトグチ。庶民や女性にとって、文字を習いヤマトグチを身につけるのは日本語という外国語を身につけるようなものでした。それでもよく頑張って、20世紀を迎える頃には、女性教師が育ち、高等女学校もできます。女子教育の目的は、天皇制国家の支えとなる家庭に尽くす良妻賢母育成だったことは知られていますが、沖縄の場合、特に風俗改良で琉球色をぬぐい去るヤマト化の方法で皇民化教育が進められました。

　明治の第2世の沖縄の有識者たちも、沖縄が近代化するには積極的にどうかしていくしかないと考えて、ヤマト風になるのを盛んに奨励しました。かって、中国からの帰化人が住み着いて、その歴史に誇りを持つ久米士族の女性たちが、琉球式の服装（琉装）と髪（カラジ）という姿で、日本国中どころか、台湾や中国まで堂々と出て行って、ウチナーグチで反物や漆器の行商をして評判を呼んでいました。そんな女性たちが鹿児島の港で20人ほど固まって船待ちをしていました。これを見て、他府県の人々が見ると異様の感が起こるだろう。他府県の頭から琉球という観念を取り除かなければならないのに、こんな有様ではいつまでも一種特別の琉球視されるのは免れないと思う。これら外観の改良も女子教育が盛んにならなくては、到底できるもの

ではない。明治中期の知識人大田朝敷が「一から十まで他府県に似せること。クサメ(くしゃみ)をすることまで他府県通りに」という有名な演説の中でこのように言ったのは、ちょうど1900年(明治33年)、20世紀前夜でした。

ところが、これより数年後、沖縄に住んだアメリカの宣教師シュワルツは、「忘れられた王国」の中で、胸を張って歩く沖縄の女性の姿や、久米の女性の堂々たる商売の仕方を褒めたうえ、なまけ者の男たちと引き比べて「西欧の女権拡張論者に見せたいものだ」と書いているのですね。

そして、女性たちが文字を得てほぼ50年後には、若い女性は琉装や髪型も捨てて、国家の要請通り完全に日本人になり切りました。沖縄戦では、うら若い女性が日本軍兵士とともに切り込みに参加して戦死したり、自決したりして、米軍の従軍記者たちを驚かせるに至りました。日本では諸外国のように女性が兵役につく制度はなかったにかかわらず。

私たちは、日本帝国の皇国民として完成品でした。そして、戦後は制度による女性解放の恩恵を最も若くして受けました。いわば教育勅語で育って、男女共学の高校を経て民主主義で仕上げをしたわけです。憲法が施行されず、米軍占領で与えられた制約付きの民主主義という奇妙なものではありました。子どもの戦争体験は悲惨そのものでした。が、疎開で救われた人も多うございました。同じ皇民化の果実でも、少し上の世代の女学生、女子青年などの悲劇に比べると傷は浅いと言わなければなりません。彼女たちは、もろに戦争に協力させられ、あるいは命を失い、生き残っても心身に大きな痛手を負いました。

ひめゆり同窓会の中の学徒隊世代で結成されている、相思樹の会が新しく「戦争と平和のはざまで」という手記集を出しました。有名なひめゆり学徒隊の記録からこぼれ落ちた、今だから話せるむごい話がたくさん入っています。その一つに、第一高女の女子看護隊に動員される年に達していない14歳の少女が、教えられたとおり国のために尽くしたい一心でお姉さんたちにくっついて軍隊の要員に参加しますが、たちまちひどい裏切りに合う話があります。首里の安国寺の濠で被災して1人取り残されます。ケガをした体で這うようにして本隊を追う途中、日本兵に捕まった。「今頃こんなところを

歩いている女はただ者じゃない。スパイだろう、立て。」とやられるのですね。14歳の小さな女の子ですよ。指揮者の水岡隊長の名を言って申し開きをしてやっと放免されるのですが、何ということでしょう。

　そんな戦中世代は、戦争直後は貧しさのどん底で青春の最後を送りました。その後に続く私たちは、先輩たちの苦労の後に戦後のいいとこ取りをしてきた世代のように思います。

「ウナイ」の力を引き継いで

　一方、沖縄では、古代的な、ウナイ（姉妹）がウィキィ（兄弟）を守る霊力を持つという民俗信仰がずっと力を持ち続けてきました。今でも沖縄の祭りの司祭は女性です。女性の宗教的な強さを物語ります。そんな強さは大きな社会的変動の時、現実的にも大きいな力になってきたのではないかと思います。しかし、これは両刀の剣でもあります。男性優位に確立された現実社会では、男尊女卑のシステムや秩序を維持するためにも機能してきたと思いますが、どうでしょう。トートーメー継承の慣習もそうですね。

　明治の文明開化時代に構想され、曲折の未制定された旧民法は、近代化といいながら、家庭における女性の地位を改善せず、家父長制を貫きました。やはり、天皇制国家を支える家族のなかで女性を無能力者とする家督制度を設けました。それは、沖縄でも古い男尊女卑の慣習をむしろ強化する形で残したのではないでしょうか。那覇や首里を中心に、トートーメーを継ぐ男児を生めなかった妻は、自分でお妾さんを探して夫にあてがってでも、男の血筋を守ることを求められました。男の血縁から養子を迎える方法もありまして、便宜的にその方法をとる懸命な処し方も普及しました。が、結婚すると男児出産を期待される嫁の苦しみは、復帰後まで続きました。また、トートーメー継承者が財産も継承するという問題もあって、1980年代の始め、国際婦人年を契機として男女平等を確立する女性の運動が、トートーメー問題を取りあげたのは記憶に新しいところです。婦団協など婦人団体が問題提起して、大きな論争を巻き起こしました。これまで触れるのもタブー視されていた生活の中の女性差別の慣習に挑んだ画期的なできごとだったと思いま

す。

　沖縄の戦争直後から復興を支えてきた明治生まれを中心とするパワフルな女性たちの中には、そんな慣習をものともせず切り抜けてきた人も少なからずありました。「トートーメーは女でも継げる」ことをすでに実践していると名乗りを上げました。琉球国から沖縄県になって、日本への同化にいそしんだ戦前半世紀余の道は一直線ではありません。大正デモクラシーと呼ばれる自由な思潮に触れた時代もありました。底辺の人々に平等をという社会主義思想も沖縄に入ってきて、社会改革運動に女性がかかわった時代もありました。そんな思潮にも接してきた女性たちが、おなり神（ウナイの霊力）の土俗的な力も兼ね備えて、混乱期の荒波を乗り越えたのです。

　戦前派の女性に比べて、戦中派や私たちの昭和一桁世代はどうでしょう。60代に突入しているこの世代はエネルギーがちょっと足りないような。強力なリーダーシップを発揮して議会に出て政治家になった女性とか、婦人団体の幹部として活躍した女性、起業して女性経営者として男勝りの意気を示した女性、料理、美容、洋裁など学校を建てた女性、ほとんど戦争が終わった時すでに大人だった人たちですよね。

　戦後派トップの女性は男性と肩を並べて学び、高学歴化して公務員や教育界に進出しています。専門職も出ています。与えられた仕事はしっかりやって、管理職にもなれるが、一歩前へ出るのを避ける傾向があったのではないでしょうか。先輩を立て、男性の抵抗を受けないように、賢く一所懸命やる。男並みに働いてあんまり女の立場を主張しない。さもないと、はじき飛ばされる男性優位の社会だったからでしょうか。それとも、民主主義で仕上げをしたと言っても、良妻賢母主義の下地に束縛されたのか、ヤマトコンプレックスの強い世代でもありますが、沖縄文化を低くみて日本同化を進めた明治の教育の後遺症で萎縮してしまったのか。どこかとらわれて解放されていない、引いた姿勢がある気がしてならない。

　そして、戦前派の活躍の次に労働運動や政治運動に積極的にかかわり、気を吐くのは、戦後の物心ついた根っからの戦後育ちの女性たちです。さらに弁が立ち、縦横無尽に自分の個性を発揮して至るところに発展しながら、女

性の視点をしっかり押し出す。そんなウーマンリブだとか、フェミニズムの洗礼を受けた女性たちが、あの明治生まれの女性たちのパワーを引き継いでいます。私の眼にはそう映ります。リアルタイムで世界の情報が得られ、交流もできる、時代というのもあるでしょう。ウチナーンチュだ、ヤマトンチュだとケチなことを言わず、しかも自分で沖縄の社会を守るおなり神だと公言して、100年前の久米の女性たちのように物怖じせず、どこへでも出かけていって沖縄の自己主張をする。ネットワークを国際的に広げて、同じ問題を抱える外国人も引き込みともに解決の道を探る私も彼女たちのパワーに引きずられ、これは負けちゃいられない、老け込むわけにはいかないと思って頑張ったりするのです。

21世紀の女性へ贈り物を

　今日は、大学にいらっしゃる恵まれた女性研究者のお集りだと思って、民間の研究者が困難な状況下にあることをお話し、お願いでもしようかと講演を引き受けました。そしたら、一般の人にも広げて有料で会の資金造成の意味もあるとのこと。とりとめのない話になりました。私は、もう少し年齢を超えて縦に繋がる女性のネットワークがあってもいいのではないかと思うことがあります。戦前半世紀、戦後半世紀、100年間を生きてきた女性たちのそれぞれの時代の経験、活力、苦労を21世紀に活かすにはどうしたらいいか，知恵を寄せ合う必要があるのではないでしょうか。

　女性の研究者のネットワークができ、立派な論文集、報告集を出されて心強く思います。今年もいい調査研究をなさると思いますが、将来女性学研究所とか女性文化研究所設立まで発展させていただくことは出来ないでしょうか。女性資料館も欲しいと思います。私たちは、有志で6年前から金城芳子基金による女性事業をやっています。冒頭で述べた故金城さんの遺志で寄付のあった1千万円を東京の沖縄協会に委託して、女性の地位向上に寄与する研究や活動に助成します。今年は応募数8件の中からアメラジアンの教育権確立の運動に25万円贈りました。有益な仕事をしている草の根のグループや個人が切実に資金を欲しがっています。1件に絞るのが忍びないくらいで

す。琉球大学の家政学科同窓会も来年から2年に1度の助成事業を始められるようです。助成事業や顕彰事業ももっとあっていいと思います。資産のある旧高女の同窓会など、21世紀の女性たちの活動への贈り物として、これ等の事業創設に寄与することもできないものでしょうか。県の女性財団、ここ女性総合センターもあることですし、受け皿になっていただくなり、実現のいい手だてはないでしょうか。

(1998年度女性研究者の会～共に学び　考える　女性の集い～報告書)

第 3 章

沖縄女性研究者問題と今後の課題・展望

座談会　沖縄女性研究者問題と今後の課題・展望

司　会　大城智美（沖縄女性研究者の会会長）
参加者　外間ゆき（沖縄女性研究者の会理事　琉球大学名誉教授）
　　　　福山逸雄（沖縄女性研究者の会理事　日本学校教育相談学会名誉会員）
　　　　大城宜武（沖縄キリスト教学院大学名誉教授）
　　　　山里惠子（沖縄女性研究者の会理事・翻訳担当　沖縄キリスト教学院大学名誉教授）
　　　　多喜美枝子（沖縄女性研究者の会理事　沖縄学院学校長）
　　　　親富祖理美子（沖縄女性研究者の会理事）
　　　　糸数デービット（医師　MD）

第1部　沖縄女性研究者の会20年をふりかえって

司会　大城　沖縄女性研究者の会は、今年で20周年を迎え、その記念として座談会を開催することになりました。座談会の目的は、20年をふりかえり、会の足跡を見直すことにより、今後の会活動の行動方針を考えるとともに女性研究者の研究環境の改善・整備に役立てていくためです。

　それでは、司会は、会長の大城が進行させていただきます。よろしくお願いいたします。はじめに、参加者の皆さまには、短めに自己紹介をお願いいたします。大城先生の方からお願いいたします。

大城（宜）　大城です。私は、沖縄キリスト教学院大学名誉教授ですが、只今は沖縄キリスト教学院大学と沖縄国際大学で非常勤として勤めてお

ります。担当は、統計学関係、情報学関係です。
司会　ありがとうございます。次は、外間先生、お願いいたします。
外間　琉球大学名誉教授の外間でございます。沖縄女性研究者の会では理事をいたしております。どうぞ、よろしくお願いいたします。
司会　ありがとうございます。次は多喜先生お願いいたします。
多喜　私は、沖縄学院の学校長の多喜と申します。主に大学通信教育部の学生をいろいろ指導しております。そして、この女性研究者の会には、まだ日が浅いのですが、皆さんとご一緒させて頂いて、いろいろ勉強させて頂いているので、感謝しております。
司会　ありがとうございます。では、次に、糸数先生、山里先生の順でお願いいたします。
糸数　医師です。
山里　山里と申します。現在、沖縄キリスト教学院大学で非常勤をしております。ハワイに在るイーストウェストセンターの沖縄支部長もしました。よろしくお願いします。
司会　それでは福山先生、お願いいたします。
福山　沖縄国際大学の元教授です。はじめ、沖縄県立芸術大学の助教授でしたが、沖縄国際大学に移って教授になりました。平成17年の3月に退職しました。
司会　福山先生は、沖縄女性研究者の会の理事です。学校教育相談の活動もしています。次いで、長い間、会に関わっておられる親富祖さん、お願いいたします。
親富祖　私は、退職して3年目を迎えています、専業主婦でございます。現在、大城会長ともども活動に参加し、女性研究者の会の理事をしております。親富祖と申します。よろしくお願いします。
司会　以上で、ひととおり自己紹介を終えました。ありがとうございました。それでは、沖縄女性研究者の会の発足から今日に至る経緯を簡略的にお話しいたします。
　私は、現在、会の会長ですが、私が大学教員をしていました時に、沖

縄女性研究者の、境遇の理不尽さというものが多く感じられる事がございまして、大変疑問を持ちました。どうして大学は女性教員が少ないのか、非常勤講師が多いのか。男性と比較して、女性は不利な研究環境にあるのか、女性大学教員における現状に大変驚きました。

また、女性研究者が修士課程、博士課程を修了してもなかなか採用されないとか、更には、経済的にも大変不利な点も多々身受けられました。そして、研究をしていても、その研究成果が論文となって活字とならない。それから共同研究をしても専任の教授のネームで発表になるとか、いろいろと矛盾した状況を目の当たりにして、私は、それではいけないと思いました。多分、女性研究者の皆さんは、ものを言いたくても言えない状況におかれているのではないだろうかと思いました。そこで、いろいろな研究者の意見をお聞きしたいと思いました。沖縄女性研究者の会を立ち上げたいという気持ちを原喜美先生に相談しました。原先生は、その提案に大変関心を示されました。「女性研究者問題によく気がついたと思います。一緒に会を作りましょう」と言われました。「それは、沖縄にとっても女性研究者の問題は深刻ですので、是非ともみんなで考える場を提供致しましょう。」と、言われました。当時、原先生は沖縄キリスト教短期大学の学長でした。原先生に相談をしまして、設立準備を始め、実った会でございます。先生には大変感謝しています。

琉球大学の安谷屋良子先生も参加することになりました。外間ゆき先生、新垣都代子先生、キリ短の大学の方には、原学長が働きかけました。キリ短から集まった教員は、喜友名静子先生、山城眞紀子先生などが参加しました。夕方、仕事が終わってから、キリ短の学長室で会の趣旨・規約などについて検討を重ねました。各大学から女性大学教員の20名が検討委員会のメンバーに入られました。また、当時、副知事の尚弘子先生も参加されました。沖縄県の女性の地位向上のために頑張りたいと理事にもなりました。

総会の前後あたりで、約100名の会員が入会しました。

キャロライン C. レイサム先生もその中のお一人でした。琉球大学の宮里節子先生も入会しました。多くの女性大学教員、専門的、技術的職業従事者、研究者などが参加しました。
　　この会は、女性研究者たちが結集し、連帯をし、おのおのの専門分野の立場からともに考え、学び、発信をしていくために設立するに至りました。
　　会の目的も女性の地位向上を図る、グローバルな視点から学術交流、情報交流を行い、研究者間の相互啓発も図る、共同研究などによって研究の活性化を図る、個人の尊厳と平和主義に立脚し、地域社会へ貢献していくなどを上げました。
　　まず、原先生と私が始めたことは、会の発足に向けての業績作りでした。原先生の提案で、女性研究者による定期研究会を、開催いたしました。この研究発表会は、1995年に始めました。女性研究者の一人一人に定期研究会で発表していただき、そして、研究発表のみならず、今抱えている問題を意見聴集しました。会の創立に向けて、定期研究会を続けました。外間先生が研究発表をされた経緯がありますので、ご意見を伺います。

外間　私が、参加したのは、定期研究会の第4回開催の時です。学術誌の『研究論集』には掲載されていませんが、報告書、ニュースレターあたりに掲載されているかと思います。

司会　研究発表の題は、「沖縄県産食品の成分に関する研究」でした。

外間　文系の方が多くおられたので、こういうテーマには興味ないかと心配していました。私の記憶に残っているのは約10名程の参加者でした。まだ設立しておりませんでしたので会員も少なかったということもあるのでしょうけど。安次富順子さんが、私の発表内容に大変興味を持っていました。

司会　第1回定期研究会は沖縄国際大学で開催しました。発表者は女性初の沖縄県議会議員である上江洲トシ先生。「県立女子師範学校の教員生活体験から得られた教育感」というテーマでお話をされました。

第2回開催の時には、沖縄キリスト教短期大学の山城先生が「幼児の基本的生活習慣におけるデモグラッフィック要因の影響について」というテーマで発表しました。そのように定期学習会を継続しながら、12月14日の総会準備をしたわけです。
　外間先生、女性研究者の発表の機会を設定することについて、どのようにお考えですか？

外間　いろんな方々が定期学習会で発表をしました。「沖縄のファッションについて」で仲井間文子さんが発表をしたこともありました。ハープ演奏をして下さった方もいました。

司会　山里先生も定期研究会に参加されていました。いかがでしたか？

山里　随分前のことで、あんまりよく覚えていないのですが、学習会以前に渡真利先生と、この会をいかにして運営していくかというお話をしたのを覚えています。渡真利先生のサポートもあったので、存続出来たと思います。この『研究論集』の着想は現会長ですが、発行が継続できたのも渡真利先生の支援があってのことではないかと思います。定期研究会では、いろいろな方々がそれぞれの経験を活かして、発表しました。それはとても嬉しかったです。研究者の会というと大学教授や専門的な研究に取り組んでいる方の会かと思いがちですが、研究は、いろいろな所でできるのです。ファッションだって、デザインだとか、人の体にどのようにフィットするかとか、マーケットも考えるとか、多岐な範囲にわたって研究しないといけないのです。そういうことを垣間見ることできました。私、生け花なども、教室に通うまでは、誰でもできると思っていたのですが、実際やってみると、お花のバランスのとり方というのがいかに難しいかということがわかりました。芸術の世界の研究というのも垣間見る事ができました。
　女性は、一つのものさえ出来れば良いというわけではないのです。浅くてもいいから本当にいろんな事を知っていないとこなせないという大きな特徴があります。これを女性研究者の会で指導する立場の方がそういう視点を広げたという事で、非常に大きな貢献をしてきたと思

います。女性が、研究に取りくむものは、男性がやるようなものではない。もっと幅が広いのです。その上で深めていかないと、社会でのコミュニティというのは成り立たないのです。

司会　山里先生から渡真利先生の話がでました。いつも、「僕は会の紅一点」と話していました。渡真利先生には、私も多くのことを学びました。会のことで落ち込んだり、迷った時には励ましてくださったり、智慧を授けて下さったり、ハードルを乗り越える術を教えていただきました。渡真利先生は社会福祉の専門で、恵まれない人々や貧しい子どもたちのために仕事をしていました。車は運転せずいつもバス利用でした。足腰も強く、遠い場所での会合にも欠かさず快く参加しました。いつも「原喜美先生に誘われて入会しましたが、僕は男性なので、女性研究者の会を男性研究者、女性研究者の会にしたらどうですか。」と話していました。

　原先生が会の初代会長、第２代会長が安谷屋先生、第３代が私ですが、実は第３代会長になれたのは渡真利先生のお蔭です。まさか私が会長になるとは夢にも思わなかったのですが、第２代会長の体調が悪く、後継者を選ぶことになって、渡真利先生から私に声がかかりました。私はまだまだ未熟なので、次回に考えますと固辞しました。副知事であった尚先生、琉球大学の名誉教授外間先生を、と申し上げたのですが、安谷屋先生と渡真利先生は、私が引き受けなければ、この会は潰れますよ。それでいいのですかと半ば驚かされた格好で、引き受けざるを得ない状況に追い込まれました。

　私は正直怖かったのですが、渡真利先生が副会長になってサポートをしっかりとする、困った時は助ける、みんなで応援するからと言われたので、とにかく精一杯がんばってみようという気になり、多くの方々の協力、支援を得て総会で承認を得て、今日に至りました。渡真利先生は会の役員だけでなく人生の師匠です。会を通して、多くの県外の学長、大学教員、研究者などとの学術交流があり、公私ともに鍛えられたと思います。このようなチャンスを与えてくださったことに心か

ら感謝したいと思います。

　今、渡真利先生は高齢者のための施設に入っておられます。教えて頂きたいことも山ほどあるのに残念です。施設でお会いしていろいろお話をお聞きしたかったのですが、疲れると困るので遠慮させて頂きました。先生の会に対する貢献は、ものすごく高いと思います。沖縄女性研究者の会が、とん挫しかけた時には道案内をして下さいました。そのようなポジティブな行為が会存続に結びついております。険しい山を越える時には先生が支えてくださいました。本日は参加しておりませんが、「ありがとう」と伝えたい思いで一杯です。

　それでは、第1回総会について話していただきます。第1回総会は1996年12月14日でした。場所は沖縄県女性総会センター「てぃるる」です。女性たちの集まる場所をということで作られた県のバックアップを受けた女性総合センターです。現在では沖縄県男女共同参画センターと名称がかわりました。

　総会では外間先生は副会長の承認を得ました。引き受けられた経緯と動機はいかがでしたでしょうか？

外間　総会設立までに、会則作りなどをお手伝いをしました。原先生の学長室へ夕方お伺いしました。

司会　はい、そうでした。私がご案内しました。

外間　設立時、原先生が会長で、私は副会長を引き受けました。副会長は私を含め3人いました（ゲイ D. クレイボーン、現会長）。総会は議長団を作って進行しました。その議長団に、花城先生も参加されました。

司会　当時の総会は55名参加でした。会員に入られたのは、100名ぐらいです。創立総会もおかげさまで無事に終えました。山里先生や議長団が進行を進めてくれたおかげです。総会も無事に終え、役員、趣旨、予算も決まり、順調なスタートでした。

　その頃、沖縄県知事になられました大田昌秀先生を表敬訪問しました。原先生　山里先生、外間先生、私、安谷屋先生もご一緒でした。

外間　知事室に？

司会　そうです。県知事宛に表敬文書を作成し、お持ちしました。ご協力をお願いしたところ、県知事の大田昌秀先生が「沖縄女性研究者の会発足おめでとうございます。是非とも沖縄の教育研究の分野で先導役を担ってほしい。」と激励されました。大田昌秀先生がその時に補助金も決めて下さいました。女性政策室の宮城初子さんが担当でしたが、お電話をされて、沖縄女性研究者の会に補助金をだすようにと、そして活動費としてぜひとも活用させていただくようにと、おっしゃって下さいました。

　２度にわたって、沖縄県の補助を受けました。そのおかげで、報告書1997年度版・1998年度版、それから今日まで継続している研究論集を発行しました。また、高価なマックのパソコン、コピー機なども補助金で購入できたので本当に助かりました。

　会員会費だけではどうしてもまかないきれません。補助金を下さったことは大変有り難いことでした。沖縄でも初めての会ということで、沖縄県女性団体のリストにものせて下さいました。大田昌秀先生のおかげで『研究論集』創刊号の発行もできました。

　総会には錚々たるメンバーが集まりました。税理士の中村よね先生、沖縄大学の國吉和子先生、琉球大学の伊波美智子先生も参加されました。叙勲と県功労章を受章しました与儀千代子先生（看護師、キリ短理事）も原先生ととても親しかったので参加されました。キリ短からは女性の教員がほとんど参加されました。原先生がお声掛けして下さったおかげだと思います。それから、東盛キヨ子（琉球大学助教授）先生、今は亡き琉球料理の大家・新島正子先生も入会されました。新島先生は、賛助会員になりました。賛助会員は約20名程でした。

　当時総会に参加された若手研究者の中には、現在、大学の准教授、教授になられた方もおられます。琉球大学の喜納育江先生、キリ短の大山伸子先生、そして若手の先生では、福村陽子先生など、多くの方々が非常勤から専任の大学教員になりました。そのことは、沖縄女性研究者の会と無縁ではないと考えています。

それでは、総会のお話はそれぐらいにしまして、会に入会した理由などを、お聞きします。福山先生は入会されて長いですし、先生の働きも大きいものがございますけれども、入会されたのは、どのような理由からですか？

福山　大城（智）先生の強い要望で入ったと思いますよ。正直言えば、女性研究者の会に、女性でもない僕がどうして、という疑問・抵抗が常にありました。

司会　男性の協力なくしては、女性の地位向上は図れません。

福山　「女性研究者並びに女性問題研究者の会」でもいいのかと。

司会　長い間、がんばってこられた先生には大変感謝しております。

福山　エスケープしたかったけど出来なかった。しかし、今は、所属するところがあるというのは、とてもいいことと思います。自分の拠点、居所、そういう意味でいいと。がんばります。I will do my best.

司会　ありがとうございました。糸数先生は、会の研究論集に論文をお書きになりました。長寿研究に関する研究論文です。「21世紀における沖縄の健康と長寿を維持発展させるための戦略」でした。講演も引き受けられました。女性研究者の会に参加されてみてどう思いましたか？

糸数　26ショックを中心に講演しました。沖縄の長寿ランクは下がっているのか、という話でした。沖縄の寿命は少しずつですけれども、伸びています。決して下がっていることはないのですよ。厚生労働省でもそういう報告をしております。

　　長寿に関して、沖縄はもっともっと世界にアピールできたのに、このネガティブな「26ショック」のイメージが広がり過ぎたのです。そのために外国の投資家が沖縄に投資することをしなくなり、中国に流れています。

司会　先生のご研究内容はよくわかりました。ご協力いただきありがとうございます。沖縄女性研究者の会で基調講演をされて、どう思いましたか？

糸数　良かった。さらに基調講演をした後、論文に纏めて『研究論集』（第6号）

に掲載されたことは、もっと意味があると考えています。なぜなら多くの人に読んでもらえるからです。

福山　フィリピンの女子学生と沖縄の女子学生を比較すると？　グローバルな面で。

糸数　フィリピンの女性が勝ってます。先にいってます。すべて英語で教育を受けているからです。医学の分野にしろ英語で教育受けているから、世界的です。

司会　ここまでは、「会20年をふりかえって」のテーマで話していただきました。創立準備の時の様子や総会の成り立ち、また、どのような方々が関わったのか、どのような活動をしてきたのかなどの話を聞くことができました。ありがとうございました。まだまだ話し足りないと思いますが、次のテーマに移らせていただきます。

第2部　沖縄女性研究者の会に参画して思うこと

司会　会では、20年間、講演、研究フォーラム（基調講演、シンポジウム）などの活動をしてまいりました。会に参画してみて印象に残ったことなどをお伺いしたいと思います。

　第1回基調講演は、女性史研究家のもろさわようこさんが講演をなさいました。「愛に満ちて歴史を拓き、心華やぐ自立を生きる―いのち光あう出会いを求めて―」という演題でした。

　初代会長の原先生に、他の講演者候補を挙げてどちらがいいですかとお伺いした時、もろさわさんががいいとおっしゃいました。その理由は、もろさわさんは貧しい底辺の女性たちの悩みをよくおわかりで、女性の地位向上の事であるならば、もろさわさんの方が適任だということでした。

外間　もろさわさんの講演は『1997年度沖縄女性研究者の会～共に学び考える　女性の集い～報告書』に収録されていますが、もろさわさんは、新聞記者をされていたそうです。全国の女性と仲良く交流していらっ

しゃって、年齢も私よりは、5歳くらい上じゃなかったでしょうか、そういう時代の方が、あれだけ元気よく話をなさって交流しているというのは大変羨ましいです。

司会　講演がきっかけで、沖縄に縁が深くなり、玉城村に「歴史を拓くはじめの家うちなぁ」（現在、財団法人志縁の苑うちなぁ）をつくりました。沖縄の女性たちに随分と貢献された素晴らしい方です。ただ、私たちは女性研究者の会なので、申し上げにくいのですが、もろさわさんは、研究者は信用できないというお考えなのです。なぜなら、戦時中、最も先に国民を裏切ったのは研究者でした。そして、戦争が終わったら研究者として復帰しました、要するに時流によって変わるのが研究者であると、もろさわさんは考えています。

　20年の間に、多くの方々が講演をなさいました。前沖縄大学の学長・佐久川政一先生も「女性の地位向上をめざして」の演題で、沖縄大学の講堂で講演をなさいました。その日はシンポジウムも開催しました。テーマは「女性と研究環境」でした。研究フォーラムには、研究者、大学教員なども参加しました。、

　第1回研究フォーラムには、名古屋市立女子短期大学の学長、安川悦子先生をお招きし、「女性研究者問題20年」の演題で講演していただきました。女性研究者問題がどのようなことであるのかを学ばさせていただきました。愛知女性研究者の会を立ち上げた女性学者です。その時の研究フォーラムの講演者の講演内容、パネリストの発言内容は論文にまとめていただき、学術誌『研究論集』創刊号に掲載しました。この『研究論集』は今年で第10号を発行しています。多様な専門分野の女性の学者、研究者が学術論集を発行したのは、全国でもまれなケースで、沖縄から初めての試みで、歴史的にも価値が高いと思っております。

　できるだけ女性の研究者の論文を掲載するようにしました。選考委員会にかけて編集委員会で発行しています。会の大きな収穫だと、考えています。

共同調査研究は2度実施しました。1つは、沖縄女性研究者の意識と実態調査、もう1つは、大学院生の男女を対象にした意識実態調査です。沖縄女性研究者の実態調査につきましては、共同調査委員長は、新垣先生で、統計処理をされたのは國吉先生でした。研究成果は、山城先生が年代別分析、大山伸子先生が専攻分野別分析などに分担して、これを研究フォーラムで発表しました。大変好評で500名ぐらいの方々が「てぃるる」に集まりました。

　女性研究者問題の意識実態調査には県の補助金を、二つ目の調査研究には、東海ジェンダー研究所の助成金を活用しました。そして、調査研究報告書もまとめ、発行しました。「女性と研究環境」、「沖縄女性研究者育成の視点からみる、大学院教育の問題点と課題」という書名です。

　後者の統計処理は、大城（宜）先生でした。先生には、半ばボランティアのような形でご協力をいただき、大変感謝しています。統計学の立場から、先生のご意見等をうかがいたいのですが、よろしくお願いします。

大城（宜）　私は、大城（智）先生にデータ処理の方を頼まれました。当時、私もものすごく忙しくて、それで、データ処理の最初の作業は、コンピュータへのデータ入力なので、それを済ませたらお手伝いは出来ます、ということを申し上げました。それで大城先生が一生懸命頑張って、500名近くのデータを入力されて、それが出来上がったところで、私の所にある統計分析のコンピューターソフト、SPSSを使って分析しました。それをアウトプットして、その報告書が仕上がったのです。この報告書のすごい所が、500名近くの回答をすべて記していることです。これも基本的な女性研究者の実態を知るための重要なデータベースになると思います。先生のパソコンにデータは入っていると思いますので、それを使えばこれからもいろんな分析が出来ると思います。

　報告書には、女性研究者たちが、経済の問題、研究費の問題、そして既婚者が多いので、家庭生活を支えながら研究し、それこそ子育てと研究と家事育児全部取り入れながら時間が足りない中で、一生懸命

頑張ってる姿がみえました。さらに、これは、ちょっと大きな声では、いえないのですが、大学院生たちが指導教授に対して不満があるのですね。指導体制があまり整ってないのではないかという不満、、その頃とは、IT関係の事情は、変っていると思いますが、特にパソコンを一人一台は配布してもらえない（8年前の話ですので）、研究が夜間にわたることが多いにも関わらず施設がクローズして中に入れないとか、いろんな問題が指摘されました。さらに、奨学金の問題等も出てきております。大学院にきての満足度は、高い要因が、男性だろうが、女性だろうが既婚だろうが、未婚だろうが大きな違いはなく同等に感じていることだと思います。

　クロス分析をもう一歩進めて、例えば、年齢差はあるかとか、既婚未婚で違いはあるか、とかいうような多変量回帰分析、統計分析の方法を使えば、もっとピンポイントに中身がおさえられる可能性があります。ですから、本当にこれは、非常に優れたデータベースなのです。尊敬に値する研究だと思います。

司会　お褒めの言葉を頂いて、本当にありがとうございます。

大城（宜）　それで、提言がその後8年間どのようになったかというさらなる部分が必要だと思いました。提言されていますので、その提言が、今も同じなのか変化があったのか。最近は女性が輝くという言葉を聞きますが，本当に輝けるのかとか、それとも暗いままなのか、とかね。

司会　先生が統計処理をなさって、設問の仕方はこの方がよかったいうのにお気づきになられましたか？

大城（宜）　実際に質問文を作る段階でね、ご相談頂けたら良かったのかなと思います。

司会　論文は、私、新垣先生、佐久川先生、保良先生の名前で出しました。大城（宜）先生にも論文をお願いしたかったのですが、体調を崩しておられたので、統計処理をお願いしました。それについても頼んでいいのかと大変迷いましたが、必要とされている気持ちがあった方が元気になれると思いまして、ちょっとお時間かかってもいいですから、

と先生にお願いしました。だから、とても感謝しております。先生が何かなさるときは参加するようにしています。最終講義や出版祝賀会にも参加させていただきました。今は、それしか、ご恩返しができないものですから。

外間　必要とされているから元気になられるのです。

司会　先生にお褒めの言葉を頂いたことは、会にとっても、有難くて嬉しいことですので　ホントに感謝いたします。

　　大学の通信教育に関わっておられる多喜先生、入学した学生さんの状況、女性研究者への協力について、少しお話頂けませんか？

多喜　本学院は通信教育ですので、大学を卒業させて、資格の取得を目的としてやっております。それで全科の先生が必要なのです。幼稚園の先生、保育士、小学校教諭、養護教諭などの資格をとりたい人もいます。今年から法律学科と商経学科も始まり、一般教養から大学でやってるようなことを全部やっているわけです。

　　本学院は、何十時間出席していても、レポートも提出し、試験も受けないと卒業も出来ない、資格も取れないわけです。働きながら資格を取って、その資格を活かして働きたいと思う人が来ています。ほとんどが大人が多いです。中には、高校中退した人とか、中学しか出てない人、戦争やアメリカ統治下の事情によって教育が受けられなかった人もいます。もう一度高校の資格を取りたい、また、大学卒業の資格取りたいとか、というような人たちが来ております。1単位でも落とすと、資格取れないので、本学院の先生たちは、専門学校以上に頑張っておられます。

司会　多喜先生は女性研究者の会への入会を快く引き受けてくれました。これまでも困っている研究者の支援もなさっていらしゃることも聞いて、私も大変驚きました。90歳に近いですが、現役で頑張っておられる多喜学校長に長寿百歳の会も作りましようと申し上げました。先生にはずっとこれからもご活躍頂いて、会の発展にお力をお貸しいただきたいと思います。よろしくお願いいたします。

多喜　こちらこそ、よろしくお願いいたします。もっと早く、この会を知ることが出来ていたら、ここにお集りの素晴らしい先生方にもお会いすることができました。この会に入って、良かったと思います。

司会　就職率は、いかがですか？

多喜　就職率は、99％といってもいいと思います。就職の為に本学院に来ていますから、卒業生のほとんどが決まります。採用側は、卒業前にお願いに来ます。

司会　卒業後のお仕事は、どのようなところに就いていますか？

多喜　福祉関係とか、保育園、幼稚園、教職関係、養護教員、政治家、地方公務員、会社役員などです。この頃の保育士は、就職には困りませんね。就職斡旋は全然しておりません。待機児童をゼロにするために、それぞれの分野で社会に貢献しております。

司会　編集会議を学院の会議室で毎月1回集まって開いています。本当に出会いというのは、すごいと思っております。ありがとうございます。

　　　お時間もあるようですので、最後はお一人お一人が、この会に関わって思ったことについてお聞きいたします。親富祖理美子さん、20年も参加されました。私をいろいろな面でサポートしてくれました。振り返って、いかがですか？

親富祖　この会に入らせて頂いて、もう20年になりました。思い起こしてみますと、会の名称ををお聞きした時は、大学教授たちの研究の場なのかと思いました。毎回、足を運ぶごとに、みなさんと親しくお話もさせていただきました。学ばせていただくことも多かったので、入会して良かったと思っています。

　　　先生方は、女性研究者の地位向上と女性の働く場をめざすことが目的でしたが、私は、主婦の立場から入らせて頂きました。と、申しますのは、私は、独身の頃、いろいろお稽古ごとに三昧して、自分のことばかりを考えていました。お花、お茶、琴とかを習いましたが結婚して初めて、我に返りました。子供を産んでＰＴＡにも関わることになり、子育てについて考えるようになりました。母親が成長しなければ、子育ては

できないと思いました。いろいろなジャンルの女性研究者の集まりであるこの会でいろいろなことを学べると思い、入会しました。女性研究者の皆さまから学んだことを、子育てに、また家庭の中で活かせると思いました。

親業というのは、学ばなければ身に付かないと思いました。いろいろなご専門の女性研究者の活躍の場を見て、自分もこういうことをすれば、子供に影響を与えたり、子供が成長するということを沢山学ばせて頂きました。

台湾では、結婚届けを役所に出すときは、必ず親業の勉強をさせる義務があるそうです。そういう面を見習って、日本でももう少し親業を考えてみてはどうでしょうか。

日本（沖縄）では、先生方と主婦との間に教養、知識レベルの差があり、また、女性同士でも教養の差があると気づきました。女性たちの学ぶ場としての会の存在は大きな役目を果たしていると思います。

司会　教育研究は、いかに大切かということを身にしみてわかるご発言だったと思います。ありがとうがございました。

大城（宜）　研究者の意識と実態調査、その報告書の提言がどのようになってるかの検証が必要と思います。あと、このような調査をもう一回やったらどうかな、と思います。

司会　その時には、また設問の検討に、先生もお力を貸して頂きたいと、思います。

大城（宜）　お手伝いいたします。調査から8年も経ちましたので、変化があったのかなかったのかを調査研究した方がいいと思います。

司会　大城（宜）先生には沖縄女性研究者の会の理事になって頂きたいです。一緒に共同調査研究も実現していきたいです。今後も継続の方向性で活動していってほしいという発言ですが、継続していく上で、どんな留意点を考えられるかお教えいただけませんか？

大城（宜）　若手の研究者が女性研究者として、成長していけるようなサポートをしながら、この研究会が続いていくことを期待したいと思いま

す。
司会　山里先生、福山先生、申し上げたいことは、ございませんか？
山里　それぞれの専門分野で、とにかく忙しい事は忙しいのですが、会に参加して視野を広げていってほしいです。会でいろいろな人と出会うこともできますし、いろいろな専門分野の人たちのお話しを聞くこともできます。そのような活動をしていくことによって、縮こまらなくて少し緩やかに物を見ることが出来るようになります。この緩やかさが大切で、これがなければ、足りないのはなにかを考える余裕もなくなりますし、古いもので自分たちの論理に合わないものは、みんな排除してしまうということになります。そういう点で、会は、とても大切な役割を果たしているのではないかと、思っています。
福山　ひとつだけ言います。40～50年前のアメリカでは、男女も個人個人も、能力に差があるのに平等に扱うことは不平等だという考えで、英才児には飛び級や個別にカリキュラムを与えました。ところが日本ではそれは差別だ不平等だと言うんですね。しかし、今ではようやく日本も取り入れるようになった。その時代の変化をよく見ていく、時代に反応するような教育を考えることが大切です。
多喜　イキガ（男）ジンブン（知恵）というのが沖縄にはあります。それをうまく活用していくこともいいと思います。私、福山先生のイキガジンブンを活用させていただきました。『研究論集』第10号に掲載されたエッセイに記述した「女性の特性」についてです。それを活かしてそれぞれの分野でリーダー性を発揮してほしいというエールを贈る文章にしました。女も偉いから頑張れではなくて、女としての得意分野があるのです。福山先生は、いいことおっしゃったと思っております。
司会　福山先生、感謝されました。良かったです。
福山　最近は仲良くなっています。もう昔は喧嘩ばっかりでした。
多喜　意見の衝突はあっていいです。喧嘩というよりは、お互いのステップアップのためにいいことです。こういう人がいないと進歩がないです。
司会　福山先生にはとても感謝しています。それでは外間先生、お願いいた

します。
外間　会に望むことは、今後、さらに、若手の研究者を育てていって欲しいということです。それから、この会はこれまで、沖縄キリスト教短大の教室やレストラン、あるいはホテルのロビーとか「てぃるる」の会議室などで会議をしました。研究フォーラムの会場などは、沖縄国際大学、沖縄大学、名桜大学などのご協力を得ました。一定した場所を決めていくことも大切な課題だと思います。それから、役員の役割をしっかりと決めて実行していく堅牢な組織をつくってほしいと思います。
司会　はい。ありがとうございます。会長として若手の男女の研究者は育ててきました。若手研究者の研究論文を『研究論集』に掲載しました。研究論集（創刊号〜第10号）をご覧になれば、どのような研究者が育ってきたかがよくわかります。若手研究者には講演やシンポジウムのパネリストとして研究発表をしていただきました。発表内容は、論文に（選考して掲載）纏めていただきました。この会は若手研究者に多大なチャンスを与えて学術貢献をしてまいりした。ともかく若手研究者には研究業績を積ませるよう指導したつもりです。この様な活動が功を奏したか否かはわかりませんが、多くの研究者が大学の研究員や大学教員に採用されました。会のことをインターネットで検索すれば、会に参加された研究者の研究業績がわかります。評価の高いGINI論文として紹介されています。

　2015年には共催事業もいたしました。新見公立大学・新見公立短期大学の学長、難波正義先生もご講演をなさいました。講演内容（修正・加筆）も研究論集10号に収録されていますが、すべての研究者に学ぶべきことが多く収録されていると考えています。

　著名な学者、大学教員、研究者、大学院生などにも参加していただき、研究フォーラムでの研究発表、研究論集への収録など、20年間の会の活動は質的に大変充実していたのではないでしょうか。

　補助・助成を受けた共同調査研究も報告書にまとめましたが、その成

果は女性研究者の環境改善、整備のために大いに役立ったと思います。
　会は、20年間、研究フォーラムなどの開催のたびに役割分担は、きちんといたしました。
　言うは易く行うは難しですが、緻密な努力を積み重ねて今に至っています。先生のおっしゃったことは副会長の渡真利先生ともよく議論し合いました。沖縄女子短期大学の学長であった玉城政光先生から私に電話があり、沖縄女子短期大学に女性研究所を創設し、そこを活動の拠点にしませんかという申し入れがありました。会長として、東海ジェンダー研究所のように公益法人かNPO法人にすべきか、考えているところです。いくつか案はありますが、会の活動業績は積んできましたので、今後は、堅牢な法人の下での活動が推進できるように尽力したいと考えています。お力添え下さい。
　継続は力なりです、会の活動を止めることはありません。今後も先生方のご協力を仰ぎたいと思いますので、よろしくお願いいたします。
　この会は20周年になりました。今日の座談会でいろいろな意見が出ました。しっかりと受け止めて新たな気持ちで会活動を展開していくべきと考えました。
　女性は情で、男性の方は理で動くことが多いです。女性は、情で動くことが多いですので、それも、ひとつの女性研究者問題の課題になると思っています。この会を多くの方々に助けて頂いたおかげで存続できております。これからも継続的意志は、もち続けていくべきではないでしょうか？
　県功労者表彰についても、候補者の推薦に毎年協力しています。受章する方とそうでない方がおられますけど、優れた女性を会から推薦できる意義は大きいです。人生の励みにもなりますので。
　また若手の研究者を育てていくという目標が上げられました。私自身は、女性（男性）研究者のお手伝いを少しするだけという風に考えています。「少し進んでいればよい」（孔子）、「今できることをやれ」（ルーズベルト）の精神で活動を進めていきましょう。壁にぶつかった時

には、原先生のことを思い出します。原先生は、私がもっていく案件はすべて受け入れてくれました。先生の教えで「その人の夢を少しでも叶えられるように協力を惜しまない。」、それが教育なのだということを学びました。いろいろなハードルがありますが、みんなで力を合わせれば、大きな力になります。乗り越えられます。

　女性研究者の会も20周年。20年続けてきて良かったと、私はそのように考えております。

　なぜなら、原先生、渡真利先生、安川先生、難波先生、大城冝武先生、佐久川政一先生、加藤彰彦先生など素晴らしい方々との出会いがありました。この会がなければ、素晴らし方々との出会いはなかったと思います。県功労章の受章式でもいろいろな方々と出会い、大田昌秀先生、それから東江康治先生（元琉球大学学長・元名桜大学学長）、稲嶺惠一氏（元沖縄県知事）、嶺井政治氏（元沖縄県副知事）などとの出会いからも多くのことを学びました。沖縄県主催の国際会議にも参加する機会を得、グローバルな学術交流も体験しました。専門分野の情報交換ならびに異業種間の交流は、多くの研究者に影響を与えたと思います。また、学術書も発行しました。他県で活動している研究者グループからの学術書の贈呈も続いております。そして、女性政策室室長、知事公室長などとも関わってこれたのも女性研究者の会あってこそです。現在、沖縄県子ども生活福祉部平和援護、男女参画課との交流も深めています。

　これまで、多くの方々のご支援、ご協力を得ました。此処で列挙できなかった、学者、研究者も多く、今後の活躍を期待し、会は研究環境改善、整備を微力ながら尽力して参りたいと思っています。

　本日は、貴重なご発言をありがとうございました。

　長時間に亘る座談会にご出席いただき、誠にありがとうございました。

（座談会　2016年1月）

第 4 章

女性研究者の動向と位相

統計からみる女性研究者

大城 智美

はじめに

平成11年、男女共同参画社会基本法が施行された。この法は、男女がお互いに人権を尊重しつつ、能力を十分に発揮できる男女共同参画社会の実現のために策定された。その枠組みの中で女性研究者にも漸く、光が照らされるようになった。ここに至るまでには、日本学術会議や日本科学者会議、地域別女性研究者の会等の女性研究者に関する調査や声明文や政府に対する要請が幾度となく継続された影響もあったからに他ならない。

この4章では、日本の総務省統計局「科学技術研究調査報告書（平成26年時点）」、平成27年度版　男女共同参画白書、内閣府等のデータなどを考察することをとおして統計（数値的）にみる女性研究者の状況を明らかにするとともに、今後の女性研究者の研究環境改善、整備の方向性を模索していきたい。

また、沖縄県という地域に関する統計的考察は、この章では割愛した。是については、研究論集第4号に収録されている研究論文「女性研究者問題の一考察—10年のあゆみを踏まえて—」の中で考察した。

1　日本における女性研究者数の推移

総務省による科学技術研究調査は、日本における科学技術に関する研究活動の状態を把握することを目的に毎年実施している調査であるが、平成26年4月14日の調査結果（図1）によると、日本における、女性研究者数は、平成25年現在で127,800人となり、過去最多の増加傾向がみられる。そして、

研究者全体に占める女性の割合は、14.4％を占め、過去最高の結果となった。

図1　女性研究者数（実数）及び割合の推移（平成15年〜25年）

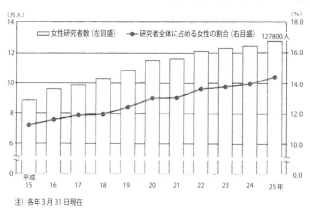

注）各年3月31日現在

平成26年度の男女比較別（図2）調査結果をみていくと、研究者全体に占める男性研究者の割合は、76.2％である。研究者全体に占める女性研究者の割合は14.6％である。女性がやや伸びる傾向がみられるもののジェンダー格差は依然と大きい結果となっている。

図2　女性研究者数及び研究者に占める女性割合の推移（男女別比較）（平成4〜26年））

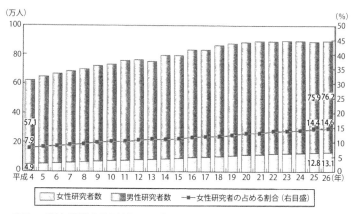

（備考）1．総務省「科学技術研究調査報告」より作成。
　　　　2．各年3月31日現在

2 女性研究者割合の国際比較の状況

日本における女性研究者数は僅かではあるが増えている。しかし、図3の研究者に占める女性割合国際比較でみると、14.6％と未だなお低い水準となっている。ポルトガルが45.0％と最高値を占めている。先進国をみていくと、英国が37.8％、米国が33.6％、ドイツ26.8％、フランスが25.6％、韓国18.2％、となっており、韓国より劣勢となっている。

3 日本、各国における研究者に占める女性割合（機関別）

平成25年3月31日現在、日本における女性研究者数を所属する機関別に示したのが、図4であるが、平成15年、平成25年を比較すると、女性は、10年の間に、全ての機関で男性を上回る増加率となっている。企業の場合には55.3％、大学等が40.6％と高い増加率を示している。男性は、企業が12.3％増、大学等が5.0％増と女性の伸び率よりは低い結果となっている。

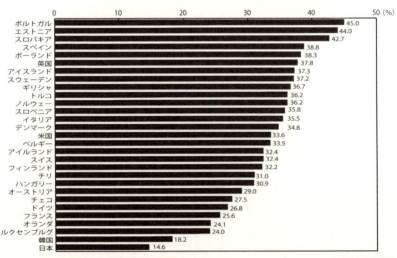

図3　研究者に占める女性割合の国際比較

(備考) 1. 総務省「平成26年科学技術調査報告」、OECD "Main Science and Technology Indicators"、米国国立科学財団 (National Science Foundation：NSF) "Science and Engineeing Indicator 2014" より作成。
2. 日本の数値は、2014(平成26)年3月31日現在の数値。スロバキア、トルコ、韓国は2013(平成25)年値、アイスランド、スウェーデン、ギリシャ、ベルギー、アイルランド、オーストリア、ドイツ、オランダ及びルクセンブルグは2011(平成23)年値。米国は2010(平成21)年値。その他の国は2012(平成24)年値。推定値、暫定値を含む。
3. 米国の数値は、雇用されている科学者 (scientists) における女性割合 (人文科学の一部及び社会科学を含む)。技術者 (engineers) を含んだ場合、全体に占める女性科学者・技術者割合は27.5％。

また、図5に示すように、女性研究者の所属する機関別割合は、10年の間に、大学等は19.9％→25.0％へ、次いで非営利団体・公的機関が10.7％→15.4％へ、企業が5.9％→8.0％へと増加率をみせている。

また、国際的に所属する女性研究者の機関別割合の比較（図6）をしてみると、英国、ドイツ、韓国、日本の国は、大学等、公的機関、企業の順位で多かった。フランスが、公的機関、大学等、企業の順位であった。孰れの所属する機関も日本は他国に比べて低い割合を示した。ちなみに、大学所属は英国が44.5％、ドイツが36.9％、フランスが33.3％、韓国が28.8％、日本が25.4％であった。

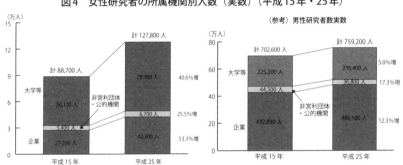

図4　女性研究者の所属機関別人数（実数）（平成15年・25年）

注）平成15年の企業には、一部の特殊法人・独立行政法人が含まれている（以下同じ。）。

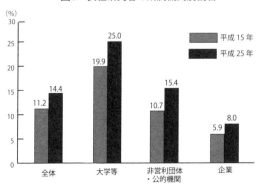

図5　女性研究者の所属機関別割合

4 女性研究者が少ない理由（男女別）

　国内外において女性研究者の置かれている状況は最下位の位相であるということであるが、女性研究者の少ない要因は一体何であろうか。図7に理由と統計がとられているが、日本の男女の研究者ともに上げているのは、家庭と仕事の両立が困難であるということである。女性が67.6％で約7割強を占めた。男性も58.9％の6割強を占めた。

　第2に挙げている理由は、育児期間後の復帰が困難であり、女性が44.1％、男性が32.4％であった。第3に挙げたのは、職場環境であった。第4位に挙げたのは、業績評価における育児、介護に対する配慮不足などであった。

　女性の側から、ロールモデルが少ない、男性優先の意識、男性に比べて採用が少ない、社会の偏見などの理由が男性を上回る数値であった、

　男性が女性の理由を上回ったのは、男女の適性の差、研究職、技術職のイメージがよくない、男女の能力の差であった。

5 専攻分野別に見た大学等の女性研究者の割合

　図8は、日本における女性研究者の専門分野別割合（大学等）であり、図9は、専門分野別にみた大学等での男女比較である。

　平成25年3月31日現在、日本の大学等における専門分野別の女性研究者の割合は、図8に示した。それによると、看護が90.2％と最大値を示した。次いで家政61.9％、心理学42.6％、人文学、文化学、図書館学など39.7％の順であった。女性研究者は、科学、農業工学、応用科学、情報科学、原子力、物理、数学、応用理学など理工系分野の比率が低く、航空は2.9％と最も低い数値を示した。

　図9には、男女の専攻分野別の割合を示した。女性研究者が男性研究者に比べて統計数値の低い専門分野は多く、それは、人文科学、社会科学、理学、工学、農学、医学・歯学等であった。男性が最も高い数値を示したのは、工学90.2％であった。

　女性研究者は、男性を上回る数値を見せたのは、薬学・看護学であり、50.9％を占めた。最も少ない数値を示したのは、工学の9.8％であった。理

図6　国際的に所属する女性研究者の機関別割合の比較

(%)
50
40
30
20
10
0
企業
公的機関
大学等
19.4
35.6
44.5
20.0
35.4
33.3
14.2
34.4
36.9
13.2
23.1
28.8
8.1
16.2
25.4
英国
フランス
ドイツ
韓国
日本

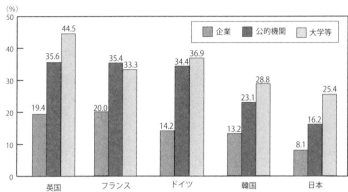

（備考）1．総務省「平成26年科学技術研究調査報告」，OECD "Main Science and Technology Insicators" より作成。
2．日本の数値は2014（平成26年）3月31日現在の数値。ドイツの「企業」は2011（平成23）年，その他は2012（平成24）年時点の数値。

図7　女性研究者が少ない理由（男女別）

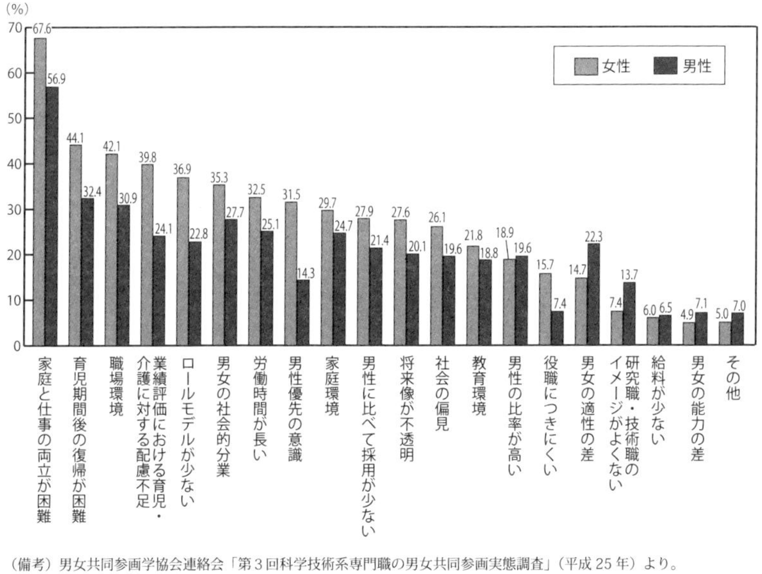

(%)
70
60
50
40
30
20
10
0
女性
男性
67.6
56.9
44.1
32.4
42.1
30.9
39.8
24.1
36.9
22.8
35.3
27.7
32.5
25.1
31.5
14.3
29.7
24.7
27.9
21.4
27.6
20.1
26.1
19.6
21.8
18.8
18.9
19.6
15.7
7.4
14.7
22.3
7.4
13.7
6.0
6.5
4.9
7.1
5.0
7.0
家庭と仕事の両立が困難
育児期間後の復帰が困難
職場環境
業績評価における育児・介護に対する配慮不足
ロールモデルが少ない
男女の社会的分業
労働時間が長い
男性優先の意識
家庭環境
男性に比べて採用が少ない
将来像が不透明
社会の偏見
教育環境
男性の比率が高い
役職につきにくい
男女の適性の差
研究職・技術職のイメージがよくない
給料が少ない
男女の能力の差
その他

（備考）男女共同参画学協会連絡会「第3回科学技術系専門職の男女共同参画実態調査」（平成25年）より。

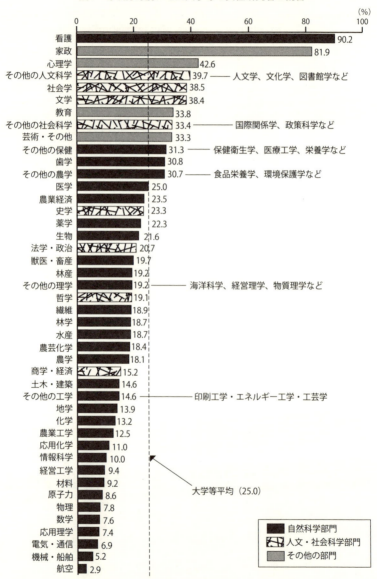

図8 専攻分野別にみた大学等の女性研究者の割合

図9 専攻分野別に見た研究者数の割合

分野	女性 (%)	男性 (%)
人文科学	34.8	65.2
社会科学	23.9	76.1
理学	13.8	86.2
工学	9.8	90.2
農学	20.6	79.4
医学・歯学	25.6	74.4
薬学・看護学等	50.9	49.1
その他	40.4	59.6

(備考) 1. 総務省「平成26年科学技術研究調査報告」より作成。
2. 大学等：大学の学部（大学院の研究科を含む），短期大学，高等専門学校，大学附置研究所，大学共同利用機関等。

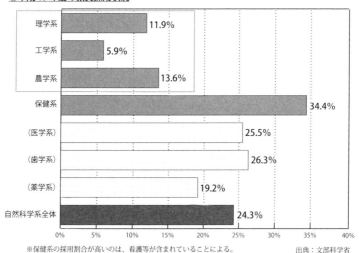

図10 女性研究者の学問分野別教員採用状況

○理学系、工学系、農学系において、女性研究者の採用割合が低い。

○平成19年度の教員採用状況

分野	割合
理学系	11.9%
工学系	5.9%
農学系	13.6%
保健系	34.4%
（医学系）	25.5%
（歯学系）	26.3%
（薬学系）	19.2%
自然科学系全体	24.3%

※保健系の採用割合が高いのは、看護等が含まれていることによる。

出典：文部科学省

学も13.8％で少なく、理工系の女性研究者が少ないことが分かった。

6　学問分野別教員採用状況

　図10に示したのは、女性研究者　学問分野別教員採用状況（平成19年度）であるが、理学系、工学系、農学系の分野の女性研究者の採用比率は低い。最も多い採用分野は保健系34.4％で、次いで歯学系26.3％、医学系25.5％であった。理学系11.9％、工学系5.9％、農学系13.6％など採用率が低い数値を示した。

7　女性研究者の学問分野別博士課程女性比率

　理工系の女性研究者の割合が少ない傾向にあるが、実際には、学問分野別博士課程の女性比率はアップしたのか、それともダウン傾向なのかを図11で分析をしたい。
　図11によると、全体的にみれば、女性研究者の比率はアップしており、その数値は32.0％となっている。3割弱を女性が占めている。伸び率の見える学問分野は平成21年度には農学30.0％、自然科学26.0％、工学14.2％

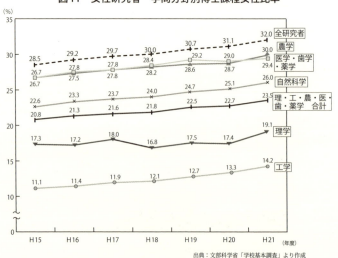

図11　女性研究者　学問分野別博士課程女性比率

出典：文部科学省「学校基本調査」より作成

である。平成21年度に理学は19.1％になっているが、前の年度に比較してみると上がり下がりの傾向が見える。医学・歯学・薬学も上昇傾向が見え、平成21年度には29.4％となっている。

8 HDI, GII, GGIにおける日本の位相

世界で、日本は、人間開発指数（HDI）、ジェンダー不平等指数（GII）、

表1　HDI, GII, GGIにおける日本の順位

① HDI 2013(平成25)年（人間開発指数）

順位	国名	HDI値
1	ノルウェー	0.944
2	オーストラリア	0.933
3	スイス	0.917
4	オランダ	0.915
5	アメリカ合衆国	0.914
6	ドイツ	0.911
7	ニュージーランド	0.910
8	カナダ	0.902
9	シンガポール	0.901
10	デンマーク	0.900
11	アイルランド	0.899
12	スウェーデン	0.898
13	アイスランド	0.895
14	イギリス	0.892
15	香港	0.891
15	韓国	0.891
17	**日本**	**0.890**
18	リヒテンシュタイン	0.889
19	イスラエル	0.888
20	フランス	0.884
21	オーストリア	0.881
21	ベルギー	0.881
21	ルクセンブルク	0.881
24	フィンランド	0.879
25	スロベニア	0.874
26	イタリア	0.872
27	スペイン	0.869
28	チェコ共和国	0.861
29	ギリシャ	0.853
33	エストニア	0.840
35	ポーランド	0.834
37	スロバキア	0.830
41	チリ	0.822
41	ポルトガル	0.822
43	ハンガリー	0.818
69	トルコ	0.759
71	メキシコ	0.756

② GII 2013(平成25)年（ジェンダー不平等指数）

順位	国名	GII値
1	スロベニア	0.021
2	スイス	0.030
3	ドイツ	0.046
4	スウェーデン	0.054
5	デンマーク	0.056
5	オーストリア	0.056
7	オランダ	0.057
8	イタリア	0.067
9	ノルウェー	0.068
9	ベルギー	0.068
11	フィンランド	0.075
12	フランス	0.080
13	チェコ共和国	0.087
14	アイスランド	0.088
15	シンガポール	0.090
16	スペイン	0.100
17	韓国	0.101
17	イスラエル	0.101
19	オーストラリア	0.113
20	アイルランド	0.115
21	ポルトガル	0.116
23	カナダ	0.136
25	**日本**	**0.038**
26	ポーランド	0.139
27	ギリシャ	0.146
29	ルクセンブルク	0.154
29	エストニア	0.154
32	スロバキア	0.164
34	ニュージーランド	0.185
35	イギリス	0.193
45	ハンガリー	0.247
47	アメリカ合衆国	0.262
68	チリ	0.355
69	トルコ	0.360
73	メキシコ	0.376

② GGI 2014(平成26)年（ジェンダー・ギャップ指数）

順位	国名	GGI値
1	アイスランド	0.859
2	フィンランド	0.845
3	ノルウェー	0.837
4	スウェーデン	0.817
5	デンマーク	0.803
6	ニカラグア	0.789
7	ルワンダ	0.785
8	アイルランド	0.785
9	フィリピン	0.781
10	ベルギー	0.781
11	スイス	0.780
12	ドイツ	0.778
13	ニュージーランド	0.777
14	オランダ	0.773
15	ラトビア	0.769
16	フランス	0.759
17	ブルンジ	0.757
18	南アフリカ	0.753
19	カナダ	0.746
20	アメリカ合衆国	0.746
23	スロベニア	0.744
24	オーストラリア	0.741
26	イギリス	0.738
28	ルクセンブルク	0.733
29	スペイン	0.733
36	オーストリア	0.727
39	ポルトガル	0.724
57	ポーランド	0.705
62	エストニア	0.702
65	イスラエル	0.701
66	チリ	0.698
69	イタリア	0.697
80	メキシコ	0.690
90	スロバキア共和国	0.681
91	ギリシャ	0.678
93	ハンガリー	0.676
96	チェコ共和国	0.674
104	**日本**	**0.658**
117	韓国	0.640
126	トルコ	0.618

（備考）1．HDI及びGIIは国連開発計画（UNDP）「人間開発報告書2014」、GGIは世界経済フォーラム「The Global Gender Gap Report 2014」より作成。
　　　2．測定可能な国数は、HDIは187の国と地域、GIIは149か国、GGIは142か国。そのうち、上位20か国及びOECD加盟国（34か国）を抽出。

ジェンダー・ギャップ指数（GGI）はどの位相に属しているのか。

日本のHDIは17位である。GIIは25位である。GGIは104位である。日本は、男女不平等による妨げがまだまだ介在しており、また、GGIが104位ということは、男女格差が甚だしく介在していることを示しており、女性研究者のジェンダー格差もその影響の範疇にあると分析できよう。

考察

前述したように、統計の調査結果に基づいて、女性研究者の動向や位相を考察してみると、女性研究者の数はゆるやかに上昇気流にのっている。今後（平成27年以降）も、女性の進学率が増えていることからして同じ傾向が予測される。また、日本での研究者を男女比較でみていくと、研究者数の約8割を男性研究者が占めており、ジェンダー格差は今尚大きく、数値的には女性が劣勢であると分析される。また、国際比較をしてみると、日本の女性研究者の占める割合は、他国に比べて低い水準となっており、高等教育を学んだ研究者としての女性の地位がいかに低いかが問題として指摘される。

女性研究者の所属する機関別人数の推移をみていくと、平成15年、平成25年の比較において、女性は男性より増加率が大きく、大学等の所属機関が40.6％となった。男性の大学等所属は5.0％増で格差がみられた。

女性研究者の所属機関は、国際的比較でみると、日本は、英国、フランス、ドイツ、韓国に比べて低い数値を示した。やはり、日本は所属機関別にみても女性研究者の占める位相は低い水準であると考察された。

女性研究者の位相の低い理由として、家庭と仕事の両立、育児、介護、男性優先意識、採用、能力の差などの問題が上げられていた。問題解決を図るための政策、制度の整備、方法論を導く努力は勿論のこと、ライフ・ワーク・バランスの取り方をどうすべきか等を含め、研究環境の改善、整備を進めていくべきと考察された。段階的なポジティブ・アクションの必要性、ジェンダーフリーの捉え方、ジェンダー差別構造の研究、性差別の撤廃、性別役割分業のあり方などの研究結果の整理もさることながら、原理原則に乗っかっ

た法整備も重要な課題であろう。

　専攻分野別に女性研究者の割合をみていくと、看護分野が90.2％の最高値を示した。次いで家政81.9％であった。

　女性研究者は、看護の医療技術が多数を占めたのが専攻分野の特徴となっており、また、理工系の専門分野は少ない傾向を示した。理系女子の増加政策が配慮されているが、長期的展望のアクション・教育プログラムが求められる。

　女性研究者の学問分野別教員採用状況においては、理学系、工学系、農学系分野の採用率は低かった。理系女性研究者の少ない状況の反映だと考察されるが、今後、理系女子の進学率アップや採用条件の整備が必要である。

　女性研究者の学問別分野博士課程の女性比率は年々上昇している。博士課程に入学し、修了する研究者が増えている傾向が見られ、その全研究者の比率は平成21年度には、32.0％となった。理工学の学問分野の博士課程の比率も微少だが伸びてきている。

　ジェンダー・ギャップ指数（ＧＧＩ）の１位～４位を占めているのは、アイスランド、フィンランド、ノルウェー、スウェーデンであり、これらの国々は、社会保障制度が充実している。男女の子育てや労働、福祉などはロールモデルとしてお手本とすべき国である。

　日本は、ジェンダー不平等指数も25位であり、ジェンダー・ギャップ指数も104位であり、性差別構造の解体には時間を要するであろう。

　以上、統計からみる女性研究者の動向と位相を考察してきたが、日本の女性研究者は男性に比べ、少ない割合でいる上、専攻分野別にみても理工系分野は少ない。やや増えていく傾向はみられるものの、国際比較でみてもその地位は低く、解決すべき問題が多すぎる。日本は、女性研究者に対する理解が十分でなく、女性研究者の研究環境改善、整備が世界に遅れをとっていると考察された。

　男女共同参画社会の実現における女性研究者のライフイベント（出産・介護・子育て）に関する優遇措置、ワーク・ライフ・バランスに配慮した研究環境の改善、整備及び能力開発、研究力の向上に向けてありとあらゆる策を

講じるべきではないだろうか。

引用・参考文献
1) 総務省統計局、統計トピックス　No.80、「我が国の科学技術を支える女性研究者―科学技術週間（4/14～4/20）にちなんで―（科学技術研究調査の結果から）」
2) 同上、(文中の図1)、平成26年、1ページ
3) 内閣府、『男女共同参画白書』、平成26年、(文中の図2)、88ページ
4) 内閣府、『男女共同白書』、平成27年、(文中の図3)、89ページ
5) 1と同じ、(文中の図4)、2ページ
6) 同上、(文中の図5)、2ページ
7) 同上、(文中の図8)、4ページ
8) 同上、(文中の図6)、89ページ
9) 同上、(文中の図7)、90ページ
10) 同上（文中の図9)、91ページ
11) 文部科学省調べ、(文中の図11)、31ページ
12) 文部科学省、『学校基本調査』、(文中の図12)、32ページ
13) 男女共同参画社会基本法、平成11年、法律第78号
14) 総務省、「平成27年科学技術研究調査結果」、平成27年
15) 沖縄県、『沖縄県統計報告書』、平成7年～17年
16) 沖縄県文化環境部平和男女共同参画課、『男女共同参画社会づくりに関する県民意識調査』、平成22年

（書き下ろし）

第5章

沖縄女性研究者の会　20年史

沖縄女性研究者の会　20年史

沖縄女性研究者の会編集委員会

　沖縄女性研究者の会の20年史について、研究論集、講演、研究フォーラム(講演、シンポジウム)、定期学習会、報告書、調査研究報告書、ニュースレターなどに分類して、以下、一覧表に纏めた。

　研究論集は、1998年～2016年までに（創刊号～第10号）を発行した。本研究会の10周年（2005年）には研究論集第4号に記念特集を組んだ。その中には沖縄県平和・男女共同参画課課長・米蔵博美氏から頂いた祝辞も収録した。また、沖縄女性研究者の会10年のあゆみも掲載した。この学術論集は国会図書館の永久保存版に指定され、多様な専門分野の女性・男性研究者が日本で初めて発行した記念すべき学術図書である。
　初めて沖縄女性研究者問題に取り組んだのが本会であり、これらに関する共同調査研究を行い、その意識と実態調査分析を報告書に纏めて発行した。基礎資料として活用して頂きたい。微力ではあるが、会活動を推進し、今後も女性の地位向上と女性研究者問題の改善、整備の発展に尽力したい。

沖縄女性研究者の会　20年史一覧

研究論集 OKINAWA PROFESSIONAL WOMEN'S ASSOCIATION（1998年～2016年・創刊号～第10号）発行

研究論文の推移（1997年～2016年）

発行年月日 （号数）	題名	執筆者名及び肩書（すべて当時）
1998年3月 （創刊号）	フェミニズムと女子教育 ―女性研究者問題20年―	安川悦子（名古屋市立短期大学学長）
	日本における高等教育の歴史と展開（フィリピンにおける教授経験を踏まえて）	原喜美（沖縄キリスト教短期大学学長）
	アメリカの女子学生・沖縄の女子学生	キャロライン C. レイサム（名桜大学教授） 訳・川上睦子（沖縄県職員）
	大学生の専攻分野のジェンダー分析 ―理工系専攻女子学生の場合を中心―	國吉和子（沖縄大学教授）
	女子教育の重要性	ゲイ D. クレイボーン（大学教員）
	幼児の基本生活習慣におけるデモグラフィック要因の影響	山城真紀子（沖縄キリスト教短期大学助教授）
	フランスにおけるノーベル文学賞受賞作家大江健三郎に関する受容イメージ研究	大城智美（沖縄女性研究者の会副会長）
1999年3月 （第2号）	女性と研究環境 ―沖縄女性研究者の研究環境に関する実態と意識の調査結果をもとに― 職業別分析	大城智美（沖縄女性研究者の会副会長）
	年代別分析	山城真紀子（沖縄キリスト教短期大学助教授）
	学歴別分析	玉城尚美（糸満市役所職員）
	専攻分野別分析	大山伸子（沖縄県立芸術大学非常勤講師）
2005年6月 （第3号）	高齢化社会における女性労働	中田照子（愛知県立大学名誉教授　同朋大学教授）
	女性と憲法(上)	佐久川政一（理事　前沖縄大学学長　沖縄大学名誉教授）
	仕事とパーソナル・ライフの充実をめざして ―女性医師をめぐる状況―	武田裕子（琉球大学医学部付属病院地域医療部講師　非会員）
	統合失調症者における神経心理学的特徴 ―手続き的記憶―	下地恭子（鳴門教育大学大学院修士課程修了）

		Un peu de soleil dans l'eau froide（『冷たい水の中の小さな太陽』）と『失楽園』の比較―愛と死のImage―	大城智美（沖縄女性研究者の会会長）
2006年8月 （第4号）		戦後60年・沖縄の大学教育をふりかえる	新崎盛暉（前沖縄大学学長）
		沖縄におけるジェンダー研究の意義と課題	宮城晴美（沖縄女性史家）
		取材現場からみた県内大学の今、未来への展望	上原あやの（琉球新報社社会部記者）
		21世紀の人権 ―女性の人権・男性の人権―	安川悦子（福山市立女子短期大学学長）
		女性研究者問題の一考察 ―10年のあゆみを踏まえて―	大城智美（沖縄女性研究者の会会長）
2007年11月 （第5号）		現代社会における家族問題の構造とその要因―夫婦（男と女）のあり方―	保良昌徳（沖縄国際大学教授）
		団塊世代のライフプラン	喜屋武すま子（沖縄市役所障がい課主幹）
		ホームレス問題からみる関係の崩壊	高石豪（沖縄国際大学社会福祉実習助手　東北福祉大学大学院修士課程修了）
		児童虐待相談の現場から	砂川恵正（沖縄県中央児童相談所所長）
		短編小説L'etang de Solitude（邦訳『孤独の池』）の一考察 ―女主人公Prudenseの人生の選択について―	大城智美（沖縄女性研究者の会会長）
2009年6月 （第6号）		21世紀における沖縄の健康と長寿を維持発展させるための戦略	糸数デービット（メディカルドクター　MD） 訳・仲村芳信（沖縄大学名誉教授）
		沖縄における平均寿命の性差に影響している死因と生活習慣（危険因子）の関連性について ―なぜ女性は最上位で男性は平均的なのか―	ドナルド クレイグ ウィルコックス　Donald Craig Willcox（沖縄国際大学助教授　Ph.D.）
		長寿と笑い	玉城満（笑築過激団座長）
		長寿県沖縄の課題	髙江洲均（前沖縄県福祉保健部統括監）
		老年期における心の健康について	福山逸雄（理事　沖縄国際大学教授）

2011年8月 (第7号)	〈子ども〉という宇宙と出会う旅 ―未来学としての子ども研究―	加藤彰彦(沖縄大学学長)
	沖縄県の高等教育における女性研究者育成に関する研究 ―沖縄県内大学大学院生を対象としたアンケート調査をもとに―	大城智美(沖縄女性研究者の会会長) 新垣都代子(理事 琉球大学名誉教授) 佐久川政一(理事 元沖縄大学学長 沖縄大学名誉教授) 保良昌徳(沖縄国際大学教授)
2014年3月 (第8号)	高齢者と尊厳 ―私が私らしく生き続けるために―	山城紀子(フリージャーナリスト)
	沖縄県における在宅医療の現状と課題 ―在宅医の立場から―	喜納美津男(医師 きなクリニック院長)
	世界における村上春樹文学の翻訳と受容状況―フランスを中心に―	大城智美(沖縄女性研究者の会会長)
2015年7月 (第9号)	うるま医療福祉大学設立に向けての前奏的考察 ―沖縄県民の理解を得るためのテーゼ―	大城智美(沖縄女性研究者の会会長 うるま医療福祉大学設立準備委員会委員長)
	大学等における学問の自由等の基本的な問題とその「真実性」について	弓削忠史(元九州共立大学教授)
	沖縄における地域の活性化と医療福祉大学の役割	東江日出郎(元名古屋大学大学院研究科助教 国際開発博士 現名古屋大学非常勤講師)
2016年6月 (第10号)	海外で漂流する沖縄文学	大城智美(沖縄女性研究者の会会長)
	沖縄県における薬学部設置をする意義とその必要性の考察	鈴木寛(元南カリフォルニア大学研究員 九州大学大学院博士課程修了 博士(工学))
	薬学系、医療福祉系大学構想と早期誕生へ	大城智美(沖縄女性研究者の会会長 うるま医療福祉大学設立準備委員会委員長)
	創る ―夢、ひと、金、そして、燃える―	難波正義(岡山大学名誉教授 新見公立大学・新見公立短期大学学長 (公財)岡山医学部振興会代表理事 岡山画像診断センター代表理事 医師)

特別寄稿の推移（1997年～2016年）

発行年月日（号数）	題名	執筆者名及び肩書（すべて当時）
2005年6月（第3号）	平成16年度県功労者表彰の栄誉に浴して	外間ゆき（理事　琉球大学名誉教授）
2006年8月（第4号）	祝辞	米蔵博美（沖縄県平和・男女共同参画課課長）
	創立10周年を迎えて	外間ゆき（理事　琉球大学名誉教授）
2015年7月（第9号）	二十一世紀の医療福祉雑感	佐藤東九男（東京工芸大学名誉教授）
2016年6月（第10号）	元沖縄キリスト教短期大学学長・沖縄女性研究者の会初代会長原喜美先生の教え	山里惠子（理事　沖縄キリスト教学院大学名誉教授）

エッセイの推移（1997年～2016年）

発行年月日（号数）	題名	執筆者名及び肩書（すべて当時）
2006年8月（第4号）	女性の地位向上 ―その歩みはゆるやか、だが着実に―	佐久川政一（理事　元沖縄大学学長　沖縄大学名誉教授）
2007年11月（第5号）	私のこの一冊 ―過去そして現在―	外間ゆき（理事　琉球大学名誉教授）
2009年6月（第6号）	沖縄空手による心身鍛錬	山城辰夫（理事　保育園園長） 山城美智（琉球大学農学部大学院修士課程修了）
	沖縄市における女性行政の歩みと私	喜屋武すま子（理事　沖縄市職員）
2014年3月（第8号）	おひとりさま	大城喜代子（元沖縄県女性政策室室長）
2016年7月（第10号）	近畿大学通信教育との出会い	多喜美枝子（理事　沖縄学院学校長）

共催事業　基調講演、シンポジウム（1997年～2016年）
開会挨拶及び祝辞（2015年）

発行年月日（号数）	題名	執筆者名及び肩書（すべて当時）
2016年6月（第10号）	統一テーマ：薬学系、医療福祉系大学創設を。－新しい医療教育－ 基調講演、シンポジウム実行委員会委員長挨拶	大城智美（沖縄女性研究者の会会長　うるま医療福祉大学設立準備委員会委員長）
	基調講演、シンポジウム開催の祝辞	名城政次郎（学校法人尚学学園理事長　尚学高等学校校長）

シンポジウム資料（1997年～2016年）

発行年月日（号数）	題名	執筆者名及び肩書（すべて当時）
2016年6月（第10号）	統一テーマ：薬学系、医療福祉系大学の創設を。－新しい医療教育－	コーディネーター：大城智美（沖縄女性研究者の会会長　うるま医療福祉大学設立準備委員会委員長）
	医療福祉と女性 －長寿革命と女性革命の時代の医療福祉－	安川悦子（元名古屋市立女子短期大学学長　元福山女子短期大学学長）
	琉球亜熱帯資源の医療へのポテンシャル	禹済泰（中部大学院大学教授）
	薬剤師育成の現状と今後の課題	山田静雄（静岡県立大学特任教授）
	西洋と東洋の医学的アプローチ －排尿障害治療をモデルとして－	菅谷公男（元琉球大学准教授　医療法人センダン北上中央病院副院長　サザンナイトラボラトリー代表）

研究報告の推移（1997年～2016年）

発行年月日（号数）	題名	執筆者名及び肩書（すべて当時）
2011年8月（第7号）	暮らしからみる親子と地域 ―地域で支える親支援の展望―	小笠原快（沖縄大学大学院現代沖縄研究科修士課程）
	放課後の子ども、その実証的研究 ―那覇市における「放課後子どもプラン」を通して―	嘉数千賀子（沖縄大学大学院現代沖縄研究科修士課程）
	空手教育と世界の子どもたち	山城美智（琉球大学大学院農学研究科修士課程修了）
	障がい児対応に関する一考察 ―沖縄県の病弱・身体虚弱・訪問教育の変遷から―	嘉数睦（沖縄大学大学院現代沖縄研究科修士課程）

講演会の推移（1997年～2016年）

開催時期	演題	講演者及び肩書（すべて当時）
1997年5月 第1回講演会	愛に満ちて歴史を拓き、心華やぐ自立を生きる ―いのち光あう出会いを求めて― 『1997年度沖縄女性研究者の会報告書～共に学び　考える　女性の集い～』に収録	もろさわようこ（女性史研究家）
1998年7月 第2回講演会	沖縄の女性20世紀から21世紀へ 『1998年度沖縄女性研究者の会報告書～共に学び　考える　女性の集い～』に収録	由井晶子（ジャーナリスト）

研究フォーラムの推移
基調講演の推移（1997年～2016年）

開催年度	統一テーマ・演題	講演者及び肩書（すべて当時）
1997年度 第1回研究フォーラム	統一テーマ：グローバルな視点で語る女性と大学教育 演題：フェミニズムと女子教育 ―女性研究者問題20年―	安川悦子（名古屋市立大学教授）

1999年度 第2回研究 フォーラム	統一テーマ：福祉と女性―社会福祉構造改革― 演題：成年後見人制度と構造改革	中田照子（愛知県立大学教授）
2000年度 第3回研究 フォーラム	統一テーマ：女性の地位向上をめざして 演題：女性の地位向上をめざして	佐久川政一（前沖縄大学学長　沖縄大学教授）
2002年度 第4回研究 フォーラム	統一テーマ：親と子どものコミュニケーションを考える 演題：自分らしさを育てる	福山逸雄（沖縄国際大学教授）
2004年度 第5回研究 フォーラム	統一テーマ：いきいきと生きて、働き、学ぶこと 演題：ヘミングウエイを巡る女性たち ―母と祖母の生き方から学ぶもの	比嘉美代子（沖縄県立芸術大学教授）
2005年度 第6回研究 フォーラム	統一テーマ：戦後60年、大学教育をふりかえって 演題：戦後60年、大学教育をふりかえる	新崎盛暉（前沖縄大学学長）
2007年度 第7回研究 フォーラム	統一テーマ：男と女が幸せに生きるために 演題：家庭生活における男と女！	保良昌徳（沖縄国際大学教授）
2008年度 第8回研究 フォーラム	統一テーマ：豊かな老年期を生きる 演題：21世紀における沖縄の健康と長寿を維持発展させるための戦略	糸数デービット（医師） 訳：仲村芳信（沖縄大学名誉教授）
2010年度 第9回研究 フォーラム	統一テーマ：沖縄と子どもの未来 演題：〈子ども〉という宇宙に出会う旅 ―未来学としての〈子ども〉研究	加藤彰彦（沖縄大学学長）
2012年度 第10回研究 フォーラム	統一テーマ：安心と豊かさのある高齢社会の創造 演題：高齢者の尊厳 ―私が私らしく生き続けるために―	山城紀子（フリージャーナリスト）
2014年度 共催事業 第11回研究 フォーラム	統一テーマ：うるま医療福祉大学設立に向けて 演題：大学とは何ぞや？	弓削忠史（元九州共立大学教授）
	演題：大学は地域の活性化にどう貢献できるのか	東江日出郎（名古屋市立大学大学院研究科助教）

2015年度 共催事業 第12回研究フォーラム	統一テーマ：沖縄に。薬学系、医療福祉系大学の創設を。―新しい医療教育―演題：薬学系、医療福祉系大学構想と早期誕生へ	大城智美（沖縄女性研究者の会会長　うるま医療福祉大学設立準備委員会委員長）
	演題：新見公立大学看護学科、短大地域福祉学科の現状から医療福祉系大学の立ち上げを考える	難波正義（岡山大学名誉教授、新見公立大学、短期大学学長、（公財）岡山医学振興会代表理事、岡山画像診断センター代表理事）

研究フォーラム・シンポジウムの推移（1997年～2016年）

開催年度	統一テーマ テーマ	コーディネーター・パネリスト及び肩書（すべて当時）
1997年度 第1回研究フォーラム	統一テーマ：グローバルな視点で語る女性と大学教育 日本における女子高等教育の歴史と展開 （フィリピンにおける教授経験を踏まえて） アメリカの女子学生・沖縄の女子学生 大学生の専攻分野のジェンダー分析 ―理工系専攻女子学生の場合を中心に― ヨーロッパにおける琉球王朝文化の調査を通して	コーディネーター： 安谷屋良子（理事　琉球大学名誉教授） 原喜美（会長　沖縄キリスト教短期大学長） キャロライン C. レイサム（理事　名桜大学教授） 通訳：川上睦子（沖縄県女性政策室職員） 國吉和子（沖縄大学教授） 祝嶺恭子（沖縄県立芸術大学教授）
1999年度 第2回研究フォーラム	統一テーマ：福祉と女性―社会福祉構造改革	コーディネーター： 大城貴代子（理事元女性政策室室長） パネリスト： 宇久田全正（県福祉保健政策課課長） 眞境名光（弁護士） 渡真利源吉（理事　沖縄ソーシャルワーカー協会会長）

2000年度 第3回研究 フォーラム	統一テーマ：女性と研究環境	コーディネーター： 新垣都代子（理事　琉球大学名誉教授） パネリスト： 遠藤清美（理事　宜野湾市役所臨時職員） 玉城尚美（糸満市役所職員） 大城智美（沖縄女性研究者の会副会長）
2002年度 第4回研究 フォーラム	統一テーマ： 親と子どものコミュニケーションを考える	コーディネーター： 大城智美（沖縄女性研究者の会会長） パネリスト： 上原真理子（沖縄県中央保健所　小児科医師） 安次嶺美代子（沖縄県高等学校障害児学校教職組合委員長） 遠藤清美（沖縄市社会福祉協議会） 山城辰夫（保育園園長） 高良久美（沖縄国際大学卒業生） 川木アリス（琉球台湾婦人会会長）
2004年度 第5回研究 フォーラム	統一テーマ：いきいきと生きて、働き、学ぶこと 仕事とパーソナル・ライフの充実をめざして ―女性医師をめぐる状況― 統合失調症者における神経心理学的特徴	コーディネーター： 佐久川政一（理事　元沖縄大学学長） パネリスト： 武田裕子（琉球大学医学部付属病院地域医療部講師）、 キャロライン C. レイサム（副会長　名桜大学教授） 下地恭子（鳴門教育大学大学院修士課程修了）
2005年度 10周年 記念事業 第6回研究 フォーラム	統一テーマ：戦後60年、大学教育をふりかえって―未来への提言― 戦後60年、沖縄の大学教育をふりかえる 沖縄におけるジェンダー研究の意義と課題 取材現場からみた県内大学の今、未来の展望	コーディネーター： 新垣都代子（理事　琉球大学名誉教授） パネリスト： 新崎盛暉（前沖縄大学学長）、 佐久川政一（理事　元沖縄大学学長　沖縄大学名誉教授） 宮城晴美（那覇市役所歴史資料室主剤） 上原あやの（琉球新報社社会部記者）

2007年度 第7回研究 フォーラム	統一テーマ：男と女が幸せに 生きるために 児童虐待相談の現場から ホームレス問題からみる関係 の崩壊 団塊世代のライフプラン	コーディネーター： 保良昌徳（沖縄億歳大学教授） パネリスト： 砂川恵正（沖縄県中央児童相談所） 髙石豪（沖縄国際大学社会福祉実習助 手　東北福祉大学大学院修士課程修了） 喜屋武すま子（沖縄市役所障がい課主 剤）
2008年度 第8回研究 フォーラム	統一テーマ：豊かな老年期を 生きるために 沖縄の女性は男性よりなぜ長 生きするのか お笑いと長寿 おきなわ県民の健康つくりに ついて 心と健康	コーディネーター： 保良昌徳（沖縄国際大学教授） パネリスト： ドナルド・クレイグ・ウィルコックス 　Donald Craig Willcox（沖縄国際大学 助教授） 玉城満（笑築過激団） 髙江洲均（沖縄県福祉環境部健康福祉 統括監） 福山逸雄（元沖縄国際大学教授）
2010年度 第9回研究 フォーラム	統一テーマ：沖縄の子どもと 未来 暮らしからみる子どもと地域 障がい児対応に関する一考察 放課後の子ども、その実証的 研究 沖縄の子どもの学力問題	コーディネーター： 大城智美（沖縄女性研究者の会会長） パネリスト： 小笠原快（沖縄大学大学院現代沖縄研 究科修士課程） 嘉数睦（沖縄大学大学院現代沖縄研究 科修士課程） 嘉数千賀子（沖縄大学大学院現代沖縄 研究科修士課程） 福山逸雄（元沖縄国際大学教授）
2012年度 第10回研究 フォーラム	統一テーマ：安心と豊かさの ある高齢社会の創造 一病息災から健康長寿へ おひとりさま 長寿と食事 沖縄県における在宅医療の現 状と課題 〜在宅医の立場から〜	コーディネーター： 保良昌徳（沖縄国際大学教授） パネリスト： 武居洋（医師　琉球大学名誉教授） 大城貴代子（元沖縄県女性政策室室長） 喜屋武すま子（元沖縄市役所職員） 喜納美津男（医師　きなクリニック院 長）

2014年度 共催事業 第11回研究 フォーラム	統一テーマ：うるま医療福祉大学設立に向けて 沖縄に臨床工学科を新設する理由 地域活性化に資する大学設置、そのメリット 学問とは何ぞや 大学の創立に向けて 医療福祉大学の設置に向けて—医療ソーシャルワークの概念—	コーディネーター： 大城智美（沖縄女性研究者の会会長　うるま医療福祉大学設立準備委員会委員長） パネリスト： 宮城英毅（医学博士　三重大学医学部付属病院臨床工学部） 東江日出郎（国際開発博士　名古屋大学大学院助教） 弓削忠史（元九州共立大学教授） 神村慎二（神村学園校長） 竹原健二（元岐阜大学教授）
2015年度 共催事業 第12回研究 フォーラム	統一テーマ：薬草系、医療福祉系大学創設を。—新しい医療教育— 医療福祉と女性 —長寿革命と女性革命の時代の医療福祉— 琉球亜熱帯資源の医療へのポテンシャル 薬剤師育成の現状と課題 西洋と東洋の医学的アプローチ—排尿障害治療をモデルとして—	コーディネーター： 大城智美（沖縄女性研究者の会会長　うるま医療福祉大学設立準備委員会委員長） パネリスト： 安川悦子（元名古屋市立女子短期大学学長　元福山市立女子短期大学学長） 禹済泰（中部大学院大学教授） 山田静雄（静岡県立大学特任教授） 菅谷公男（元琉球大学准教授　医療法人センダン北上中央病院副院長　サザンナイトラボラトリー代表）

共同調査研究報告書の推移（1997年〜2016年）

発行時期	報告書名	執筆者名及び肩書（すべて当時）
2004年1月	女性と研究環境 WOMEN AND THEIR WORK ENVIRONMENT ―沖縄女性研究者の研究環境に関する実態と意識調査― 沖縄女性科学研究者問題の模索	
	沖縄女性科学者（大学教員及び研究職者）に関する調査結果の考察	大城智美（沖縄女性研究者の会会長）
	沖縄女性研究者（専門的、技術的職業従事者）に関する調査結果の概要	原喜美（元沖縄女性研究者の会会長　前沖縄キリスト教短期大学学長） 安谷屋良子（前沖縄女性研究者の会会長　琉球大学名誉教授） キャロライン C. レイサム（沖縄女性研究者の会副会長　名桜大学教授） 渡真利源吉（沖縄女性研究者の会副会長）
	クロス集計結果：	外間ゆき（沖縄女性研究者の会理事　琉球大学名誉教授） 新垣都代子（沖縄女性研究者の会理事　琉球大学名誉教授）
	クロス別集計結果： 年代別分析	山城眞紀子（沖縄キリスト教短期大学教授）
	学歴別分析	玉城尚美（糸満市役所職員）
	職業別分析	大城智美（沖縄女性研究者の会会長）
	専攻分野別分析	大山伸子（沖縄キリスト教短期大学助教授）
	婚姻別分析	遠藤清美（宜野湾市役所）
	家族形態別分析	宮里由紀子（翻訳業）
	統計処理	國吉和子（沖縄大学教授）

2010年2月	沖縄女性研究者育成の視点からみる大学院教育の問題点と課題 The problems and challenges of university education from the standpoint of cultivating Okinawa Professional Women scholars	
	調査分析結果の要旨及びはじめに	大城智美（沖縄女性研究者の会会長）
	女性大学院生の実態調査を読んで	中田照子（愛知県立大学名誉教授）
	調査分析結果の要旨	新垣都代子（沖縄女性研究者の会理事　琉球大学名誉教授）
	調査分析結果	佐久川政一（沖縄女性研究者の会理事　元沖縄大学学長　沖縄大学名誉教授）
	調査分析結果の要旨	保良昌徳（沖縄女性研究者の会理事　沖縄国際大学教授）
	調査分析結果の要旨の英訳	仲村芳信（沖縄大学名誉教授）
	統計処理	大城宜武（沖縄キリスト教短期大学教授）

定期学習会の推移（1996年～2016年）

発表時期	研究テーマ	発表者名
1996年	県立女子師範学校と教員生活体験から得られた教育観	上江洲トシ（沖縄県初女性県議会議員　元小学校教員）
	幼児の基本的生活習慣におけるデモグラフィック要因の影響について	山城真紀子（沖縄キリスト教短期大学助教授）
	国際コミュニケーション産業について	宮里由紀子（翻訳業）
	沖縄産食品の成分に関する研究	外間ゆき（琉球大学名誉教授）
	The Importance of Women's Education	Gay D. Claiborne（大学教員）
	1996年度版労働白書について	内海恵美子（大学講師）
1997年	ハーブ演奏　Hearing to play harp	Jacqueline Dolan（Harpist and Singer）
	女性行政の現況と今後の課題	新垣幸子（沖縄県女性政策室室長）
	加藤周一と吉本隆明をめぐって	宮城公子（名桜大学講師）
	オートクチュールに生きる沖縄の伝統染織	仲井間文子（デザイナー）
	日本占領下の南京の文学について	森美千代（非常勤講師）
	未来型農的コミュニティの勧め	金城春子（会社経営者）
	石垣市における女性行政	宮良和子（石垣市役所職員）

1998年	1998年イスラエル世界社会福祉会議に出席して	渡真利源吉（沖縄ソーシャルワーカー協会会長）
	性役割から生ずる葛藤と摂食障害の関連性についての考察	平川さおり（非常勤講師）
	北欧旅行を終えて	安慶名つる子（当山小学校教員）
	文化的社会的に期待される女性の役割行動についての一考察―沖縄県の父系主義的祖先祭祀状況について―	宮森孝子（近畿大学九州短期大学通信教育部非常勤講師）
	フラワーデザインの世界と魅力	儀間悦子（フラワーデザイナー）
	悪魔の兵器地雷の廃絶を！	原喜美（沖縄キリスト教短期大学学長）
1999年	女性と消費者金融の問題	遠藤清美（宜野湾市役所）
2003年	21世紀・沖縄経済の課題	前泊博盛（琉球新報社記者）

沖縄女性研究者の会（活動）報告書の推移（1997年～2016年）

発行年月日	書名	発行者名
1998年3月	1997年度沖縄女性研究者の会報告書 ～共に学び　考える　女性の集い～	沖縄女性研究者の会
1999年3月	1998年度沖縄女性研究者の会報告書 ～共に学び　考える　女性の集い～	沖縄女性研究者の会

会報・ニュースレターの推移（1997年～2016年）

発行年月日	刊行物名	発行者名
1997年	会報　ニュースレターNo 1	沖縄女性研究者の会
1998年	会報　ニュースレターNo 2	沖縄女性研究者の会

●本書に収録した研究論文等の一覧については割愛した。
●本研究会の1998年以降の活動は、研究フォーラム（基調講演、シンポジウム）、研究論集の発行（1998年～2016年、創刊号～第10号）、共同調査研究および調査研究報告書の発行に尽力した。

あとがき

　沖縄女性研究者の会は20周年を迎え、記念事業の一つとして、本書を発行した。

　本書の編纂は、あらためて会の活動を振り返る良い機会となった。

　2015年4月23日、記念著書発行編集委員会を結成し、同日、早早第1回編集会議を開催し、著書名と目次の検討から始めた。2016年10月31日の出版社最終入稿までの約1年半、毎月1回定期的に編集会議を開催し、発刊するに至った。長い道程であったが、編集委員の皆さんが発刊までがんばってくれた。心から感謝の意を表する。

　編集委員会のメンバーには、大城智美、外間ゆき、福山逸雄、山里恵子、親富祖理美子、多喜美枝子らが参加した。英訳は、キャロライン C. レイサムと山里恵子が携わった。

　著書名は『沖縄女性研究者　未来を象（かたど）る沖縄女性研究者の会20年の躍動』とした。象形文字の「象」を象った一文字を入れた印象的なタイトルで、未来を象るための学術書という思いを込めた。

　本書は、20年間の会活動の集大成を意図した。

　主な会活動である学術誌『研究論集』の発行、研究フォーラムの開催、共同調査研究などに焦点を合わせ、編集を進めたが、20年の歴史は長くて深く、流石に本書にすべてを収録することが出来ず、紙幅の都合上、取捨選択をせざるを得なかった。これについては、深謝申し上げる。

　本書は、まえがき、第1章～第5章、あとがきの3部構成にした。

　まえがき・第1章の「沖縄女性研究者の会　20年の躍動─沖縄女性研究者の研究環境の改善・整備をもとめて～会発足～地を踏む動向の行方～」は、大城智美会長が執筆を担当した。第1章には、沖縄女性研究者の会のあゆみ、フェミニズム運動、女性運動の歴史、女性研究者の研究環境の改善、整備な

どの内容で収録した。第2章は、「沖縄女性研究者の会の形跡」と題し、研究業績について研究論文→特別寄稿→定期研究会→講演会、研究フォーラムの順に纏める予定であったが、紙幅の都合上、会活動の定期研究会については割愛した。研究発表にご協力いただいた女性研究者には、改めて感謝を申し上げる。

研究論文は、『研究論集』（創刊号〜第10号）に掲載された42点中11点をより選んで収録した。初代会長、原喜美の研究論文、県外大学の学長、安川悦子の研究論文なども収録した。女子教育の歴史と展開、女性研究者問題に関する研究論文であった。なお、本書は女性研究者問題に係る内容のものを中心に編んだ。また、本書に収録した論文・エッセイ等も編集会議を経て一部修正・加筆した。研究論文中の英文要約と末尾の附記・謝辞も紙幅の都合で割愛した。深謝申し上げる

特別寄稿には、沖縄県子ども生活福祉部平和援護・男女参画課の課長、玉城律子さんが20周年を迎えての祝辞を執筆されたのを収録した。あらためてご協力にお礼申し上げる。

私も、僭越ながら、特別寄稿として県功労者表彰の栄誉に浴しての随筆を収録した。

講演は、『1997年度　沖縄女性研究者の会〜共に学び　考える　女性の集い〜　報告書』と『1998年度　沖縄女性研究者の会　〜共に学び　考える　女性の集い〜　報告書』に掲載されたもろさわようこ講演、由井晶子講演内容を収録する予定であったが、紙幅の都合上、後者の1点のみの収録とした。お詫び申し上げる。

第3章は、座談会を収録した。

座談会のテーマは、「沖縄女性研究者の会20年をふりかえって」・「沖縄女性研究者の会に参画して」にした。座談会は初めての試みであったが、時間をかけて整理し、収録した。

司会は、現会長大城智美が担当し、参加者には、外間ゆき、山里惠子、福山逸雄、親富祖理美子、多喜美枝子の他に、糸数デービット、共同調査研究の統計処理を担当された大城宜武が参加した。闊達な意見が交わされた。

座談会のテープおこし・校正・編集を本書発行代表の大城会長、外間が中心となって進め、4月出版に漸く間に合わせた。

　座談会は男女の視点が透けてみえる上、女性研究者の男女共同参画に役立てることができる内容となっている。

　第4章は、「女性研究者の動向と位相―統計からみる女性研究者―」を現会長が執筆をした。総務省の科学技術調査、男女共同白書の統計資料から女性研究者問題を分析した新しい論文の収録となった。

　共同調査研究は、調査結果の概要を収録する予定だったが、紙幅の都合上、割愛した。

　本会が『女性と研究環境』・『沖縄女性研究者育成の観点からみる大学院教育の問題点と課題』の書名で共同調査研究報告書を出版しているので、参照を望みたい。

　第5章は、沖縄女性研究者の会　20年史。定例研究会、研究論集、講演、研究フォーラム、シンポジウムの20年の軌跡を一覧表にして収録した。

　また、本会は、ニュースレターも発行した。毎年連続で研究フォーラムも開催し、学術交流を深めつつ、若手研究者育成にも貢献してきた。本会で実り多き業績は研究論集の発行と共同調査研究成果である。

　最後に、本書が、多くの人々の目に触れ、さらなる女性の地位向上と男女参画活動に繋がることができれば望外の歓びである。

　この度の本書の出版にご協力を頂いた、沖縄タイムス社出版部部長友利仁氏に、記してお礼を申し上げる。また、表紙デザインにご協力いただいた尾形希和子（沖縄県立芸術大学教授）と屋宜久美子（沖縄県立芸術大学助教）の両先生に厚くお礼申しあげる。

　本会は、いくつものハードルを一つ一つ乗り越えてきた。今後もより多くの方々のご支援とご協力を賜り、少しでも本会が前進、発展していくことを願うものである。

　　　　　　　　平成29年3月
　　　　　　　　沖縄女性研究者の会理事・琉球大学名誉教授　外間ゆき

執筆者一覧

　以下、執筆者の肩書を現職で、そして本書の執筆及び発言担当部分を明記した。また、○印は最終学歴及び専門分野を記載した。なお、祝辞執筆者は本文中に現職の肩書を記載した。

大城智美（おおしろ　ともみ）
沖縄女性研究者の会会長、「まえがき」、第1章・「沖縄女性研究者の研究環境改善・整備をもとめて　－会発足～地を踏む動向の行方─」、第2章・「女性研究者問題　－10年のあゆみを踏まえて─」、「沖縄県の高等教育における女性研究者育成に関する研究　─沖縄県内大学大学院生を対象としたアンケート調査をもとに─」（共同）、第3章・座談会発言、第4章・「統計からみる女性研究者」、○フランス国立ボルドー大学大学院修了（修士）：比較文学　現代文学

外間ゆき（ほかま　ゆき）
沖縄女性研究者の会理事　琉球大学名誉教授、第2章・「平成16年度県功労者表彰の栄誉に浴して」、第3章・座談会発言、「あとがき」、○広島大学教育学部卒業：食品学

原　喜美（はら　きみ）
元沖縄女性研究者の会会長　元沖縄キリスト教短期大学学長、国際基督教大学名誉教授　第2章・「日本における女子高等教育の歴史と展開　─フィリピンにおける教授経験をふまえて─」、○ミシガン州立大学大学院修了（博士）：教育社会学

安川悦子（やすかわ　えつこ）
（公益財団法人）東海ジェンダー研究所理事　名古屋市立大学名誉教授、元福山市立女子短期大学学長、第2章・「フェミニズムと女子教育　─女性研究者問題20年─」、○名古屋大学大学院博士課程満了：経済学、社会思想史、ジェンダー論

武田裕子（たけだ　ゆうこ）
順天堂大学教授、第2章・「仕事とパーソナル・ライフの充実をめざして　―女性医師をめぐる状況―」、○筑波大学大学院博士課程医学研究科修了（医学博士）：医学、医学教育、地域医療

キャロラインC.レイサム（きゃろらいん　しー　れいさむ）
名桜大学名誉教授　米国大使館公認在日英語教育スペシャリスト、第2章・「グローバルな視点で語る女性と高等教育　―アメリカ・日本（沖縄）の女子高等教育」、○ミシガン州立大学大学院修了（博士）：英語教育

山里惠子（やまざと　けいこ）
沖縄女性研究者の会理事（翻訳者）　沖縄キリスト教学院大学名誉教授、第2章・「グローバルな視点で語る女性と高等教育―アメリカ・日本（沖縄）の女子高等教育―」（訳）、「元沖縄キリスト教短期大学学長・沖縄女性研究者の会初代会長　原喜美先生の教え」、第3章・座談会発言、○ハワイ大学大学院修了（修士）：英語教育

新垣都代子（にいがき　とよこ）
沖縄女性研究者の会理事　琉球大学名誉教授、第2章・「沖縄県の高等教育における女性研究者育成に関する研究　―沖縄県内大学大学院生を対象としたアンケート調査をもとに―」（共同）、○琉球大学家政学部家政学科卒業：家庭管理学

佐久川政一（さくがわ　せいいち）
沖縄女性研究者の会理事　沖縄大学名誉教授、元沖縄大学学長　第2章・「沖縄県の高等教育における女性研究者育成に関する研究　―沖縄県内大学大学院生を対象としたアンケート調査をもとに―」（共同）、「女性と憲法」、○米国ニューヨーク大学大学院修了（修士）：憲法学、米国法

保良昌徳（やすら　まさのり）
沖縄女性研究者の会理事　沖縄国際大学総合文化学部人間福祉学科教授、第2章・「沖縄県の高等教育における女性研究者育成に関する研究　―沖縄県内大学大学院生を対象としたアンケート調査をもとに―」（共同）、○東北福祉大学大学院修了（修士）：社会福祉学理論、高齢者福祉論

執筆者一覧

新埼盛暉（あらさき　もりてる）
沖縄大学名誉教授、元沖縄大学学長　第2章・「戦後60年・沖縄の大学教育をふりかえる」、〇東京大学卒業：沖縄近現代史、社会学

加教彰彦（かとう　あきひこ）
沖縄大学名誉教授、前沖縄大学学長　第2章・「〈子ども〉という宇宙と出会う旅 ―未来学としての子ども研究―」、〇横浜国立大学卒業：教育学、児童福祉論、子どもソーシャルワーク論

國吉和子（くによし　かずこ）
沖縄大学名誉教授、第2章・「大学生の専攻分野のジェンダー分析　―理工系専攻女子学生の場合を中心に―」、〇米国サンフェルナンドバリース大学大学院（現カリフォルニア州立大学大学院ノースリッジ校）修士課程中退：社会心理学、教育心理学

山城眞紀子（やましろ　まきこ）
沖縄キリスト教短期大学特任教授、前沖縄キリスト教短期大学教授　第2章・「幼児の基本的生活習慣におけるデモグラフィック要因の影響」、〇最終学歴：琉球大学大学院（修士）：幼児教育

由井晶子（ゆい　あきこ）
ジャーナリスト　元沖縄タイムス社編集局長、第2章・「沖縄の女性20世紀から21世紀へ」、〇早稲田大学卒業：ジャーナリズム

福山逸雄（ふくやま　いつお）
沖縄女性研究者の会理事　日本学校教育相談学会名誉会員、第3章・座談会発言、〇ミシガン州立大学大学院修了（修士）：教育心理学

大城宜武（おおしろ　よしたけ）
沖縄キリスト教学院大学名誉教授、前沖縄キリスト教学院大学教授　第3章・座談会発言　〇琉球大学教育学部卒業　東邦大学博士（医学）：心理統計学

親富祖理美子（おやふそ　りみこ）
沖縄女性研究者の会理事、第3章・座談会発言、〇沖縄女子短期大学卒業：華道

多喜美枝子（たき　みえこ）
沖縄女性研究者の会理事　沖縄学院学校長、沖縄県専修学校各種学校協会理事　第3章・座談会発言、〇日本女子大学家政学部通信教育課程生活芸術学科卒業：家政学

糸数デービット（いとかず　でーびっと）
医師（MD）、第3章・座談会発言、〇フィリピン大学医学部卒業：医学　長寿学

沖縄女性研究者の会
Okinawa Professional Women's Association

◎会長　大城　智美
事務局　〒904-2301　沖縄県うるま市与那城照間1449番地

沖縄女性研究者　未来を象(かたど)る沖縄女性研究者の会20年の躍動

2017年4月27日　初版第1刷発行

編　者　沖縄女性研究者の会
発行者　武富和彦
発行所　沖縄タイムス社
　　　　〒900-8678　沖縄県那覇市久茂地２－２－２
印刷所　平山印刷

©Tomomi Ooshiro et all. 2017, Printed in Japan　　ISBN978-4-87127-239-1